中国特色社会主义经济建设协同创新中心重点合作课题

天津融资租赁发展问题研究

中国人民银行天津分行
东疆保税港区管委会联合课题组 著

中国金融出版社

责任编辑：刘红卫
责任校对：刘　明
责任印制：赵燕红

图书在版编目（CIP）数据

天津融资租赁发展问题研究（Tianjin Rongzi Zulin Fazhan Wenti Yanjiu）/中国人民银行天津分行，东疆保税港区管委会联合课题组著.—北京：中国金融出版社，2018.10

ISBN 978－7－5049－9694－7

Ⅰ.①天…　Ⅱ.①中…②东…　Ⅲ.①融资租赁—经济发展—研究—天津
Ⅳ.①F832.721

中国版本图书馆CIP数据核字（2018）第182412号

出版发行 中国金融出版社
社址　北京市丰台区益泽路2号
市场开发部　（010）63266347，63805472，63439533（传真）
网上书店　http://www.chinafph.com
（010）63286832，63365686（传真）
读者服务部　（010）66070833，62568380
邮编　100071
经销　新华书店
印刷　北京市松源印刷有限公司
尺寸　185毫米×260毫米
印张　17
字数　346千
版次　2018年10月第1版
印次　2018年10月第1次印刷
定价　60.00元
ISBN 978－7－5049－9694－7

序

融资租赁是集融资与融物、贸易与技术更新于一体的新型金融产业，在促进产业转型升级、优化资源配置、拉动社会需求、促进技术更新、缓解中小企业融资困难、支持实体经济发展等方面发挥着重要作用。大力发展融资租赁业，是我国现代经济发展的必然选择。近年来，天津将融资租赁业放在经济和产业发展的突出位置，积极推动制度改革、营造良性营商环境，支持创新业务开展，实现了融资租赁业在天津跨越式发展，在全国的行业“高地”地位不断巩固和加强。

2015 年，国务院办公厅先后发布了《国务院办公厅关于加快融资租赁业发展的指导意见》（国办发〔2015〕68 号）和《国务院办公厅关于促进金融租赁行业健康发展的指导意见》（国办发〔2015〕69 号），为融资租赁大力支持实体经济发展，促进经济转型升级指明了方向、提供了遵循，为行业发展提供了多角度、全方位的纲领性指导，同时也对天津融资租赁业发展提出了更新、更高的要求。为此，天津市政府制定了《天津市融资租赁业发展“十三五”规划》，明确提出“十三五”期间天津融资租赁业改革发展的主要任务和工作措施。

2015 年底，中国人民银行发布了《关于金融支持中国（天津）自由贸易试验区建设的指导意见》（银发〔2015〕372 号），其中“支持租赁业发展”成为独具天津区位优势和特色的核心内容。多年来，作为地处天津滨海新区开发开放前沿的基层央行，人民银行天津分行高度重视金融支持区域经济和产业发展，特别是为贯彻落实国务院、人民银行总行和市委市政府相关工作部署要求，人民银行天津分行在促进天津融资租赁业做大做强、发挥行业优势、支持天津经济高质量发展等方面，做了大量深入研究和探索尝试。与此同时，作为天津融资租赁产业聚集的核心区域，东疆保税港区管委会在支持和促进融资租赁业发展方面取得显著成果，形成了国内领先的“东疆模式”和“东疆经验”。为推动实现“十三五”期间融资租赁业发展目标，进一步增强天津融资租赁行业优势和集聚效应，更好地发挥融资租赁服务实体经济、支持经济高质量发展的作用，自 2016 年起，人民银行天津分行与东疆保税港区管委会进一步加强了信息共享、沟通联络和协调配合，充分发挥分行营业管理部“融资租赁研究小组”的平台作用，紧紧围绕融资租赁业发展重点领域和热点问题，与东疆保税港区管委会一道深入合作并开展了一系列具有前瞻性、建设性、探索性的理论研究和实证研究，形成了一批具有较强理论水平和实践参考意义的研究成果。《天津融资租赁发展问题研究》一书正是这些成果的集中体现。

本书立足于国际国内融资租赁行业发展历程和探索实践，坚持金融改革创新为国家试行制度、为地方谋发展的总体原则，坚持推动和支持天津融资租赁业持续健康发展作为出发点和落脚点，坚持以融资租赁促发展促转型、服务实体经济发展的根本要求，对天津融资租赁业发展、创新与实践进行了多角度、全方位、立体化、宽视野的思考与研究。书中所引用的数据、观点截至2017年底。本书结构清晰、内容翔实、信息量大；除基础性理论研究外，特色研究是一大亮点，集中体现在以下三个方面。

第一，坚持问题导向和实证研究，做到“四个包含”，核心问题全覆盖。特别是以融资租赁企业生命周期为主要依据，结合监管部门和地方政府的关注焦点，重点就行业审批与监管、融资、物权确认与保护、租赁资产交易、财税体制改革、风险识别与监管、配套服务体系建设等热点、难点问题，作了一系列深层次、多视角的研究论述。特别是借鉴国际国内经验做法、天津行业发展实际，围绕融资租赁行业“四大政策支柱”“两大核心属性”作了深入研究探讨，针对业界普遍关注的四大瓶颈，即融资瓶颈、流转瓶颈、物权保护和风控瓶颈，分别从宏观和微观层面进行了深入浅出、翔实客观的比较分析，旨在找到天津融资租赁行业持续健康发展的科学路径和发展方向。

第二，深度开展行业风险研究，做到“三个延展”，风险状况类型全覆盖。力求客观全面反映行业风险状况，重点以监管政策要求、行业发展现状为依据，全面梳理行业风险类型，从多个维度深入探讨构建风险监管与防控体系。特别是立足理论研究和实践探索，将融资租赁行业风险的管控范畴从狭义微观风险延展至中观和宏观风险，从行业自身风险延展至行业外溢性风险，从企业内部风险管控层面延展至行业自律和宏观监管层面，结合天津行业特色和发展实际，深入阐析了目前融资租赁行业监管机制、配套政策、法律保障、税收管理等方面存在的问题和不足，并从理论探讨角度就加强行业发展的顶层设计提出合理化建议。

第三，科学展望行业发展趋势，做到“两个视角”，经验与蓝图全覆盖。一方面，重在总结借鉴，特别是通过大量数据和创新项目，着力从政策试点、制度保障、服务水平、业务创新等多个维度，集中梳理展现了“东疆模式”和“东疆经验”，为天津乃至全国行业发展树立了样板，提供了有益参考。另一方面，重在把握趋势，坚持对标全球领先、放眼全国前沿、立足天津特色，科学展望天津融资租赁业未来发展方向，初步研究探索了“三个中心、一个基地”的行业发展定位，为着力打造全国融资租赁中心和具有国际影响力的融资租赁聚集地、更好地发挥行业优势、支持天津经济高质量发展，提出了一些有价值、可操作、建设性的意见建议。

此外，本书较为全面客观地总结分析了当前天津融资租赁行业创新发展、融合发展、高质量发展面临的困境和挑战，并结合天津实际提出了建设性意见。诚然，本书仍有许多不足之处，如对融资租赁行业创新发展的内涵和路径认识还有待深化，对行业发展特点、趋势的把握还不十分全面等。对于这些不足，我们将在今后的改革与实践中不断探索研究、加以完善。

中国人民银行天津分行行长

2017 年 12 月

目录

第一章　融资租赁概述

第一节　融资租赁概念

20 世纪 50 年代，融资租赁最早出现于美国，经过几十年的发展，已成为世界上第二大融资渠道，仅次于银行信贷，作为发展潜力巨大的朝阳产业受到众多国家重视。目前，国际上融资租赁业发展程度虽各有不同，但对其基本概念总体达成一致，我国不同法律法规中也有相应表述。

一、融资租赁概念综述

从国际上看，《国际统一私法协会国际融资租赁公约》（1988 年）第一条规定："融资租赁是指出租人依照承租人的请求并且提供的规格，同第三方（供货方）签订货物买卖合同，出租人和承租人双方达成一致，承租人在出租人利益相关范围内获得工厂、资本性货物或是其他的设备。同时，出租人和承租人签订租赁合同，承租人负担支付租金的义务并且享有设备的使用权"；《国际会计准则第 17 号——租赁》（国际会计准则委员会 1997 年修订）规定："融资租赁，指本质上转移了与一项资产所有权有关的几乎全部风险和报酬的租赁，所有权最终可能转移，也可能不转移；经营租赁，指融资租赁以外的另一种租赁"。

从国内看，目前尚无关于融资租赁的统一法律，但在不同部门法规、规范性文件中对融资租赁定义、特征等各有描述，总体基本一致。《中华人民共和国民用航空法》（1995 年颁布，1996 年实施）第二十七条规定："民用航空器的融资租赁，是指出租人按照承租人对供货方和民用航空器的选择，购得民用航空器，出租给承租人使用，由承租人定期交纳租金"；《中华人民共和国合同法》（1999 年）第二百三十七条规定："融资租赁合同是出租人根据承租人对出卖人、租赁物的选择，向出卖人购买租赁物，提供给承租人使用，承租人支付租金的合同"；《国家税务总局关于融资租赁业务征收流转税问题的通知》（国税函〔2000〕514 号）规定："融资租赁是指具有融资性质和所有权转移特点的设备租赁业务。即出租人根据承租人所要求的规格、型号、性能等条件购入设备租赁给承租人，合同期内设备所有权属于出租人，承租人只拥有使用权，合同期满付清租金后，承租人有权按残值购入设备，以拥有设备的所有权”；《外商投资租赁业管理办法》（商务部令2005年第5号）第五条规定：“本办法所称融资租赁业务是指出租人根据承租人对出卖人、租赁物的选择，向出卖人购买租赁财产，提供给承租人使用，并向承租人收取租金的业务”；《企业会计准则第21号——租赁》（财会〔2006〕3号，以下简称《会计准则》）第五条规定：“融资租赁，是指实质上转移了与资产所有权有关的全部风险和报酬的租赁。其所有权最终可能转移，也可能不转移”；《金融租赁公司管理办法》（中国银行业监督管理委员会令2014年第3号）第三条规定：“本办法所称融资租赁，是指出租人根据承租人对租赁物和供货人的选择或认可，将其从供货人处取得的租赁物按合同约定出租给承租人占有、使用，向承租人收取租金的交易活动”。

二、经营租赁、融资租赁及金融租赁辨析

经营租赁和融资租赁都属于租赁范畴，其中经营租赁，又称租赁、服务租赁，是租赁公司将购买相关物品出租给承租人，收取租赁费用的租赁方式，与融资租赁的区别见表1-1。由于租赁、融资租赁、经营租赁、金融租赁等概念由不同的规范性文件分别定义，范畴互有交叉，因此较易混淆。如《合同法》规定的“融资租赁”范围较《会计准则》规定的“融资租赁”更大，还包含了《会计准则》中规定的部分“经营租赁”；而《会计准则》定义的“经营租赁”类似于《合同法》规定的“租赁”，但范围又较《合同法》规定的“租赁”较小。

表1-1　经营租赁、融资租赁、金融租赁概念

	项目	经营租赁	融资租赁	金融租赁
1	基本交易特征	两方一合同，简单交易	三方两合同，综合交易	同左
2	法律依据	《合同法》第十三章	《合同法》第十四章	《金融租赁公司管理办法》
3	物件所有权	出租人	出租人	同左
4	物件购买选择权	出租人	承租人	同左
5	物件维修责任	出租人	承租人	同左
6	营业税税目	服务业	金融保险业	同左
7	租金含义	使用物件的对价	使用资金的对价	同左
8	行业性质	服务业	取决于大股东的性质	金融业
9	设立公司	不需要特殊审批	需要特殊审批	同左

从《合同法》相关规定看，交易层面上的交易方式只有“租赁”和“融资租赁”。分则第十三章和第十四章分别单独成章对“租赁合同”和“融资租赁合同”进行了规定，不存在经营租赁交易或金融租赁交易。

而《会计准则》第二章中将“租赁”区分为融资租赁和经营租赁，准确地说是对会计处理方式的描述，即融资租赁交易在会计处理上应该区分为融资租赁和经营租赁。

此外，还存在“金融租赁”的概念，融资租赁与金融租赁均翻译自Financial Leasing，概念是一样的，仅译法不同。Financial既可以译为融资，也可以译为金融。在我国

实践中，中国银行业监督管理委员会对“金融租赁”进行了规定。《金融租赁公司管理办法》规定：“金融租赁公司名称中标明‘金融租赁’字样。未经中国银行业监督管理委员会批准，任何单位和个人不得经营融资租赁业务或在其名称中使用‘金融租赁’字样”。因此，在我国金融租赁仅指由中国银行业监督管理委员会批准成立的金融机构开展的融资租赁业务。

第二节　融资租赁功能

本书中所使用的融资租赁概念，与《合同法》第十四章规定保持一致，不包括经营性租赁，本书的融资租赁概念包含金融租赁，金融租赁仅是融资租赁的一种特殊表现形式。另外本书使用融资租赁一词统一指融资租赁产业行业。融资租赁是一种信用方式，融资与融物相结合是融资租赁最典型的特征，融物为其形式、融资为其实质。具体特征包括：融资租赁业务中会涉及三方主体，至少需要签订两个以上（含两个）的相关经济合同；承租人可以自主选择融资租赁的标的物和供货方；融资租赁标的物的所有权与使用权是分离的，分别属于出租人和承租人的；承租人分期支付租金并偿付本息。在合同期内，承租人按照合同约定向出租人支付相关租金；租赁期满可选择续租、留购或退租租赁物等。

从融资租赁的特征来看，与传统银行相比，融资租赁公司具有融资、促销、投资、资产管理的功能，在服务实体经济中发挥着重要作用。

一、融资功能

融资功能是融资租赁最基础的功能。对融资租赁公司来说，可以利用资金杠杆，配比相应信贷资金，也可以通过挑选租赁项目，使资金运作达到最佳状态。对承租企业来说，融资租赁模式利于企业增加资金来源、进行技术改造及扩大生产，将现有资产变现、增加流动性，减轻债务等。特别是对于信用等级低或没有建立信用等级的中小企业、新设企业，融资租赁模式非常利于支持其获得融资。由于有租赁物的所有权和租赁物所创造的未来现金流作为保障，租金回收风险降低，因此融资租赁业务对承租人的信用等级要求也相对较低。

二、促销功能

对于生产制造公司而言，与融资租赁公司合作，将自己生产的产品以融资租赁方式销售是一种有效的营销方式。可以提高库存周转率，避免生产、制造公司生产的物件库存过多、流通环节不畅通，进一步扩大产品销路，提高产品的市场竞争力。并且由于融资租赁项目中出租人多会一次性支付租赁物购买款，可以减少生产制造公司应收账款，改善其现金流。

三、投资功能

融资租赁公司由于其独特的资源优势，更善于发现行业及产业的投资机会。从银行角度来说，将银行资金投放给融资租赁公司，可以减少银行直接对企业的直接贷款，减少信贷和资产流动性风险。从政府角度来说，财政部门也可以通过融资租赁公司盘活资产、筹措资金，根据国家产业政策加大基础设施建设及国民经济重要产业的投资力度。

四、资产管理功能

融资租赁物的所有权和使用权分离是资产管理功能产生的基础。融资租赁公司可对租赁物进行监管并据此监控资金流向，其中售后回租模式可减少租赁物等资产对资金的占用，提高收益率。当融资租赁发展到一定阶段，融资租赁公司还可以将租赁资产或应收债权资本化，通过信托、证券化、上市等方式进行相关资产管理，也可由债转股，投资入股承租人，既可以获得租金又可以拥有股权收益。

第三节　融资租赁分类

一、融资租赁主体分类

从2000年到2014年，中国人民银行、中国银行业监督管理委员会、商务部、国家税务总局先后发布了一系列关于内资、外资和融资租赁企业的监督管理办法，我国逐步形成了中国银行业监督管理委员会监管金融租赁公司、商务部监管内资租赁公司和外资租赁公司的监管体系。银监会将融资租赁企业认定为非银行金融机构，而商务部将融资租赁企业认定为类金融企业，属于一般工商企业。由于对融资租赁公司性质定义不同，导致融资租赁公司在设立条件、经营范围及监管上存在很大差异（见表1－2）。从近期监管动态来看，未来融资租赁业的管理或由商务部划转至银监会。

表1－2　　金融租赁公司、内资融资租赁公司、外资融资租赁公司对比

	金融租赁公司	内资融资租赁公司	外资融资租赁公司
监管部门	中国银行业监督管理委员会	商务部	商务部
监管文件	《金融租赁公司管理办法》（中国银行业监督管理委员会令2014年第3号）	《关于从事融资租赁业务有关问题的通知》（商建发〔2004〕560号）、《融资租赁企业监督管理办法》（商流通发〔2013〕337号）	《外商投资租赁业管理办法》（商务部令2005年第5号）、《融资租赁企业监督管理办法》（商流通发〔2013〕337号）、《关于加强和改善外商投资融资租赁公司审批与管理工作的通知》

续表

	金融租赁公司	内资融资租赁公司	外资融资租赁公司
主体资格	经银监会批准，以经营融资租赁业务为主的非银行金融机构	各省市商务主管部门根据本地区租赁行业发展实际，经商务部、国家税务总局推荐企业参与	外国公司、企业和其他经济组织在我国境内以中外合资、中外合作以及外商独资形式设立从事融资租赁业务的外商投资企业
租赁物范围	主要为固定资产，银监会另有规定除外	以权属清晰、真实存在且能够产生收益权的租赁物为载体，售后回租的标的物应为能发挥经济功能，并能产生持续经济效益的财产	租赁财产包括：1. 生产、通信、医疗、科研、检测检验、工程机械、办公设备等各类动产；2. 飞机、汽车、船舶各类交通工具；3. 上述动产附带的软件、技术等无形资产，但附带无形资产价值不得超过租赁财产价值的1/2
注册资本	1亿元或等值自由兑换货币，注册资本为一次性实缴货币资本	2001年8月31日前设立的最低注册资本为4000万元，之后至2003年12月31日设立的最低注册资本应达到1.7亿元	不低于1000万美元
经营范围	融资租赁；转让和受让融资租赁资产；固定收益类证券投资；接受承租人租赁保证金；吸收非银行股东3个月（含）以上的定期存款；同业拆借；向金融机构借款；境外借款；租赁物变卖及处理；经济咨询。 经银监会批准，经营状况良好、符合条件的金融租赁公司可以开办下列部分或全部本外币业务：发行债券；在境内保税区设立项目公司开展融资租赁业务；资产证券化；为控股子公司、项目公司对外融资提供担保；银监会批准的其他业务	以融资租赁等租赁业务为主营业务，开展与融资租赁和租赁业务相关的租赁财产购买、租赁财产残值处理与维修、租赁交易咨询和担保、向第三方机构转让应收账款、接受租赁保证金及经批准的其他业务	融资租赁；租赁；向国内外购买租赁财产；租赁财产的残值处理与维修；租赁交易咨询和担保；经批准的其他业务

续表

	金融租赁公司	内资融资租赁公司	外资融资租赁公司
出资人/发起人条件	对每一类型发起人规定了严格的限制条件。我国境内外注册的具有独立法人资格的商业银行；中国境内外注册的租赁公司；在中国境内注册的、主营业务为制造适合融资租赁交易产品的大型企业；中国银行业监督管理委员会认可的可以担任主要出资人的其他金融机构	无	外国投资者总资产不得低于500万美元
监管指标	资本充足率8%；单一客户融资集中度30%；单一集团客户融资集中度50%；单一客户关联度30%；全部关联度50%；单一股东关联度不得超过该股东在金融租赁公司的出资额，且应同时满足对单一客户关联度的规定；同业拆借比例100%	风险资产（含担保余额）不得超过资本总额的10倍	风险资产一般不得超过净资产总额的10倍；风险资产按企业的总资产减去现金、银行存款、国债和委托租赁后的剩余资产总额确定

二、融资租赁业务分类

融资租赁公司按类型区分为金融租赁公司、内资融资租赁公司及外资融资租赁公司，但无论哪种类型的融资租赁公司，融资租赁业务模式上大体上是一致的，主要分为五类。

（一）直接租赁

直接租赁指出租人（融资租赁公司）根据承租人的要求，向供货商购买租赁物后出租给承租人使用，承租人依据合同约定支付租金并于租赁期满时（或租赁合同开始时）选择续租、退租或购买租赁物的一种融资租赁方式。直接租赁是最常见的融资租赁方式之一。直接租赁中的供货商不是承租人自己，而是承租人以外的第三方（见图1-1）。

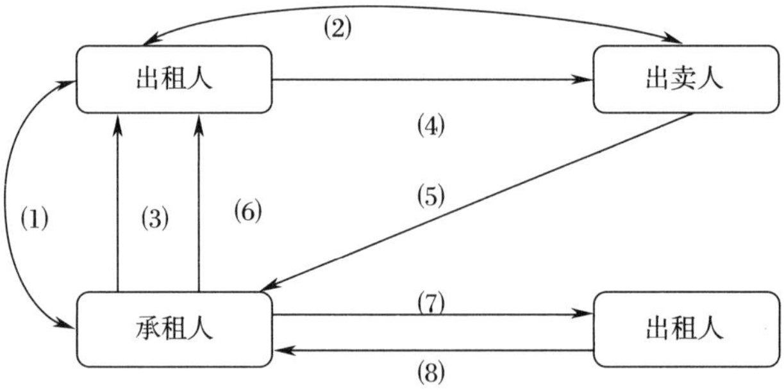

说明：(1)签订《融资租赁合同》；(2)签订《租赁物买卖合同》；(3)支付保证金、手续费；(4)支付租赁物货款；(5)交付租赁物；(6)支付租金（依据《融资租赁合同》）；(7)支付名义货价；(8)转移租赁物的所有权（如果保证金不冲抵，则还需要退还保证金）。

图1-1 直接租赁交易结构

（二）售后回租

售后回租是指出租人（融资租赁公司）从承租人处购买所有权属于承租人的物品并出租给承租人使用，承租人依据合同约定向出租人支付租金，在租赁期满时（或合同开始时）选择续租、退租或回购租赁物的一种融资租赁方式。售后回租中的承租人与供货方为同一人，租赁物在售后回租合同开始前属于承租人所有，在租赁期间，出租人拥有租赁物的所有权。通常情况下，承租人最终或融资租赁开始时都选择以名义货价或象征性价格留购（见图1-2）。

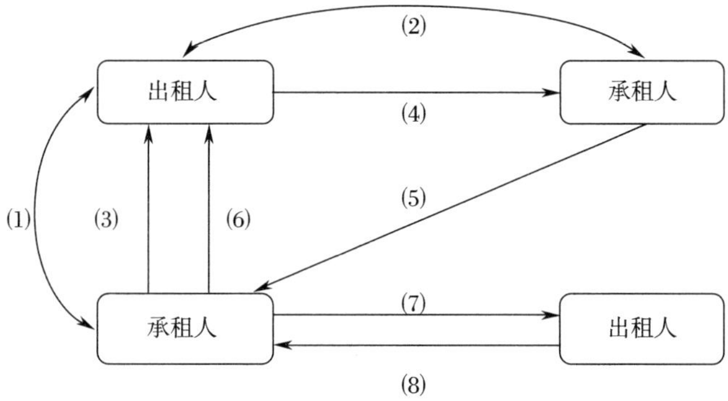

说明：⑴签订《售后回租合同》；⑵签订《租赁物买卖合同（回租）》；⑶支付保证金、手续费；⑷支付租赁物货款；⑸交付租赁物；⑹支付租金（依据《售后回租合同》）；⑺支付名义货价；⑻转移租赁物的所有权（如果保证金冲抵，则还需要退还保证金）。

图1-2　售后回租交易结构

（三）委托租赁

委托租赁指出租人根据委托人的书面委托，使用委托人的租赁物或资金，为指定的承租人提供融资租赁服务，在租赁期内委托人拥有租赁物的所有权，承租人按约支付租金，出租人只收取手续费、不承担风险的一种融资租赁方式（见图1-3）。

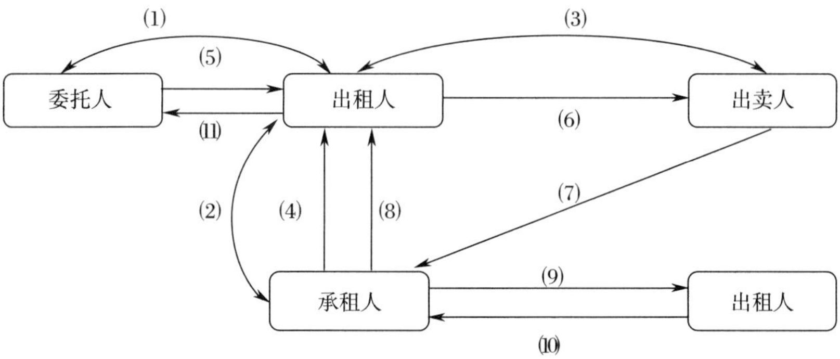

说明：⑴签订《委托融资租赁合同》或《委托合同》；⑵签订《融资租赁合同》；⑶签订《租赁物买卖合同》；⑷支付保证金、手续费；⑸支付委托资金（依据《委托融资租赁合同》或《委托合同》）；⑹支付租赁物货款；⑺交付租赁物；⑻支付租金（依据《融资租赁合同》）；⑼支付名义货价；⑽转移租赁物的所有权；⑾支付委托资金和收益。

图1-3　委托租赁交易结构

（四）转租赁

转租赁指承租人从出租人（融资租赁公司）处租来的租赁物后，在租赁期内转租给第三方，作为第二出租人向第三方收取租金，赚取其中租金差价的一种融资租赁方式（见图1－4）。

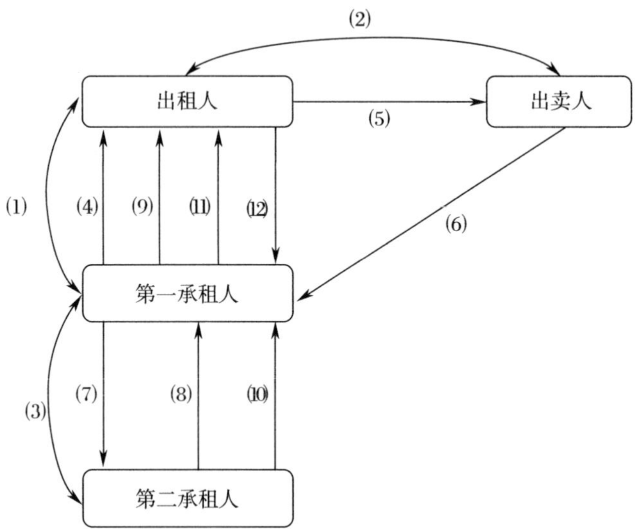

说明：⑴签订《融资租赁合同》；⑵签订《租赁物买卖合同》；⑶签订《转租赁合同》；⑷支付保证金、手续费和保险费（如果有）；⑸支付租赁物货款；⑹交付租赁物；⑺转交租赁物；⑻支付租金（依据《转租赁合同》）；⑼支付租金（依据《融资租赁合同》）；⑽退还租赁物；⑾支付名义货价；⑿转移租赁物的所有权。

图1－4 转租赁交易结构

（五）厂商融资租赁

厂商融资租赁不是一种单独存在的融资租赁方式，实质上也是一种直接租赁或售后回租。厂商租赁通常有两种，一种是租赁物的厂商自己设立融资租赁公司，以其生产、制造的产品作为租赁物开展融资租赁业务，促进厂家产品销售的一种融资租赁方式；另一种是指租赁物的厂商与融资租赁公司开展合作，融资租赁公司以厂商生产、制造的产品作为租赁物开展融资租赁业务，促进厂商产品销售，间接为厂商融资的一种融资租赁方式（见图1－5）。

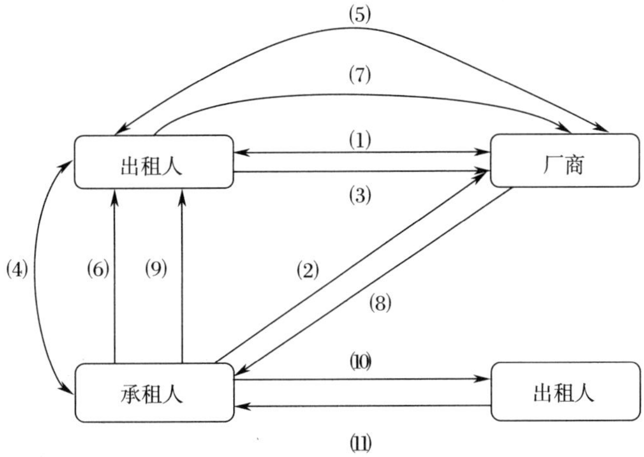

说明：(1)签订《厂商融资租赁合作合同》；(2)选择租赁物和厂商；(3)依据《厂商融资租赁合作合同》向出租人推荐承租人；(4)签订《融资租赁合同》；(5)签订《租赁物买卖合同》；(6)支付保证金、手续费；(7)支付租赁物货款（通常出租人还要与厂商签订回购合同）；(8)交付租赁物；(9)支付租金（依据《融资租赁合同》）；(10)支付名义货价；(11)转移租赁物的所有权（如果保证金不冲抵，则还需要退还保证金）。

图1－5　厂商融资租赁交易结构

第二章 国内外融资租赁发展历程及现状

第一节 世界融资租赁发展综述

美国是现代融资租赁诞生地。融资租赁自第二次世界大战后在美国诞生，随后凭借其以融物方式实现融资目的的独特性，迅速由美国扩展到欧洲、日本等地。全球第一家融资租赁公司是美国租赁公司，现更名为美国国际租赁公司，由美国人费尔德于 1952 年 5 月创立。当时作为美国一家食品工厂的老板，费尔德接到许多生产订单，但由于资金匮乏无法购置新设备扩大生产，便想到通过长期租赁的方式获得设备进行生产经营，并根据这一经验建立了第一家融资租赁公司。

20 世纪 70 年代，随着资本输出及经济全球化进程，融资租赁这一新兴行业被带到拉美和亚洲地区。据《2015 年世界租赁年报》统计，1993 年全球融资租赁成交额为 3096 亿美元，2007 年国际金融危机爆发后，全球融资租赁行业发展受到阻碍，出现了前所未有的大幅下滑，2010 年开始重新复苏并于 2011 年出现强劲增长，新业务量增长幅度超过 20%。2015 年融资租赁成交额超过 10000 亿美元①。从世界范围来看，融资租赁行业自全球经济危机中复苏之后保持了平稳高速增长态势。

一、美国发展情况

第二次世界大战后，美国工业体系矛盾突出，中小企业想购买设备但缺少资金，又无法从银行获得贷款。伴随着税收政策的变化，融资租赁就在此背景下发展起来。中介机构（租赁公司）替中小企业购买设备后租给其使用，并在租赁期内收取相应租金。美国在税收政策上也给予一定支持，通过扶持融资租赁业发展刺激战后经济复苏。在 60 多年的融资租赁业务发展过程中，美国始终保持世界领先位置。2015 年美国融资租赁年交易额约为 3740 亿美元，约占全球融资租赁年交易额的 37%②。

（一）发展历程

第一，初创起步期，20 世纪 50 年代。在此期间，美国成立了全球第一家融资租赁

---

① 数据来源：怀特克拉克集团 2017 年全球租赁业发展报告。

② 数据来源：怀特克拉克集团 2017 年全球租赁业发展报告。

公司，随着税收、法律、监管等相应政策的出台及完善，融资租赁业务得到快速发展，在金融产业中的占比逐年增加。第二，快速发展期，20世纪60年代。在此期间，一些大的科技公司通过融资租赁推销其产品，同时美国银行监管当局允许银行进入融资租赁行业，许多银行开始开展融资租赁业务，为全行业带来更低成本的资金，促进了融资租赁业务的发展，融资租赁业务成为区别于银行的一种灵活、便利的融资手段。第三，发展繁荣期，20世纪70年代和80年代。伴随社会信用体系的完善，1981年《经济复兴税法》颁布，极大地便利了融资租赁业务，其融资租赁市场渗透率不断提高，到1989年已达到34%，美国融资租赁业务发展达到鼎盛时期。第四，发展停滞期，20世纪90年代。东南亚经济危机影响了全球经济，也给美国融资租赁业务带来了负面影响，美国融资租赁业务出现了停滞乃至衰退，市场渗透率大幅下挫，1995年美国融资租赁市场渗透率为28%，同比下降6个百分点。第五，发展恢复期，21世纪初期。伴随美国经济复苏，融资租赁业务的发展也有所回暖，在此期间，市场渗透率始终保持在30%以上。国际金融危机后，虽然美国融资租赁行业交易量有所下滑，但总量仍保持世界领先地位，2012年其融资租赁交易量超过危机前的最高值。①

（二）发展结构

美国的融资租赁公司主要分为独立类租赁公司、银行类租赁公司及厂商类租赁公司三类，到2000年底，业务占比排名依次为独立类租赁公司、银行类租赁公司及厂商类租赁公司，占比分别为40%、35%、25%。金融危机后，美国融资租赁业行业结构逐渐发生了变化，至2012年，美国三类融资租赁公司的投资增长率分别为：银行类租赁公司发展迅速，增长率超过50%，厂商类租赁公司增长率为31%，独立类租赁公司增长率为18%。②

（三）政策支持

在税收政策方面，税收优惠是现代租赁业一个显著特点，如果没有税收政策的优惠，美国的融资租赁业也不可能发展得如此迅速。1962年出台的《投资税扣除法》规定，出租人在投资出租设备时，可以按其购置成本的10%的金额抵免税款，直接获得优惠税率，出租人可以通过租金将这部分优惠转嫁给承租人，出租人和承租人同时受益。1981年出台的《经济复苏法》规定实行加速成本回收制度。折旧年限小于3年的设备可以减税2%，折旧年限在3~5年的设备可以减税6%，折旧年限大于5年的设备可以减税10%。出租人可以获得直接税收优惠。其他政策方面，美国没有制定专门的融资租赁法规，但是有关融资租赁的规定分散在民法、商业法、税法等法律法规中，各类相关法

---

① 数据来源：联合国统计司（UNSD）、国际货币基金组织（IMF）和 White Clarke Global Leasing Report（2011）。

② 数据来源：联合国统计司（UNSD）、国际货币基金组织（IMF）和 White Clarke Global Leasing Report（2011）。

规比较完善。其中政府对租赁公司提供政治风险保险，美国进出口银行为租赁企业提供政治商业风险、出口信贷和出口担保的保险。

二、日本发展情况

日本融资租赁业务在发达国家中发展较晚，但在亚洲起步最早。伴随着日本战后经济的快速增长，融资租赁这种方式被引入并发展。在日本，以银行为首，租赁公司覆盖批发、零售、生产制造等多个行业，基本可分为银行类、厂商类和银行贸易复合类三大类型，资金来源以银行贷款为主，业务以融资租赁为核心。2015 年融资租赁交易额约为 61 亿美元，位列全球第五①。

（一）发展历程

第一，初创起步期，1963—1968 年。这一时期，日本经济快速发展，资金匮乏。1963—1964 年，日本国际租赁公司、日本东方租赁株式会社和东京租赁株式会社相继成立，标志着日本现代租赁业的开始。第二，快速发展期，1968—1977 年。在此期间，日本经济保持高速增长，银行、商社及厂家相继成立融资租赁公司，融资租赁业务快速发展，交易量年均增长率超过 30%。第三，稳定增长期，1978—1989 年。这一时期，日本信息技术迅速发展，信息化改造中对信息设备需求旺盛，同时政府执行宽松货币政策，电脑、汽车、建筑等专业的融资租赁公司纷纷成立，租赁业竞争激烈。第四，发展调整期，20 世纪 90 年代至今。这个时期日本工业化基本完成，传统制造业逐渐饱和。90 年代后，日本经济泡沫崩溃，融资租赁业发展处于低迷状态。进入 21 世纪，伴随日本经济回暖，日本政府放宽了融资租赁经营的相关法律限制，日本融资租赁业迎来新的发展时期。②

（二）政策支持

日本与美国一样，没有建立专门的融资租赁法规，从事融资租赁业务需要遵守涉及的行业相关法律规定。政策支持上也是以税收、保险、信贷政策为主。在税收政策方面，日本政府在不同融资租赁产业的不同发展阶段，制定了相应的税收优惠政策。如 IT 投资促进税制，适用期限到 2006 年 3 月 31 日，减税额度为租赁费用总额 6%；中小企业投资促进税制，适用期限到 2006 年 3 月 31 日，减税额为租赁费用总额 4.2%；中小企业基础强化税制，适用期限到 2005 年 3 月 31 日，减税额为租赁费用总额 4.2%。同时颁布的《租赁会计准则》规定，承租人将租金计入费用。出租人将租赁资产计入资产负债表并计提折旧，并允许加速折旧。对于应收债权，出租人可提至多 50% 的呆账准备金，资金无法收回时，其应收债权作为呆账损失。其他扶持政策方面，主要包括各种补

① 数据来源：怀特克拉克集团 2017 年全球租赁业发展报告。

② 数据来源：万得资讯。

助补偿政策。如对农林水产领域特定设备承租人实行政府补助制度；由日本开发银行向特定租赁公司提供政策性财政融资；施行融资租赁信用保险制度，一旦承租企业倒闭，政策性保险公司负责赔偿50%的融资租赁损失金额。这些政策的实施有效降低了融资租赁业的经营风险，促进了先进技术设备的引进和使用。

三、爱尔兰发展情况

爱尔兰自20世纪80年代开始起步，经过近四十年的发展，在税收、法律、专业服务、融资渠道等方面建立了完备的制度。目前爱尔兰已发展成为全球飞机租赁业的聚集地之一，世界前十大飞机租赁公司在爱尔兰都设立了机构并开展业务。爱尔兰发展飞机租赁的快速发展得益于会计税收政策，商事登记及法律环境等各方面支持。

（一）在税收和会计折旧方面，享受较低的税率及有力的折旧政策

由于涉及飞机税费金额都较大，所以税收在飞机租赁业务中起到决定性作用。爱尔兰政府与世界几十个国家和地区签署了双边税收协定，根据协定，如果对方企业已在本国缴纳过预提所得税的，则缔约国政府对这些企业实施所得税减免政策。爱尔兰政府实行12.5%所得税税率，这个税率低于世界大多数国家，同时豁免飞机租赁企业的增值税和印花税。另外对航空资产适用加速折旧政策，折旧年限设定为8年，残值为零，大大减少应纳税所得额。

（二）经营环境和法律保障方面，培育宽松扶植的氛围

爱尔兰在飞机登记、资金跨境流动、资产取回、设立分支机构方面没有特别的监管要求，流程简单而高效。在法律保障方面，爱尔兰法律体系适用英美法律体系，对债权人提供良好的保护，促进了租赁业务的开展，另外，爱尔兰有丰富的资金市场和融资渠道、成熟的创业板交易市场、完善的教育体系、受良好教育的有专业服务提供能力的高素质专业人才及配套的专业服务。

四、国际融资租赁市场发展新趋势

2008年国际金融危机后，传统金融业受到较大影响，复苏乏力，但融资租赁业却表现出强劲的增长势头。特别是中国等新兴市场国家，融资租赁业发展迅猛，交易量占全球的比重不断增加。

（一）欧洲融资租赁市场由整体低迷走向复苏

在经历国际金融危机和债务危机后，欧洲大部分国家融资租赁市场依然处于低迷阶段。但从2012年开始，德国和英国的融资租赁市场情况发生了较大变化。

从德国的情况看，作为欧洲最大的融资租赁市场，德国在金融危机后率先实现增长。2012年投资总额为493亿欧元，同比略增0.5%。融资租赁在促进德国设备投资和基建投资等领域发挥着重要作用，2014年融资租赁新增业务额达到502亿欧元，比2013

年增长6.1%，融资租赁渗透率由14.8%提高到15%，其中飞机、船舶和轨道交通增长了75.6%，商用车辆增长了约11.7%。截至2015年底，租赁交易量约550亿欧元。①

从英国的情况看，尽管经济总体不确定性因素仍存在，但英国融资租赁协会（Finance & Leasing Association）数据显示，2012年其企业总投资增长4.8%。2015年，资产融资新增业务额（主要包括租赁和租购）达287亿英镑，较2014年增长12%，实现了连续两年呈两位数增长。资产融资行业为英国投资总量增长作出了积极贡献。根据英国融资租赁协会的统计，其会员企业在机械、设备、软件购置等投资中所占比例达到32%，较上年同期增长了1.4%。

（二）亚洲和新兴市场融资租赁强势增长

由于规模较小，亚洲和新兴市场融资租赁业务受国际金融危机影响较小，在危机后增长强劲，迅速扩大全球市场份额，并成为融资租赁业全球止跌回升的重要力量。2009年是危机后融资租赁市场衰退降幅最大的一年，在全球前50大融资租赁市场中，实现增长的只有8个国家，其中4个国家来自亚洲。2009年，亚洲融资租赁业务量同比增长2.4%；2010年新增业务和全球市场份额分别增长32%和24%，全球前50大融资租赁市场中增长前10名的国家，其中5个来自亚洲。同期，亚洲地区租赁产品中机械设备市场份额下降，但交通、医疗和计算机设备市场份额增长。另外在欧美国家融资租赁业务负增长情况下，新兴市场中保持两位数增长的国家有16个，其中增长率超过25%的有8个。2008年全球融资租赁业排名前50名的国家中，28个是新兴市场国家。如俄罗斯，在金融危机后的三年间，在全球融资租赁市场的地位先降后升，其铁路货车融资租赁资产三年分别增长12.5%、27.3%和40%。②

第二节 中国融资租赁发展历程

中国现代融资租赁业初始于20世纪80年代初期，相比发达国家而言起步较晚。2008年国际金融危机后，中国融资租赁业务量以年均超过50%的增速快速发展，在全球融资租赁市场的排名逐年提高，并于2010年超过日本成为亚洲第一、世界第二。到2015年底，融资租赁业年交易额达到1360亿美元，为德国和日本的总和。中国融资租赁业发展主要经历了以下七个阶段。

一、初创期（1981—1986年）

1981年4月，中国国际信托投资公司发起，北京机电设备公司、中国国际信托投资

① 数据来源：德国联邦统计局。

② 数据来源：联合国统计司（UNSD）、国际货币基金组织（IMF）和White Clarke Global Leasing Report（2011）。

公司、日本东方（ORIX）租赁公司等共同出资组建中国第一家中外合资租赁公司——中国东方租赁有限公司。同年7月，中国第一家金融租赁公司——中国租赁有限公司成立。这两家融资租赁公司的成立标志着中国现代融资租赁业的起步。

二、起步发展期（1987—1996年）

这段时期是中国融资租赁业起步时期。在这个时期，国家税务、海关、财政、外贸等部门相继制定出台了鼓励政策，融资租赁业得以高速发展。1994—1995年，国内一共成立河北省金融租赁有限公司等5家金融租赁公司，融资租赁业务总量快速扩张。截至1996年底，行业总资产接近140亿元，但注册资本仅为6亿余元人民币，资本充足率严重不足，给行业发展埋下了风险隐患。

三、风险爆发期（1997—2000年）

1997年，亚洲金融危机爆发，在汇率大幅波动、风险管理工具匮乏、管理不当等多种因素影响下，融资租赁业中长期积累的隐患全面爆发。1997—2000年，海南国际租赁有限公司、广东国际租赁有限公司、武汉国际租赁公司及中国华阳金融租赁有限公司等多家公司相继由于资不抵债破产倒闭。

四、制度重建期（2001—2006年）

2001年，国内全面启动了支持融资租赁行业发展的四大支柱——法律、行业监管、会计准则、税收政策制度建设。《企业会计准则——租赁》于2001年1月1日正式生效，并于2006年修订成为《企业会计准则第21号——租赁》。2000年6月，中国人民银行颁布实施《金融租赁公司管理办法》；2001年3月，《外资租赁公司审核批准管理暂行条例》颁布实施；2004年10月，商务部和国家税务总局联合开展内资融资租赁企业试点工作；2004年底，商务部宣布允许外商独资成立融资租赁公司；2005—2008年，监管部门对融资租赁业进行了清理整顿。

五、规范发展期（2007—2014年）

2007年1月，中国银行业监督管理委员会重新修订了《金融租赁公司管理办法》，允许国内商业银行介入金融租赁业。随后，行业税收政策和监管体制建设加紧推进。2007年11月以来，国内银行系金融租赁公司相继成立。截至2017年6月，全国性商业银行中，已有12家银行成立了金融租赁公司，为中国融资租赁业发展提供了资金保障，融资租赁市场的环境得到进一步改善。

六、新常态发展期（2014—2017 年）

在这一阶段，中国经济步入新常态，经济增长从高速增长转为中高速增长，但是促进融资租赁行业发展的动力依然存在。一方面，在政府和企业高负债率的背景下，融资租赁能够避免一次性大额投入带来的资金压力，这一优点使融资租赁业更具吸引力。另一方面，新的经济形势也带来新的发展动力，如“一带一路”倡议的实施，中国制造“走出去”意愿迫切，通过融资租赁方式带动设备出口的需求快速增长，给行业带来了发展机遇。

七、新时代发展期（2017 年至今）

中国共产党第十九次全国代表大会明确提出，我国正处于新时代中国特色社会主义发展时期，经济已由高速增长阶段转向高质量发展阶段，正处在转变发展方式、优化经济结构、转换增长动能的攻关期，创新驱动将成为经济发展的新引擎。在新时代发展背景下，我国融资租赁业适逢新的发展机遇，作为崭新而重要的现代服务业，必将加速国际化、市场化发展进程，凭借其强大的融资、促销、投资、资产管理功能成为带动经济增长、促进转型升级、服务实体经济的重要产业。

第三节　中国融资租赁业发展特点

总体来看，2007 年以来，中国融资租赁业发展快速，融资租赁企业数量和行业规模都实现了高速增长，主要表现出以下三方面特点。

一、金融租赁公司成为行业主力军

从融资租赁合同余额变动趋势来看（见表 2 - 1、图 2 - 1），随着工银金融租赁有限公司、建信金融租赁股份有限公司、交银金融租赁有限公司、招银金融租赁有限公司、民生金融租赁有限公司第一批五家金融租赁公司成立（2007—2009 年），融资租赁合同余额呈现迅猛增长态势，2007—2009 年增长 1442%，其中金融租赁合同余额增长贡献率占 47%。第二批农银、兴业、光大、昆仑四家金融租赁公司成立后（2010—2011 年），融资租赁业合同余额 2011 年底已达到 9300 亿元，其中金融租赁合同余额达到 3900 亿元。2013—2016 年底，有 36 家金融租赁公司成立，金融租赁合同余额 2016 年底已达到 20400 亿元。从整个融资租赁行业来看，虽然金融租赁公司的数量占比不高，并且增速呈现逐年下降的趋势（见表 2 - 2、图 2 - 2），但金融租赁合同余额占比仍维持较高水平，达到 40% 以上。

如工银金融租赁有限公司，是金融系租赁公司代表，是中国银行业监督管理委员会批准首家开业的银行系金融租赁公司。其定位为大型、专业化的飞机、船舶和设备租赁公司，依托中国工商银行，通过市场化的机制及专业化的品质，除提供各类租赁产品以及租金转让租赁服务外，同时还提供证券化、资产管理、产业投资顾问等金融产业服务。其市场份额、资产规模、营业收入和利润总额等主要指标位居行业前列。

表 2－1　　2007—2016 年中国融资租赁合同余额统计　　单位：亿元

项目＼年份	2007 年	2008 年	2009 年	2010 年	2011 年	2012 年	2013 年	2014 年	2015 年	2016 年
金融租赁	90	420	1700	3500	3900	6600	8600	13000	17300	20400
内资租赁	100	630	1300	2200	3200	5400	6900	10000	13000	16200
外资租赁	50	500	700	1300	2200	3500	5500	9000	14100	16700
合计	240	1550	3700	7000	9300	15500	21000	32000	44400	53300

数据来源：中国租赁联盟、天津滨海融资租赁研究院。

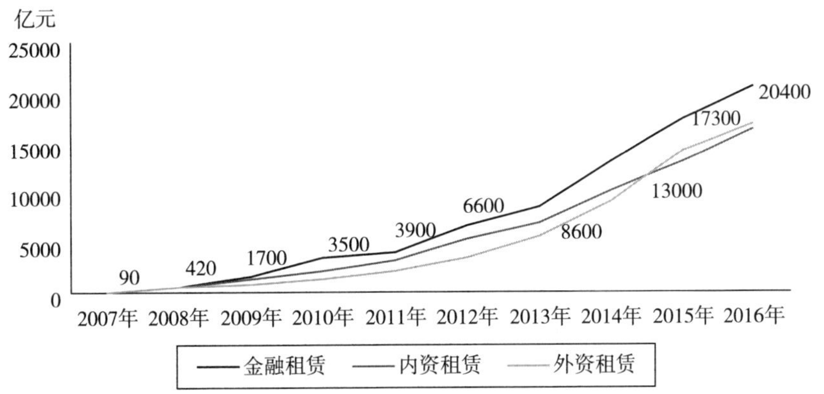

数据来源：中国租赁联盟、天津滨海融资租赁研究院。

图 2－1　2007—2016 年中国融资租赁公司结构变动趋势

表 2－2　　2007—2016 年中国融资租赁公司结构统计　　单位：%

项目＼年份	2007 年	2008 年	2009 年	2010 年	2011 年	2012 年	2013 年	2014 年	2015 年	2016 年
金融租赁	10.1	8.5	7.1	7.3	5.4	3.1	2.1	1.4	1.0	0.8
内资租赁	22.9	25.4	25.9	18.9	17.9	12.3	11.1	6.9	4.2	2.8
外资租赁	67.0	66.2	67.1	73.8	76.7	84.6	86.8	91.7	94.8	96.6

数据来源：中国租赁联盟、天津滨海融资租赁研究院。

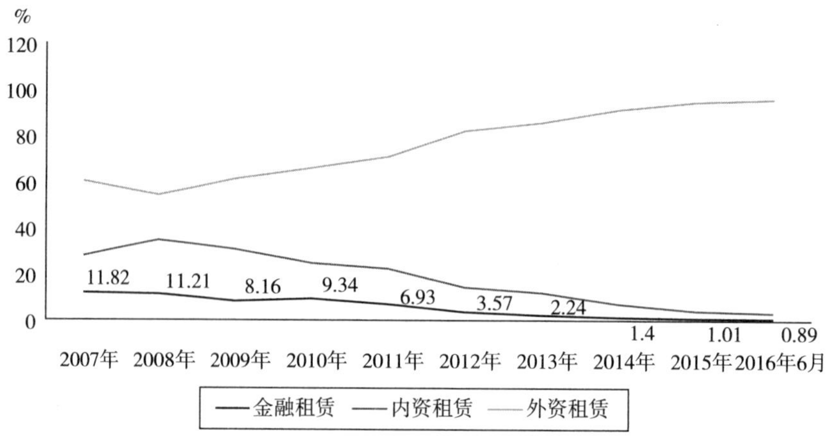

数据来源：中国租赁联盟、天津滨海融资租赁研究院。

图 2－2　2007—2016 年中国融资租赁合同余额变动趋势

二、外资融资租赁公司发展迅猛

外商投资租赁公司的数量 2007 年只有 73 家，2013 年快速增加到 960 家，之后以每年一倍的增速快速发展。截至 2016 年底，已达到 6892 家（见表 2－3、图 2－3）。从外商投资租赁公司注册资本来看，2011 年为 735 亿元，2012 年猛增到 1317 亿元，截至 2016 年底，达到了 22463 亿元（见表 2－4、图 2－4）。外商投资租赁公司融资合同余额 2007 年为 50 亿元，2010 年突破千亿元，截至 2016 年底，达到了 16700 亿元。

如中飞租融资租赁有限公司，是外资租赁公司代表，2010 年底在天津东疆保税港区成立，是天津东疆第一家外商投资租赁公司，目前有 71 家 SPV 公司，截至 2016 年底，中飞租的机队为 58 架，总资产 260 亿元人民币。中飞租主要经营飞机经营性租赁业务。其母公司中国飞机租赁集团控股有限公司是亚洲首家飞机全产业链解决方案提供商。除了提供经营性租赁、融资租赁及售后回租等服务外，还能够提供机队规划咨询、机队退旧换新、飞机拆解及航材销售等专业增值服务。

表 2－3　2007—2016 年中国融资租赁公司数量统计　单位：家

项目＼年份	2007 年	2008 年	2009 年	2010 年	2011 年	2012 年	2013 年	2014 年	2015 年	2016 年
金融租赁	11	12	12	17	20	20	23	30	47	59
内资租赁	25	36	44	44	66	79	123	152	190	205
外资租赁	73	94	114	172	283	544	960	2020	4271	6892
合计	109	142	170	233	369	643	1106	2202	4508	7136

数据来源：中国租赁联盟、天津滨海融资租赁研究院。

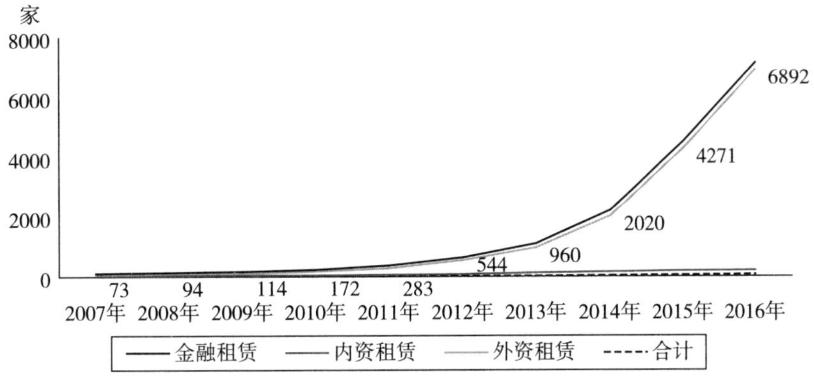

数据来源：中国租赁联盟、天津滨海融资租赁研究院。

图2－3　2007—2016年中国融资租赁公司数量变动趋势

表2－4　　2010—2016年中国融资租赁公司注册资本统计　　单位：亿元

项目＼年份	2010年	2011年	2012年	2013年	2014年	2015年	2016年
金融租赁	707	776	776	769	972	1358	1686
内资租赁	346	444	483	551	839	1027	1420
外资租赁	565	735	1317	1740	4800	12780	22463
合计	1617	1955	2576	3060	6611	15165	25569

数据来源：中国租赁联盟、天津滨海融资租赁研究院。

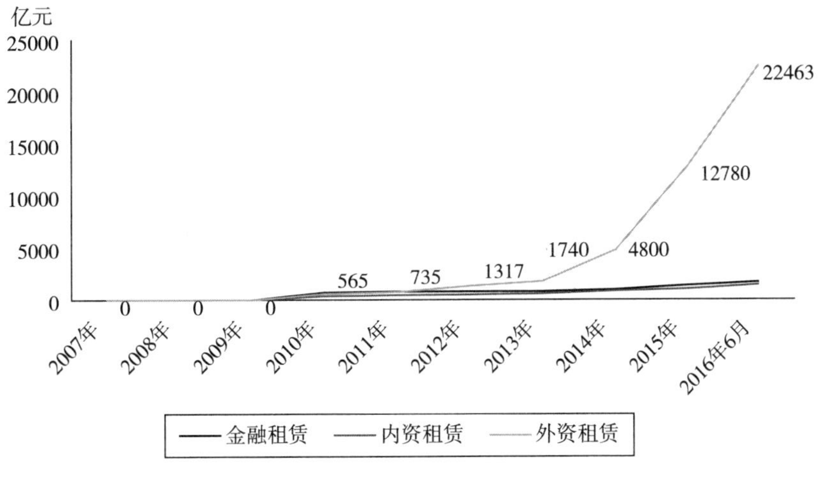

数据来源：中国租赁联盟、天津滨海融资租赁研究院。

图2－4　2010—2016年中国融资租赁公司注册资本变动趋势

三、内资融资租赁公司发展平稳

从2016年4月开始，商务部和国家税务总局将从事融资租赁业务试点企业的确认工作下放到自贸区所在省市商务主管部门和国税局。截至2016年底，内资融资租赁公司数量已由2011年66家增加到205家，注册资本1420亿元人民币，融资租赁合同余额达到16200亿元人民币。

如天津渤海租赁有限公司，作为内资融资租赁试点企业之一，是目前国内注册资本最大的融资租赁公司，注册资本达到221亿元人民币。公司借助上市母公司渤海金控投资股份有限公司的资本运作能力和全球资产整合能力，通过业务模式创新、租赁资产交易、海外并购收购等方式，建立了以天津自贸区为中心，辐射中国内地及全国各大洲的租赁产业区域布局，实现了融资租赁业务与经营租赁业务、中国业务与海外业务的全面发展。其中仅在境外租赁市场，收购Seaco SRL 100%股权及Cronos Ltd 80%股权，在全球集装箱租赁市场排名全球第二。收购Avolon 100%股权及C2 100%股权，成为全球第三大飞机租赁公司。

第四节 天津融资租赁发展现状及热点问题

近年来，天津融资租赁业发展取得了很大的成就，形成了主体集聚、行业繁荣发展的局面。

截至2017年9月底，已有1360家融资租赁公司将总部设在天津市。其中内资融资租赁试点公司58家，占全国内资试点企业总量的近四分之一，居全国首位，金融租赁公司10家，外商投资融资租赁公司1292家。注册资本总额达到5756亿元，同比增长33%。其中，内资融资租赁公司663亿元，同比增长114.8%；金融租赁公司365亿元，同比增长2.8%；外资融资租赁公司4728亿元，同比增长29.2%；特殊目的公司（SPV公司）注册数量突破1000家。天津融资租赁业资产总额近1万亿元，占全国资产规模的近三成。国际航运船舶租赁业务和飞机租赁业务分别占到全国总量的八成和九成，海洋工程平台租赁业务全部集中在天津。一大批行业领先企业，如兴业金融租赁有限责任公司、工银金融租赁有限公司、渤海租赁有限公司、民生金融租赁股份有限公司、中国飞机租赁有限公司落户天津。天津融资租赁创新示范区（东疆）共完成1028架飞机租赁业务（含大飞机795架，公务机141架，训练机22架，直升机70架），93台发动机、118艘国际航运船舶、12座海上石油钻井平台。飞机、船舶、海工设备租赁资产累计总额度达600亿美元。

天津走在全国融资租赁业发展的前列。在全行业跟随者世界融资租赁发展步伐不断探索前进的同时，一些行业发展的困惑、困难问题，天津最新遇到、最先面对、最先探寻解决之道。这些困惑与困难，既是天津的，也是全国的，既有行业本身的，也有外部环境方面的。对这些困惑、困难进行深入研究探讨，有利于找准方向，把握重点，抓住关键，寻求突破，更好地发挥融资租赁创新示范区的作用，为全国融资租赁发展进一步积累宝贵经验。

在行政审批与监管方面，什么样的行政审批与监管体制更符合中国实际，有哪些需要改进之处。在融资渠道与结构方面，如何拓展融资渠道，如何优化融资结构。在租赁物权确认与保护方面，如何看待租赁物权问题，如何完善行业立法，强化司法指导作用。在租赁资产交易与流转方面，如何提高存量租赁资产流动性，促进资产流转。在财税体制方面，探索一条适合中国实际和特色的财政税收政策道路要怎么做。在风险监管方面，如何认识风险，看待风险，控制风险，如何保障融资租赁业在快速发展的同时又安全稳健。在配套服务方面，如何建立健全行业配套服务体系。这些问题涉及行业审批与监管体制、融资渠道与结构、租赁物权确认与保护、租赁资产交易与流转、财税体制改革与实践、租赁风险分类与监管、配套服务体系及建设七个方面。

第三章　融资租赁行业审批与监管体制

目前，中国融资租赁业呈现“一个市场、两套监管体系、三种企业准入”的局面。从审批与监管机构的角度看，金融租赁公司、内资融资租赁公司和外商融资租赁公司，分别适用不同的监管体系及准入标准。

第一节　行业审批与监管体制现状

一、行业审批与监管体制概况

中国融资租赁业存在多层次的准入体系。第一类是金融租赁公司，由中国银行业监督管理委员会审批设立，定性为非银行金融机构；第二类是融资租赁公司，定性为非金融机构。其中在非金融机构监管框架内又进一步分为内资融资租赁公司和外资融资租赁公司两种，前者由商务部和国家税务总局审批，审批的难易程度处于外资融资租赁公司和金融租赁公司之间。特别提出的是，自贸区内适用由当地商务主管部门审批制度；后者根据注册资本大小分别由商务部和省级商务主管部门审批；若按注册地性质划分，则又形成两种格局，自贸区内的企业由区内商务承接部门备案、非自贸区的企业由当地商务主管部门审批。

中国融资租赁业存在两种监管体系。一是金融租赁公司监管体系。中国银行业监督管理委员会将金融租赁公司定义为“以经营融资租赁业务为主的非银行金融机构”，按照依法、公开、公正和效率的监管原则实施严格的微观审慎监管，主要体现在明确资本充足率、单一客户融资集中度等指标；二是融资租赁公司监管体系。由商务部对全国融资租赁公司实施监督管理，各省级、直辖市商务主管部门负责监管本行政区域内的融资租赁公司。融资租赁公司监管是参照类金融机构的监管要求，在监管规则的设定和具体执行的严格程度方面都要明显高于一般工商企业，但弱于金融机构的监管。在实践中，除了各类融资租赁公司的主管部门外，融资租赁业务过程中涉及的机构还包括市场监管机关、税务机关、海关、外汇管理机关等。因各部门对融资租赁的认识存在差异，相互之间缺乏统一的协调机制，导致出台的监管规则存在不一致甚至相互冲突的情况。

中国融资租赁业多头管理模式，导致产生了不同的规则制度。中国银行业监督管理委员会主管的金融租赁公司主要适用法规为《非银行金融机构行政许可事项实施办法》（中国银监会令〔2007〕13号）和《金融租赁公司管理办法》（中国银监会令〔2014〕3号）。而商务部主管的融资租赁公司主要适用《商务部、国家税务总局关于从事融资租赁业务有关问题的通知》（商建发〔2004〕560号）、《商务部、国家税务总局关于加强内资融资租赁试点监管工作的通知》（商建发〔2006〕160号）、《外商投资租赁业务管理办法》（商务部令〔2005〕5号）等。2015年9月，国务院办公厅先后下发《关于加快融资租赁业发展的指导意见》《关于促进金融租赁业健康发展的指导意见》，这是目前融资租赁业内级别最高的指导性政策和监管政策。由于没有统一的审批与监管制度，各类融资租赁公司的设立、行业监管、税收适用等方面的规定散布在各机构出台的不同规范性文件中，为实际操作带来诸多不便。融资租赁司法方面，中国融资租赁立法相对滞后。针对不同机构站在各自角度提出的各种问题，及行业发展出现的实际问题，1996年至今，最高人民法院陆续颁布了融资租赁业的相关法律规定，但基本停留在司法解释层面，对融资租赁市场的规范、保护和引导作用相对有限。

二、行政审批与监管要点比较

中国融资租赁业多元化的审批与监管体制，相互之间既独立又存在内在联系，从两类三种融资租赁公司维度出发，可以清晰地看出行政审批与监管体系要点的不同。

表3-1　金融租赁公司、内资融资租赁公司、外资融资租赁公司审批要点比较

	注册资本	股东资质	审批要件	审批流程
金融租赁公司	最低注册资本1亿元人民币或等值的自由兑换货币，且为一次性实缴资本	对发起人的注册资本、财务状况、行业属性、内控制度、合规经营等方面做出细化的规定，并明确排除关联企业	申请书、可研报告、章程、出资人情况等	分为筹建和开业两个阶段，周期较长
内资融资租赁公司	最低注册资本17000万元人民币，且为一次性实缴资本	从事各种先进或适用的生产、通信、医疗、环保、科研等设备，工程机械及交通运输工具（包括飞机、轮船、汽车等）业务的企业	申请书、可研报告、章程、合同、审计报告、资信证明等	先进行一般性公司注册，后向商务部门申请试点，周期相对较长
外资融资租赁公司	最低注册资本1000万美元，实行认缴制	外国投资者的总资产不得低于500万美元；对国内投资者的资产状况没有要求	备案制：投资人身份证明文件；审批制：申请书、可研报告、章程、审计报告、资信证明等	自贸区内实行备案制，周期较短，自贸区外采取审批制，周期较长

从审批看，外资融资租赁公司的审批相对简便，企业更倾向于设立外资融资租赁公

司（见表3－1）。截至2017年6月底，金融租赁公司66家，外资融资租赁公司7928家，内资融资租赁公司224家。

表3－2　金融租赁公司、内资融资租赁公司、外资融资租赁公司监管要点比较

	金融租赁公司	内资融资租赁公司	外资融资租赁公司
监管单位	中国银行业监督管理委员会及其派出机构	商务部及地方商务主管部门	商务部及地方商务主管部门
主管机关监管权	现场及非现场检查	现场和非现场结合的监管手段	目前无明文规定
风险控制	健全的组织机构、内部风险控制制度、合规的关联交易制度	定期报送系统信息	定期报送系统信息
指标监管	资本净额不得低于风险资产的8%，垫资客户融资集中度不得超过资本净额的30%，单一客户关联度不超过30%，集团客户关联度不超过50%，同业拆借比例不超过100%等	风险资产不得超过净资产总额的10倍	风险资产不得超过净资产总额的10倍
外部审计	定期外部审计制度，并在每个会计年度结束后4个月内报送	无	无
对违规的处罚	撤销许可证、命令整顿、接管、处罚企业负责人和直接责任人，限制业务范围、罚金等	无	无
行业划分	金融业（J门7120大类）其他金融活动中的金融租赁	租赁和商务服务业（L门7310大类）	租赁和商务服务业（L门7310大类）
产业差别	属非银行金融机构，因其纳入信贷规模管理，不是影子银行，充其量属于类银行的金融业务	属非金融机构企业，依托适宜的租赁物开展业务，不得转借银行贷款和相应资产	属非金融机构企业，依托适宜的租赁物开展业务，不得转借银行贷款和相应资产
融资渠道	可通过同业拆借市场进行融资，融资成本低，且融资渠道多元化	不得通过存款或同业拆借进行融资	不得通过存款或同业拆借进行融资

从监管看，金融租赁公司作为非银行金融机构，受中国银行业监督管理委员会的监管，在资本净额、风险资产、业务余额、内控制度、关联交易等方面受到严格的限制，而外资和内资融资租赁公司作为具有金融属性的企业，在风险资产与净资产的比例、内控制度、日常监管等方面也有诸多规定（见表3－2）。

三、行政审批与监管体制特点

（一）审批与监管伴随产业发展而同步出现

多数经济发达国家融资租赁业审批与监管体制是在产业出现后才出现要不要审批与监管问题，中国融资租赁业则从一开始就受到了相关部门的审批与监管，可以说是租赁管理制度下的产物。也就是说，在中国不存在融资租赁要不要审批与监管的问题，而是如何审批与监管才能使融资租赁业保持健康稳定发展的问题。

（二）同时存在对融资租赁业的多种审批与监管模式

在我国，如果一个大型制造企业期望发起设立一家融资租赁公司，面临着是从中国银行业监督管理委员会获批还是从商务部获批的两种选择。其中商务部获批又分为是由省级商务主管部门还是地方商务主管部门获批两种模式。跳出不同机构获批的范畴，就获批的难易程度不同，融资租赁公司还会面临选择审批还是备案的问题。获批后面临的监管规则和政策环境也有所不同。事实上，融资租赁业自进入中国之日起，就存在着分部门监管的基本格局。金融租赁公司完全采取按照金融机构进行审慎监管，商务部门负责的融资租赁公司监管也远较普通工商企业复杂和严格，不仅有专门的行业主管部门，而且还采取限制杠杆率、较高的最低注册资本金要求等监管手段。

（三）行业相关制度和规定相对独立

目前两类三种融资租赁公司的审批与监管机构、司法解释机构都是出于本机构管理职责的需要分别制定审批与监管制度。其中最高人民法院的规定是出于指导本系统审理融资租赁案件的需要，根据当时的有关规定，以司法解释的方式制定的；商务部发布的相关制度是出于管理外资融资租赁公司的需要，根据有关外商投资企业法的授权要求制定的；中国银行业监督管理委员会出台的相关制度则是出于管理金融机构开展融资租赁活动的需要，根据《银行业监督管理法》的授权制定的。这些管理制度和规定都是对融资租赁的某些方面或者融资租赁的某种类型进行规范和监管，相互之间相对独立，没有形成统一的制度体系。

（四）制度适用对象的针对性较强

最高人民法院的规定具有司法解释的性质，在涉及融资租赁合同当事人的资格等方面，有一定的规范和监管的含义，司法解释主要由法院在审理案件中适用。商务部和中国银行业监督管理委员会的规定具有部门规章的性质，分别在本部门管辖范围内发挥作用。即商务部的规定对金融租赁公司没有约束力，中国银行业监督管理委员会的规定对内资和外资融资租赁公司不起作用。另外，这些制度中只有商务部的规定包括了融资租赁及其他租赁类型，最高人民法院司法解释和中国银行业监督管理委员会出台的制度都仅针对融资租赁，对融资租赁以外的其他经营性租赁的管理没有规范在内，经营性租赁的管理采取一般性商业企业管理的模式。

（五）融资租赁公司的名称识别性强

无论是中国银行业监督管理委员会还是商务部都将融资租赁企业限定为公司形式，但在名称上有区分。商务部批准成立的机构称为融资租赁公司，中国银行业监督管理委员会批准成立的机构称为金融租赁公司。

四、对体制现状的思考

（一）2017 年 7 月，全国金融工作会议明确强调“要加强金融监管协调、补齐监管短板

会议提出设立国务院金融稳定发展委员会，强化人民银行宏观审慎管理和系统性风险防范职责，落实金融监管部门监管职责，并强化监管问责，同时，提出“要坚持从中国国情出发推进金融监管体制改革，增强金融监管协调的权威性、有效性，强化金融监管的专业性、统一性、穿透性，所有金融业务都要纳入监管，练就‘火眼金睛’，及时有效识别和化解风险，整治金融乱象；坚持中央统一规则，压实地方监管责任，加强金融监管问责”，“要以强化金融监管为重点，以防范系统性金融风险为底线，加快相关法律法规建设，完善金融机构法人治理结构，加强宏观审慎管理制度建设，加强功能监管，更加重视行为监管”。

（二）未来融资租赁审批与监管可能有三个方向

一是由各地银监局直接监管，因外资融资租赁公司体量大，凭一己之力进行监管存在困难；二是委托给省级金融办管理，类似小贷公司的管理模式；三是保持现有多头管理模式不变，也许不符合融资租赁业监管方向。融资租赁业过去十年的高速发展，或多或少地存在一些经营不规范的地方，出现了一些操作风险和信用风险，关键还在于从业人员的风险意识、道德操守和风险控制能力有待提高。全国金融工作会议强调要强化监管，提高防范化解金融风险能力，对融资租赁业审批与监管体制传递了重要信号，同时也为融资租赁业健康发展提供了一个新思路。

第二节　行业审批与监管体制存在的问题

相比其他国家，中国融资租赁业起步晚，发展周期较短，基础薄弱，虽然在过去三十年中已经取得了长足进步，但行政审批与监管体制方面仍然面临着一些问题有待解决。

一、市场监管体系有待统一

中国现行的融资租赁监管制度不具有独立的地位，不论是商务部还是中国银行业监督管理委员会都是在原有的监管职能范围内对融资租赁进行监管。商务部是外资企业的

审批和管理部门，对外资企业具有审批权和管理权，外商融资租赁公司属于外资企业，理所当然，纳入审批与监管范畴。而中国银行业监督管理委员会负责对银行及其相关金融机构进行审批与监管，理应对商业银行或其他金融机构投资设立的金融租赁公司行使监管权。由此可见，各机构对融资租赁业的审批与监管都是在原有职能的基础上，基于已有的产业管理制度，稍作修改后形成对新型融资租赁业的管理制度，一起都在原有体系的掌握中，而非重设机构与建立新的立法和规则，原有的管理机构也没有得到额外的授权，所以也不会产生一个新的管理体系。从这个意义上认识，中国现行的融资租赁业体系不是一个统一的体系，它具有二元结构。

二、政府监管目标有待拓展

中国融资租赁业的审批与监管机构对融资租赁进行规范和监管的目标是“防范和化解风险”，这是侧重监管中履职职能的需要。国外立法规范和监管的目标大多是“维护融资租赁市场秩序，保护融资租赁当事人的合法权益”。从中国融资租赁 30 年发展史分析，影响中国融资租赁市场实现更加稳定、健康、繁荣发展的因素有许多，其一就是中国政府对融资租赁市场监管目标过于狭窄，对融资租赁市场的认识不够全面，对于融资租赁市场干预过多，对市场的干预范围也比较宽泛，轻监管、轻责任且重审批与重权力等现象较为常见。

三、法律体系有待完善

中国在融资租赁业的立法认识和相关法律制度完善方面较其他国家仍有不足。任何一个市场的进步，都需要立法层面上的支持。中国融资租赁发展 30 多年来，尚未制定出《融资租赁法》，也没有统一的专门法律或管理条例。处理融资租赁合同纠纷或相关法律问题时，主要依靠 2014 年 3 月施行的《最高人民法院关于审理融资租赁合同纠纷案件适用法律问题的解释》《合同法》《民法通则》及各监管机构出台的管理办法等法律法规。虽然上述法律法规在一定程度上改变了中国融资租赁业无法可依的局面。但在适用范围和法律效力上还存在很大的局限性，甚至有时候出现相互矛盾的窘况。新的司法解释在一定程度上改变了以往对租赁物取回程序、价值评估、融资租赁合同与买卖合同衔接等方面缺乏明确规定的局面，发挥了司法解释对融资租赁市场规范、保护和引导的作用。尽管新的司法解释体现出了较强的开放性和实践性，但我国尚未出台《融资租赁法》，没有明确的融资租赁立法制度，对融资租赁业的快速发展形成一定影响。另外，《合同法》虽对融资租赁合同做了专章规定，但这种规定过于原则化，对于转租赁、回租、中途解约等内容未做详细规定，也就是说，《合同法》中的相关条款不可能解决融资租赁的全部问题。另外，《民法通则》等其他法律法规，其仅仅以传统租赁而非融资租赁为调整对象，对于租赁双方当事人尤其是出租人合法权益的保障也缺乏相应措施。

融资租赁会计法律制度具有一定的局限性。在新的《企业会计准则》未修订发布之前，如果融资租赁业仍遵循2001年的《企业会计准则：租赁》（以下简称《准则》）。该《准则》是中国第一部专门针对融资租赁业务拟定的会计准则。其对融资租赁交易各方的会计核算和信息披露做了详细、明确规定，对中国融资租赁业健康发展具有深远意义。但《准则》的制定是从专门出租人经营的直接融资租赁业务角度出发，未考虑厂商系融资租赁公司的回租业务模式。即《准则》只对简单的直接融资租赁业务进行规定，且对融资租赁的会计处理比较僵化，未能更多地体现对融资租赁的会计支持。比如加速折旧问题，《准则》第十三条规定："计提租赁资产折旧时，承租人应当采用与自有应折旧资产相一致的折旧政策，能够合理确定租赁期届满时将会取得租赁资产所有权的，应当在租赁资产尚可使用年限内计提折旧；无法合理确定租赁期届满时能够取得租赁资产所有权的，应当在租赁期与租赁资产尚可使用年限两者中较短的期限内计提折旧。"由此可知，对于大多数租赁期届满时转移所有权的融资租赁交易，不能以短于租赁物实际使用年限的租期作为折旧年限，也就不能形成加速折旧，无法满足加大成本、降低税负的目的。

融资租赁尚无专门税法。各国在融资租赁发展初期都在不同程度采取了一系列税收优惠措施，极大地促进了融资租赁业的发展，但我国尚未有融资租赁专门税法。我国融资租赁业发展的近20年也先后颁布了一系列税收法规、条例，但最多也只是对融资租赁有间接的规定和影响。并没有专门或特别针对融资租赁的税收优惠，只是对外资融资租赁公司允许参照中外合资企业"免二减三"的企业流转税优惠。个别地区为了招商引资也会在此基础上做相应的调整，但只是个案，没有统一规定。融资租赁的税收立法层次较低，效力也不高，因其多半是内部通知，存在解释随意性大、税收政策变动性较大等因素。因此，各类融资租赁税法之间缺乏一致性和透明性。

四、市场发展格局有待完善

中国独特的融资租赁业审批与监管体制导致了其市场发展呈现两极分化局面。突出表现为：一是从融资租赁公司数量看，据统计数据显示，截至2017年6月底，金融租赁公司66家，内资试点融资租赁公司224家，外商融资租赁公司7928家。外商融资租赁公司多于金融租赁公司数量，这是因为前者审批与监管相对最为宽松，后者审批与监管比较严格，金融牌照获取十分困难。二是从各市场主体的业务量看，据统计数据显示，截至2017年6月底，金融租赁公司合同余额21150亿元，内资融资租赁公司合同余额17300亿元，外资融资租赁公司合同余额17550亿元。金融租赁公司迅速超越其他两类融资租赁公司，成为业务市场占有量最大的融资租赁服务提供者，主要得益于金融租赁公司的业务能力和抗风险能力较强。

五、公平竞争环境有待完善

目前中国融资租赁业“一个市场、两套监管体系、三种企业准入”的局面，不利于形成有效的市场竞争环境，制约融资租赁业健康长远发展。一是以融资渠道为例。根据现行制度规则，金融租赁公司有资质可依通过同业拆借、吸收非银行股东 3 个月（含）以上定期存款、发行金融债券等方式筹资，但外资和内资融资租赁公司既不能吸收股东存款也不能进入银行间同业拆借市场融资。但在借用外债方面，外资融资租赁公司在境外借款方面相比内资融资租赁公司和金融租赁公司要便利，可借用的外债比例也更高。相比而言，内资融资租赁公司在融资渠道方面处在最劣势，既没有金融租赁公司在境内融资方面的优惠，也没有外资融资租赁公司在境外融资方面的便利，处于竞争中的不利地位。由于金融租赁公司和外资融资租赁公司在融资渠道上各有政策优势，在国内普遍存在融资难、融资贵的背景下，融资租赁业务活动自然主要围绕融资功能展开，这就导致了不平等竞争环境。二是以最低限额注册资本为例。金融租赁公司要求为 1 亿元人民币或等值的自由兑换货币，而且必须为一次性实缴货币资本；外商融资租赁公司为不低于1000 万美元，没有一次性实缴的规定，目前实行认缴制；内资试点融资租赁公司则要求 1.7 亿元人民币，而且也是一次性实缴货币资本，远远高于对其他两类公司的注册资本要求。从融资渠道和最低限额注册资本的要求可知，三类融资租赁公司缺乏竞争公平性。

六、租赁标的物多头登记有待统一

因行业审批与监管存在严重分割，引发权属多头登记问题。融资租赁业务存续期间，租赁标的物的所有权与使用权分离，出租人拥有法律名义上的物权和债权，而承租人对租赁标的物实际占有和使用，租赁标的物所有权和使用权分离，导致承租人有可能做出越权处分租赁标的物的风险。《最高人民法院关于审理融资租赁合同纠纷案件适用法律问题的解释》明确，融资租赁未经登记不得对抗善意第三人，登记公示应成为融资租赁交易的物权保障方法。若承租人对外抵押和转让租赁标的物时，受让人可以根据《物权法》中的善意取得制度取得租赁标的物的所有权，对出租人而言，其租金债权的物权保障则消失殆尽，加大了开展融资租赁业务的风险。鉴于这种风险，对于有明确登记机关的飞机、船舶、车辆和建筑物等租赁标的物，因租赁标的物的所有权分属不同机构进行登记，以登记为公示方式，承租人占有并使用租赁标的物并不改变租赁标的物所有权在法律上的归属。这也就引起租赁标的物多头登记的问题。一是中国人民银行征信中心于 2009 年 7 月建成了融资租赁登记公示系统，并于 2014 年取得金融系统内的法律效力，两类三种融资租赁公司均在使用；二是商务部2014 年建成全国融资租赁企业管理信息系统，要求外资和内资试点融资租赁公司将其作为登记公示和查询平台，以明示租赁标的物所有权，但并未获得相应的法律效力；三是国家工商总局也发文明确租赁标的物抵押登记的操作规范。目前，租赁标的物存在的多头登记现象，使得融资租赁公司无所适从，增加其经营成本，导致行业长期存在物权安全隐患。另外，还存在大量没有所有权登记机关的机械设备等动产标的物，这类标的物的所有权是以占有为主要公示方式，则势必影响出租人债权安全，引起合同纠纷。因此，建立全国范围统一的租赁标的物登记和公示系统，是融资租赁业极其重要的基础设施建设工作。

第三节　行业审批与监管体制国际经验借鉴

世界主要国家，大多是基于本国政治、经济、法律等国情的基础，选择或采取了适合本国的融资租赁行业审批与监管制度安排。

一、国际上存在的几种体制模式

纵观世界主要国家融资租赁审批与监管体制，从其核心做法方面，可以归纳总结出三种模式。

（一）市场主导模式

即完全由市场进行调控、政府零参与的模式。适用该模式的国家主要是美国和英国。如美国，政府没有将融资租赁业定位为特殊行业或类金融行业，视其为一般性公司，故美国融资租赁市场准入是完全开放的，不存在国内对融资租赁市场主体的审批门槛和要求。后续监管方面，在融资租赁业务过程中涉及的贸易、税收、法律、信贷和资产证券化等领域问题，由对应部门按照各自规定执行，不设单独的行业监管部门。英国融资租赁业审批和监管体制与美国类似，也是将融资租赁公司视为一般性公司，审批准入环节适用市场化完全放开模式，融资租赁业务视为一般性交易，划入委托契约形式范畴，适用普通商业合同法。英国区别于美国的是，英国存在融资租赁业协会，并在行业发展中发挥一定作用。美、英两国融资租赁业务基本不受监管的环境，主要得益于两国市场经济较发达，市场较成熟，法律制度健全，市场机制可以有效进行调节和约束，行业自律性较强。

（二）适度监管模式

适度监管模式介于市场主导和严格监管之间，代表国家是德国、日本。德国政府监管部门主要通过监管融资租赁公司股东中的金融机构来实现对融资租赁公司的监管。在德国，银行股东参股比例超过20%的融资租赁公司即视为“银行租赁”，银行租赁公司由德国金融监管局负责颁发营业许可、批准高管人选以及调查欺诈行为、内部交易等，由联邦银行指导并审查融资租赁业务报告，可以说是联合监管。此外，没有银行背景的融资租赁公司视为一般的工商企业，没有特殊的监管政策要求，遵守通常的市场经济法规即可。日本的政府监管类似于德国，对有银行背景的融资租赁公司实施严格监管，限制从事房地产、证券等业务。而对一般融资租赁公司按一般工商企业管理，不设最低注册资本和资本充足率的要求。不过，日本有租赁事业协会，实施行业自律。

（三）严格监管模式

代表国家有法国、意大利、西班牙和巴西等大陆法系国家。如法国，融资租赁业被视为信贷委托或担保贷款的金融业务，具有一定金融衍生产品的属性，融资租赁机构的设立、经营活动的开展等都受到金融法规的严格管制，此外相关部门还对融资租赁的信贷、风险等进行严格监管。西班牙与法国类似。意大利的融资租赁公司是由中央银行审批与监管，类似中国金融系租赁公司的审批与监管模式，必须先申请到金融牌照后才可运营，监管要求租赁公司需报告主要交易业务与交易成本。巴西融资租赁业审批与监管类同意大利。

各国在市场完成程度和如何界定融资租赁业性质方面存在差异，出现了不同的监管模式。融资租赁业如何监管，采取什么样的监管模式，取决于各国的实际国情。但不管采取什么样的监管模式，这些国家也存在共识：一是同一个行业采用的是统一的交易规则，这与我国多头监管适用不同的规则而导致的不公平竞争有本质区别；二是对具有银行等金融机构背景的融资租赁公司实行严监管，其合理性来源于对银行监管的要求；三是对于厂商系、上市公司或行业领军背景的融资租赁企业，采取不监管态度。大多数国家认为融资租赁虽然有融资的特性，但业务实质更像是一种以资产买卖为背景的商业信用行为，并不涉及公司存款与同业拆借等金融行为，因此不应进行严格的金融监管。

二、主要国家经验

（一）美国经验

美国融资租赁业其实不存在我国行业审批与监管的概念。首先，融资租赁公司在美国是不需要进行审批就可以直接进行一般性公司注册的，准入持完全市场化开放态度；其次，美国融资租赁业监管是秉持市场调控原则，有选择性地采取并表监管模式。其监管现状归纳为如下两点：一是具有厂商背景和独立背景的融资租赁公司，美国政府的做法是按照普通工商企业管理要求，主要依靠市场自发调控机制来规范融资租赁市场秩序。各个市场主体按照市场规则开展业务，同时需要遵守有关市场经济的法律、法规。二是银行系融资租赁公司，采取并表监管模式，由美国银行监管部门负责监督。此外，美国设备融资租赁协会（The Equipment Leasing and Finance Association，ELFA）也对行业发展起到了重要作用，是监管模式的有益补充。ELFA 成立于 1961 年，是促进产业发展的论坛、引领产业发展的平台，也是行业信息和行业规则的主要源头。

美国政府对融资租赁业务实施有针对性的监管措施。美国融资租赁业发展繁荣与政府在保险、信贷政策等方面的监管扶持政策关系密切。为降低融资租赁公司在全球性业务的政治和违约风险，进一步促进国际融资租赁业务发展，美国政府采取以下措施：一是允许发起设立“海外私人投资公司”，为融资租赁业务提供融资保险，降低融资租赁企业风险；二是允许美国进出口银行为融资租赁企业提供出口信贷、出口担保和一系列政治、商业保险措施，大力支持国际租赁业务发展。美国政府的监管更侧重于从扶持政策的角度行之有效地降低跨国经营的风险。另外，在市场发展方面，为规避杠杆租赁和大型成套设备租赁中单一出租人面临的市场风险，美国政府允许托拉斯租赁的模式，引导交易各方追加出租人或投资人。同时，鼓励政府部门和公共部门在公共交通、水务、电力和医院等领域，采取融资租赁的方式开展业务。目前，美国政府部门和公共部门作为承租人的业务规模占全部融资租赁市场的1/3，成为美国融资租赁市场的一大特点。

（二）德国经验

在德国，监管模式从时间上看存在明显的分界线。2009年以前，融资租赁业务本身不受监管，只是根据巴塞尔协议，股东方为银行的融资租赁企业从会计处理业务上需要和股东并表，这种融资租赁企业通过并表间接受巴塞尔协议的监管条款约束。同时，一些规模较大的厂商如奔驰、宝马、大众等公司，采取先投资设立银行，再由银行投资设立融资租赁公司的方式，开展融资租赁业务。此类企业也受巴塞尔协议的监管条款约束，需要与股东并表。据悉，2009年以前，德国近80%的融资租赁市场份额是受到间接监管的。

2009年起，德国政府考虑融资租赁市场规模较大，其业务又对信贷融资业务产生冲击，在全球经济危机大背景下，开始将融资租赁业划入金融监管范畴，由德国金融监管局和德国联邦银行负责审批与监管。其中，德国金融监管局是由德国原银监局、证监局和保监局合并而成的，是联邦直属机构，受联邦财政部的法律监督和业务监督，其主要职责有对金融市场进行国家监管、代表德国参与相关国际事务等，最终达到保障德国金融业整体功能发挥、确保金融机构的偿付能力、保护客户和投资人的利益及维护金融市场和体系的稳定。德国融资租赁市场主体分类和中国类似，分为三大类：银行背景的融资租赁公司、厂商背景的融资租赁公司和独立的融资租赁公司。从数量看，独立融资租赁公司所占比重较大，从市场份额看，银行背景和厂商背景的融资租赁公司所占比重较大，约达80%。

德国采取金融监管局和联邦银行各有分工各司其职的方式对融资租赁业进行审批与监管。其中，金融监管局的职能和职责主要有三方面：一是向融资租赁公司颁发营业许可证，新设立的租赁企业若要开展融资租赁业务，需要向金融监管局提交书面申请，材料包括项目计划书、经理人员从业经历和资质证书等。经营许可审批时限约9个月，类似我国的审批要求。二是批准融资租赁公司管理人员，参照德国《信贷业法》针对银行业的相关规定要求，金融监管局受德国联邦财政部授权对融资租赁公司的管理人员进行有效管理。管理人员需要具备专业素质、从业和管理经验、相关业务知识等先决条件，融资租赁公司有义务向金融监管局报送管理人员信息。若发现管理人员不符合要求，金融监管局有权拒发许可证乃至吊销许可证。若管理人员信息变动，公司需要向金融监管局报备。这点与我国类似。三是金融监管局具有市场调查权。其可以对融资租赁公司进行追查欺诈者、调查幕后交易、揭露操控物价、利用融资租赁渠道进行洗钱等行为，同时可以要求融资租赁公司提供业务信息、交易各方的资信情况，指导企业规避风险等。而联邦银行的职责和职能包括：为公司提供指导性服务、审查企业提交的业务报告等内容，其中，融资租赁公司根据融资租赁公司“百万欧元业务”报告义务，每三个月需要报告前一个季度所签的融资租赁合同，以便联邦银行能及时掌握公司负债情况，防止某一承租人扰乱市场。另外，联邦银行还会对融资租赁公司的年度业绩报告进行宏观监控，同时可以获得信息和统计数据，为行业发展提供背景材料。

德国政府对外资投资者的态度和做法。目前，德国政府对欧盟以外国家的企业进入其市场开展融资租赁业务一视同仁，并没有特殊限制。外企可以根据德国金融监管局对投资者在注册资本、从业资质等方面要求，向金融监管局提出申请，获批后便可在德国开展业务，同时需要履行相应的义务，如向联邦银行定期报送业务报表等。对于外国设备制造类企业通过融资租赁方式进入德国市场，德国租赁业协会建议，可采取委托德国本土融资租赁公司或自行设立融资租赁子公司的形式。欧盟法规规定，若一家外国融资租赁公司在某一欧盟成员国依法设立了子公司，则该子公司可在德国直接开展业务，仅需向德国金融监管局和联邦银行备案即可。如中联重科融资租赁（意大利）公司曾在德国采取上述方式成功完成欧洲第一单融资租赁业务。

（三）日本经验

日本融资租赁业由日本经济产业省（原通商产业省）负责管理，制定相关的产业政策措施，不实施具体的审批与监管职责。在日本，从出租人投资主体看，分为三类：具有银行背景的融资租赁公司，其数量和市场份额均在60%；具有厂商背景的融资租赁公司，其数量和市场份额占20%左右；独立的及其他类型的融资租赁公司，其数量和市场份额占20%左右。日本银行背景的融资租赁公司，并不是以其股东控股的比例作为判定标准，而是与融资租赁公司在客户关系和人员结构上与银行有着密切的关系，即使银行投资股比不到5%，也可视为具有银行背景的融资租赁公司。

总体看，日本融资租赁业适用零审批模式。日本融资租赁业由日本经济产业省（原通商产业省）管理，但经济产业省只是负责制定行业发展相关的一些政策措施性文件。日本融资租赁公司视为普通工商企业，对最低资本金、资本充足率、经营范围、资产负债率等方面都没有特别的限制规定，例如，日本融资租赁公司资产负债比例可以高达1:100以上。而且日本融资租赁公司可以自由设立并从事同业拆借、短期流动资金贷款、分期销售和杠杆租赁等多种业务。

日本融资租赁业采取独特的适度监管模式。日本的适度监管模式不同于德国，其具有独特性。日本没有专门的租赁法律，融资租赁业务涉及某个具体的行业时，需要按照该行业相关的法律规定执行。日本融资租赁监管的独特性体现在其通过制定一系列扶持促进政策对融资租赁业进行引导管理，而不是我国通俗意义上的监管。日本的促进政策主要包括：一是政策性财政融资。日本政府为促进特定设备普及和某些特殊行业（如工业机器人、卫星通信接收机、防污染设备）发展，向融资租赁市场提供政策性财政融资，由日本开发银行向租赁公司融资。二是政府补助，日本政府补助主要针对特定设备承租人，按照补助系数，给予一定的财政补助，补助的领域重点是农林水产业。2004 年日本实施的具体补助制度包括：农业经营租赁补助，对象为日本法律认定的农业经营者和对地方有特殊贡献的农业经营者；木材供应结构改善租赁补助，对象为从事原材料生产、木材加工、木材销售行业的企业主体；养殖促进租赁补助制度，对象为从事养殖品牌化目标的企业等。三是租赁信用保险制度。1973 年，日本政府制定政策性保险制度。该政策核心是，交易双方签订租赁合同后，对承租人实行强制保险。一旦承租企业出现无法偿还或倒闭的情况，政策性保险公司负责赔偿 50% 的租赁损失金额。以确保租赁公司在遇到承租人无法偿还租金时可以得到一半租金作为补偿。四是投资减税制度。日本对融资租赁业实施投资减税制度，其优惠税制主要为：IT 领域投资促进税制，适用租赁标的物主要有计算机、数码复印机、传真机、集成电路卡利用设备、数码播放接收设备等 IT 关联机器，减税额度为租赁费用总额的 6%；中小企业投资促进税制，实施市场主体主要是注册资本在 1 亿日元以下的中小企业，适用租赁标的物主要是机器装置、电脑、数码电话设备、数码交换设备等，减税额度为租赁费用总额的 4. 2%；中小企业基础强化税制，适用的市场主体侧重于从事饮食、特定服务业、批发、零售等行业的中小企业，减税额为租赁费用总额的 4. 2%。这些扶持政策实施效果明显，有效发挥了政策导向功能作用，促进了产业结构的优化，降低了融资租赁业的经营风险。

（四）法国经验

法国融资租赁业适用严监管模式。在法国，融资租赁被称为信贷委托，视为担保贷款，其性质属于金融衍生品。法国只允许金融机构开展融资租赁业务，且由全国信贷理事会批准。法国融资租赁公司资质要求较高，需最低注册资本为 220 万欧元，同时偿付比率要求资本与长期资产的最低比例为 6:10，风险比率要求资本与总计发生风险资产的比例不得低于 1:20。融资租赁公司在业务开展过程中若有经营范围、领导机构等方面的变动都必须要经过全国信贷理事会批准。同时向法兰西银行提交一份主要收费情况作为备案，另外，法兰西银行有权通过控制性准备金对融资租赁公司进行管理。

（五）意大利经验

意大利对融资租赁业实行严格的监管模式。意大利中央银行是融资租赁业的监管机构，其按照金融机构的监管标准，对融资租赁公司实施严格的金融监管。意大利规定融资租赁业务只能由包括综合性银行、专业银行、财务公司或银行设立的租赁子公司在内的金融机构开展。因此，融资租赁公司的监管标准与银行相同，都要符合新巴塞尔协议规定。值得一提的是，意大利融资租赁业向中央银行提出许可申请，由其负责审批，而开展经营性租赁业务则无须审批。具备开展经营性租赁业务的市场主体包括没有银行背景的厂商租赁公司和独立租赁公司等。这类公司视同为普通工商企业，只需注册登记，无须接受监管，但大型融资租赁交易必须登记。

（六）韩国经验

韩国对融资租赁公司的准入制度比较特别，由最初的审批制转变到现在的登记备案制。韩国新修订《专业信贷金融业法》后将审批制改为登记备案制，并规定金融监管会员负责融资租赁业的登记备案和监管，财政经济部负责政策制定。韩国政府要求，银行不能直接从事融资租赁业务。1998 年以前，韩国视融资租赁为金融业，与其他金融机构一样由财政经济部负责管理。融资租赁公司开展融资租赁业务必须先取得财政经济部许可，申请金融执照。当时，融资租赁公司最低注册资本（实缴现金资本）不得低于 100 亿韩元（相当于 2000 万美元）。融资租赁公司的设立、变更、注销等都受财政部的严格监管。1998 年以后，韩国颁布了《金融业特别信用法案》，取消了融资租赁许可证制度，申请从事融资租赁业务只需注册资本不少于 200 亿韩元就可以直接注册登记。

韩国融资租赁业监管由金融监督委员会负责，金融监督委员会有权要求企业提交业务和财务报告。如金融监督委员会认定企业违反相关法规，存在扰乱金融秩序的行为，有权向企业或董事提出警告或问责，命令其限期纠正并要求解雇董事等。金融监督委员会有权制定融资租赁公司经营指导标准、并可要求公司公开经营状况，在法定条件下，有权取消公司的经营资格。

三、国际经验对中国的启示

各国对融资租赁业的审批与监管做法，是各国基于政治、经济、法律等基本国情，采取的适合本国的规则制度。这些经验为我国完善行政审批与监管体制提供了有益的启示，主要包括以下四方面。

（一）处理好国际做法与中国国情的关系

迄今为止，中国对融资租赁业审批与监管认识是不统一的。大部分学术成果是把国外的做法和经验作为中国实施融资租赁业实施审批与监管的依据。基本的观点有两个：一是融资租赁市场不成熟的国家需实施严格监管制度，而中国目前属于市场不成熟的国家。按此逻辑，中国理所当然要对融资租赁业进行严格监管。二是融资租赁高度发展阶段的国家实施适度监管模式，目前中国融资租赁业审批与监管体系更加类似这种适度监管模式。为此，国内相关学者、专业人士都以国外融资租赁监管制度作为依据，理解和认识融资租赁业审批与监管体制。但具体叙述和成果内容较笼统，无法指导中国融资租赁业审批与监管体制如何改革。因此，在实践中，行政审批与监管体制的设计还要适合中国国情，结合中国实际。

（二）处理好不同监管机构之间的关系

融资租赁业各监管机构的规则存在差异。商务部根据自身对外商投资企业所拥有的管理权对商业类融资租赁企业实施监管，同时负责内资融资租赁公司的审批与监管；中国银行业监督管理委员会根据《银行业监督管理法》的授权对金融租赁企业实行监管；最高人民法院司法解释规定未经批准注册开展融资租赁签订的融资租赁合同无效，从而确认了商务部和中国银行业监督管理委员会对融资租赁的监管权。从制度和实践两个层面看，商务部和中国银行业监督管理委员会监管融资租赁的依据各不相同。商务部作为商务主管部门认为融资租赁公司属于特殊的商务企业需要特别的管理，从而对融资租赁业务加以监管。中国银行业监督管理委员会将金融租赁公司视为非银行金融机构，从而对其实施金融监管。依据的不同产生了两种不同的融资租赁监管类型。由于缺乏统一全国性权威监管机构，不同性质租赁公司由不同部门监管，存在着监管缝隙、空白，融资租赁市场上潜伏着较大风险。如何处理好不同监管机构之间的关系，是做好融资租赁审批与监管体制改革的前提。

（三）处理好监管者和被监管者之间的关系

中国融资租赁业的监管权设置和行使，只从监管者角度出发，注重其自身的监管权，而忽视被监管者的权利和利益，这是现行行业审批与监管的突出特点。从立法和规章制度的角度看，过分强调国家和社会利益或者过分强调交易者的利益都是片面的，因为过分强调监管可能会限制融资租赁业的市场活力，过分强调融资租赁交易的自由也会出现交易风险失控，导致难以挽回的灾难。要克服这一难题，需要在监管者的权利和被监管者的利益之间寻找好平衡点。

（四）厘清适度监管模式

业界对适度监管大体有两种观点：一种观点认为适度监管模式实际上是一种间接监管。参考德国和日本模式，即是通过对投资融资租赁公司的股东（通常为金融机构）进行监管，来实现融资租赁公司监管。另一种观点认为适度监管包括市场准入、设立审批和最低注册资本金要求、风险控制（包括资产负债率、兼营其他业务的比例）及处罚措施等内容。第一种观点容易理解，但第二种观点则需要进一步分析。

审批、风险控制以及处罚措施都是政府对融资租赁企业的某种干预，这种干预的程度在一定程度上决定了监管的力度。对融资租赁公司进行审批、风险控制以及处罚措施本身不足说明就属于适度监管。而政府干预程度以什么标准来界定，对适度监管模式的认定起到决定作用。政府干预程度的界定标准，若用国外的做法衡量其实是不可取的，因为国外也不存在统一的国际标准，且国外做法也不一定符合我国国情，很难用来衡量是否属于适度监管；若从我国现行体制来衡量，也不合适，因为我国现行体制是由行业性政府监管机构的部门规章构成，不同机构都是站在各自的职能权限内设定监管制度，并未对融资租赁业进行全盘考虑，无法判定哪种规则属于适度监管。若要厘清这个问题还需要另外寻找一个衡量标准。

中国融资租赁审批与监管不是一张白纸，经过30多年，实际上已经形成了一定的规则。从这种规则的依据角度出发，来衡量适度监管模式是目前相对科学和实际的。融资租赁公司的生存能力是制定融资租赁风险规则需要充分考虑的因素。融资租赁交易的信用要求比较高，合同持续时间较长，由此形成的风险，主要是由交易各方，特别是出租人承担。现行融资租赁体制多是为了提高融资租赁企业的抗风险能力而制定的约束性规定，比如注册资本金要求、融资渠道要求等，忽视了融资租赁公司的生存状况，很难保障融资租赁业可持续发展。比较而言，商务系融资租赁公司比金融租赁公司可持续发展的能力更差，主要表现在筹资能力弱、融资租赁业务单一等。现行的规则没有解决这个问题。这也说明，一方面融资租赁公司受监管规则的限制只能从事以融资租赁为主的单一业务，另一方面现行规则又没有规定融资租赁公司可持续发展所需要的筹资渠道和权利。适度监管应该是建立在充分考虑融资租赁公司的生存能力基础上，而进行的一种促进融资租赁业健康持续发展的管理制度。

第四节　完善行业审批与监管体制建议

一、健全融资租赁立法，形成完善法律体系

健全和完善融资租赁立法。在监管和交易自由之间寻找平衡点，应当是融资租赁立法的终极目标。融资租赁属于新兴行业，创新的融资租赁模式不断产生，有关融资租赁的法律法规必须与之相适应。目前我国的《融资租赁法（草案）》正在审议，该草案应对租赁公司的性质、租赁组织机构的注册、租赁公司的业务范围、租金的计算方法，租赁公司的资金来源、租赁合同、出租人及有关当事人的权利和义务、违约责任等进行详细的规定，应覆盖融资租赁业务的全部。另外，理论上看从事相同业务不应具有税收上的差异，但由于融资租赁公司所属机构不同，税收存在差别待遇：一方面，“营改增”后直接租赁和售后回租业务的税收及开票方式不一致，给承租人带来不同的税负；另一方面，金融租赁公司可以按照金融机构待遇计提呆账准备金，并在一定额度内税前抵扣，其他融资租赁公司不适用。建议，借鉴国外在直接投资减免税制度、视同承租人购买的税收优惠、加速折旧、租金可计入成本等方面的经验做法，采取融资租赁业财税政策的顶层设计，统筹制定统一的税收政策。完善的法律环境将便于企业运营操作，使融资租赁活动有法可依，有章可循。

二、补齐制度短板，统一行业准入监管机构

一是研究制定《融资租赁企业监督管理办法》，推动融资租赁业统一准入监管机构，落实行业前置审批改为后置等“放管服”① 要求。调整目前基于机构的监管态度，朝着基于业务的监管逐步推进，关键突破点就在于统一各类融资租赁公司的监管规则及其行业涉及的财税、法律等方面规则，包括在最低注册资本要求、融资渠道、监管指标要求、租赁物登记公示体系、财税处理等方面适用相同、透明、公开的规则，以便营造中性、公平的竞争环境。二是探索建立统一的监管部门。首先，考虑国内行业发展现状，先统一内资和外资融资租赁公司的监管规则，再逐步统一金融租赁公司和融资租赁公司的监管机构，制定监管规则。在统一商务部的规则和中国银行业监督管理委员会的规则时，中国银行业监督管理委员会应当适时调整监管思路，不能完全像监管银行那样监管金融租赁公司，而应该从控股子公司的角度、从关联交易的角度对银行系融资租赁公司进行监管。其次，在确立了主管地位主体后，监管部门就应进行部门规章的制定，同时积极配合并帮助租赁企业积极组建行业协会，较好地促进融资租赁业的健康稳定发展。最后，对金融监管的机构对象进行监管，进一步明确各政府部门的职责作用与监管地位，各政府部门、工作人员应该在岗位赋予的职权范围内，充分发挥对融资租赁业的监督管理作用。

三、深化诚信体系建设、建立承租人信用档案

继续推进商务诚信体系建设试点，完善商务信用信息交换共享平台。加强与有关部门的信息共享，建立承租人体系，共同营造诚信经营的市场氛围。一方面，国家层面应建立确保合同履行的安全信用体系。融资租赁业的信用体系较复杂，任何一方不守信，都会导致租赁失效。融资租赁业的发展对信用体系的安全要求很高，必须构筑出租方、承租方、制造厂商、银行等各方“合作互利”的价值链。因此，政府必须联合银行、租赁企业等相关各方，建立一个通用的信用体系。另一方面，承租人应建立信用档案制度。承租人为解决设备问题，取得融资租赁公司信任，把贷款、还款、应付款偿还等有关信用的业务建立档案，向融资租赁公司申请业务时，作为信用证明。

四、完善信息统计管理，统一租赁标的物登记系统

一是统一融资租赁公司经营数据管理。目前，金融租赁公司的经营数据已纳入社会融资总量的统计，外商融资租赁公司和内资试点融资租赁公司尚未纳入，造成中国社会融资总量统计的缺失。商务主管部门管理的融资租赁公司经营数据的统计采取自愿提交

---

① “放管服”，是“简政放权、放管结合、优化服务”的简称。

原则，所以，数据不完整、不详尽。建议统一融资租赁公司经营数据的管理，以确保中国社会融资总量数据的规范和完整。

二是统一租赁标的物的登记公示体系。融资租赁业务中，租赁标的物的登记不是强制性的，当事人可以自由选择，可以选择登记也可以选择不登记，都符合《物权法》确立的善意取得制度。现今，租赁标的物是否需要登记及登记机关确立等问题都没有明确的法律法规规定。中国人民银行的融资租赁登记系统，虽然在法律法规上均无明确的依据作为支撑，但已运行多年，为融资租赁交易各方所熟悉，同时也被法院所认可，能够产生一定的司法证据效力。建议尽快明确融资租赁登记机关的法律地位，形成以中国人民银行建立的融资租赁登记系统为主的登记体系。

五、创新监管方式，探索功能监管和行为监管模式

探索功能监管和行为监管模式。监管部门应转变监管思路，由主体监管向不同交易主体的市场功能定位和不同交易行为的监管转型。主体监管即机构监管，是监管部门对被监管者的市场准入、持续的稳健经营、风险管控和风险处置、市场退出等进行监管。而功能监管是对相同功能、相同法律关系的产品按照同一规则由同一监管部门监管。比如银行销售基金产品也要到证监会获得基金销售牌照。行为监管则是针对从事金融活动的机构和人，从事金融业务就必须要有金融牌照，从事哪项业务就要领取哪种牌照。对有牌照的机构要监管，对没有牌照从事金融业务的更要监管，无照经营就要严厉打击。相同产品不按照同一原则统一监管是造成监管空白、监管套利的重要原因，也是当前金融秩序混乱的重要原因。因而树立功能监管与行为监管的理念是融资租赁业稳定的重要基石。

第四章 融资租赁业融资渠道与结构

融资渠道与结构是融资租赁资金管理过程中的关键环节，在融资租赁业发展中具有重要意义。良好的融资渠道与结构有助于融资租赁公司提高资金配置效率、降低融资成本、合理控制资金风险。随着融资租赁业的发展，融资渠道虽日益增多，但因法律保障不足、监管效率低、公司内部治理差等因素导致融资租赁公司在一定程度上缺乏与之相匹配的资金来源。

第一节 融资渠道与结构现状

融资租赁公司融资主要包括内源融资、股权融资、债券融资三个主要渠道，其中又可细分为资本金、银行贷款、金融机构同业拆借、境外借款、企业发行债券、发行股票、租赁款保理融资、租赁资产证券化、互联网金融等具体方式。目前中国融资租赁业最主要的融资渠道是内源融资中的股东增资和债券融资中的银行融资，资产证券化、信托、基金等融资方式也正逐步被租赁公司所采用，但总体尚处于初步发展阶段。

以天津为例，据调查①，2017 年天津金融租赁公司融资渠道较为多元，除银行融资外，还通过租赁物直接转让、资产证券化、发行金融债、跨境融资等形式开展融资，但从融资占比来看，银行融资仍然是金融租赁公司融得资金的重要渠道（见图 4－1）。

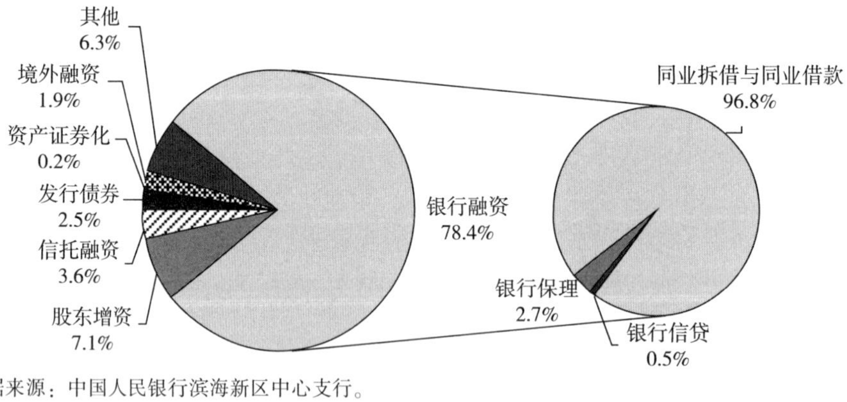

数据来源：中国人民银行滨海新区中心支行。

图 4－1 2017 年天津金融租赁公司融资结构占比

---

① 数据来源：中国人民银行滨海新区中心支行，下同。

内资融资租赁公司尤其是中小型公司融资渠道单一。被调查内资融资租赁公司通过母公司和银行渠道完成的融资占比达 92.4%。72.7% 的被调查内资融资租赁公司仅通过母公司或银行进行融资，仅 27.3% 的融资租赁公司采取了信托融资、发行债券、资产证券化等融资途径，且均为大型融资租赁公司。外资融资租赁公司融资渠道较为多样，但主要依赖母公司融资。被调查外资融资租赁公司除通过股东、母公司、银行等途径外，还通过信托、发债、资产转让、境外融资等途径开展融资，但从占比来看，通过股东或母公司完成融资占比 53%。64.3% 的被调查融资租赁公司通过股东或母公司完成的融资占其总融资额的一半以上，且 35.7% 的被调查融资租赁公司占比达到 100%（见表 4－1）。

表 4－1　天津融资租赁公司融资结构统计

	金融租赁	外资租赁	内资租赁
1. 股东增资	7.1%	37.8%	17.7%
2. 母公司融资	—	18.7%	15.7%
3. 上市	—	—	—
4. 其他股权融资	—	—	—
5. 同业借款	75.2%	—	—
6. 银行信贷	1.9%	24.4%	39.4%
7. 银行保理	2.7%	10.2%	20.6%
8. 信托融资	3.6%	2.1%	3.6%
9. 发行债券	2.5%	1.7%	1.0%
10. 资产转让（含证券化）	5.1%	3.1%	2.0%
11. 保险资金	—	—	—
12. 境外融资	1.9%	2.0%	—

数据来源：中国人民银行滨海新区中心支行。

一、内源融资

内源融资是利用融资租赁公司在经营活动中产生盈余后的资金，即通过内部融通所能利用的资金，包括折旧和留存收益，是公司持续将其定额负债、折旧和留存盈利等储蓄变成投资的过程。低风险、低成本、自主和原始性是融资租赁公司内源融资的主要特点，是企业经营的基础环节。融资租赁公司作为市场化运作的资金密集型企业，首先考虑通过股东增资、借助母公司资金池等形式进行成本相对极低的融资。

（一）股东增资

从行业来看，主要集中在金融租赁公司。按照中国银行业监督管理委员会的规定，金融租赁公司的杠杆率不得超过 12.5 倍。但因金融租赁公司的资产规模普遍增长较快，多家金融租赁公司已达上限，因此利用股东增资方式融资较为普遍。某些大型融资租赁公司分公司利用其母公司为上市公司的优势，通过母公司募集专项资金的方式，从证券市场融资后注资。以天津为例，据调查①，截至2016年底，天津市金融租赁②、内资租赁和外资租赁③的实收资本在总资产中的占比分别为8.2%、23.5%、22.6%。此外，58.8%的被调查融资租赁公司采取了这一融资方式，其中六成企业通过这一渠道融得资金在总融资额中的比重超过了50%。分租赁公司类型看，金融租赁、内资租赁和外资租赁公司的内源融资占比分别达7.1%、56.5%、33.4%。

（二）母公司资金池

一些实力雄厚并且现金流很充足的母公司也会采取直接借款的形式为旗下的融资租赁公司直接进行资金输血。一般会以母公司自身的名义借出，或是通过母公司下设的财务公司等关联方向子融资租赁公司进行借款。这种借款往往利率都要低于市场价格，可以使融资租赁公司享受到融资成本的优惠。

二、股权融资

股权融资是公司的股东同意出让其在公司的部分所有权，以扩充股东的方式增资开展融资。公司的股东共享利润分配，融来的资金不需要偿还利息和本金。融通的资金可用于公司对外投资也可用于公司运营。通常可以通过上市、引入战略投资者、股权抵押融资等方式实现。

（一）上市

上市即首次公开募股（Initial Public Offerings，IPO），指公司以证交所为载体首次面向投资者公开发行新增股票，用于筹集公司发展所需融通资金的经过。如果存在过多股票投资者认购同一新股时，会以抽签的方式进行股票分配，即抽新股，股票投资者愿意用更高价格认购股票。在我国，上市分为在中国境内上海、深圳证券交易所上市（A股或B股）、中国公司直接到境外证券交易所（如纽约证券交易所、纳斯达克证券交易所、伦敦证券交易所、香港证券交易所等）以及中国公司间接通过在海外设立离岸公司并以该离岸公司的名义在境外证券交易所上市（红筹股）三种方式。以天津为例，2011年3月30日，远东宏信有限公司在香港主板上市，开国内租赁公司海外上市的先河，发行股票8.16亿股，募集资金51亿港元。截至2017年5月底，其总市值约287亿港元。2011年10月，渤海租赁④作为全球最大的集装箱租赁服务供应商，通过重大资产重组借壳ST汇通登陆深圳证券交易所，成为国内主板市场唯一一家上市租赁公司，并入选沪深300指数股。截至2017年5月底，其总市值约400亿元，流通值200亿元。2014年7

① 数据来源：中国人民银行滨海新区中心支行。

② 数据来源：中国人民银行滨海新区中心支行。

③ 数据来源：全国融资租赁信息管理信息系统。

④ 2016年2月23日更名为渤海金控投资股份有限公司。

月11日，中国飞机租赁集团控股有限公司，作为亚洲首家上市的飞机租赁商和亚洲首家飞机全产业链解决方案提供商，在港交所主板上市。截至2017年5月底，其总市值约63亿港元。部分租赁公司的母公司也已经上市或即将上市（见表4－2）。

表4－2 天津上市融资租赁公司一览

所属交易平台	已上市公司名称
沪深证券交易所（国内主板）	渤海租赁、△工银金租、△兴业金租、△民生金租、△中信金租
香港联合证券交易所	中国飞机租赁集团、＊远东宏信、＊中国恒嘉融资租赁集团、＊中银航空租赁
全国中小企业股份转让系统（新三板）	⋆皖江金融租赁股份有限公司

注：带△的金融租赁公司表示其母行已上市，带＊的融资租赁公司注册地不在天津市，但在天津已设立融资租赁类子公司，带⋆的租赁公司为天津注册融资租赁公司在外地设立的子公司。

数据来源：上海证券交易所、深圳证券交易所等。

（二）引入战略投资者

战略投资者是依法在工商行政部门登记注册的法人机构，与其有合作意向的发行公司达成一致，自愿以发行公司的要求签署配售协议，以期长期拥有该公司股票。是与发行公司业务联系紧密，且欲长期持有发行公司股票的法人。中国允许在公司新股发行中引入战略投资者参与申购。

（三）股权质押融资

股票质押融资是用股票等有价证券提供质押担保获得融通资金的一种方式。它主要是以取得现金为目的，公司通过股票质押融资取得的资金通常用来弥补流动资金不足。股票质押融资不是一种标准化产品，在本质上更体现了一种民事合同关系，在具体的融资细节上由当事人双方合意约定。正常情况下，无论股票是否处于限售期，均可作为质押标的。限售股质押，在限售期先于行权时间结束的，应当认定质押合同有效。

三、债权融资

债券融资有效解决了内源融资的有限性与股权融资的高成本和决策权损失，成为融资租赁公司最主要的融资方式。债权融资形式多样，成本、期限、门槛各异，可较好满足各成长周期的企业需求，通过同业借款、银行授信、银行保理、信托融资、发行债券、资产转让（含资产证券化）、保险资金、跨境融资等渠道开展债权融资。一般来说，各渠道利率水平排序为：同业借款、银行授信、银行保理、发债和资产证券化利率相对较低，而通过信托、证券化外的资产转让和保险资金融资利率相对较高。

（一）银行融资

银行信贷。银行贷款作为最普遍的融资模式，筹资周期相对较短、筹资成本相对较低。融资租赁公司采用与合作银行直接授信的方式开展。除传统授信外，部分融资租赁公司还通过与银行签署战略合作协议，取得了长期稳定的资金来源。部分跨国公司设立的融资租赁公司利用外资银行开拓中国市场的需求，加之外资银行与其母公司有较为广泛的业务往来，通过与外资银行开展中长期贷款融资，融资成本往往较低，在较紧张的资金环境下可以拿到基准利率甚至基准下浮利率。但在不算宽松的金融市场中，银行对此限制较多，各家租赁公司运用比例不大。据调查①，天津市内、外资融资租赁公司的负债中金融机构借款占比分别为62.3%、63.4%。金融租赁公司同业融资在总融资额中的占比75.2%。52.9%的被调查融资租赁公司都采取了通过银行信贷融资。以远东宏信有限公司为例，该公司在普通授信的基础上开展了跨平台授信，天津平台区域授信规模快速增长，从2015年底的85亿元增加到2016年底的243亿元。同时，与主要合作银行授信额度进一步扩大，累计实现提款146亿元。此外，部分租赁公司通过与银行签署战略合作协议，取得了长期稳定的资金来源。如2016年12月，中民国际融资租赁公司与上海浦东发展银行天津分行签订长期战略合作协议，提供100亿元的授信额度。

有追索权保理（类质押贷款）。有追索权保理（类质押贷款）是目前各融资租赁公司运用较多的产品。一是通过该产品，融资租赁公司可以有效地防范流动性风险，实现租金收入现金流与还款现金流的匹配，避免短借长投的风险。二是因保理融资界定为贸易背景下的融资，监管机构对其态度较为鼓励，在较为紧张的融资环境下，银行对此品种有较多的头寸和规模。三是当发生债权偿还风险时，有追索的保理业务中，银行对融资租赁公司保留追索权，融资租赁资产仍在融资租赁公司的资产负债表中，其本质上是融资租赁公司通过质押应收账款从银行取得的借款。对银行而言，风险极小。据调查②，天津融资租赁公司41.2%采取此种方式进行融资。如天津某融资租赁公司价值2.4亿元的医疗设备售后回租协议，天津某银行通过公开型有追索权保理业务，对应收租金保理融资2亿元，极大盘活了企业资金。

无追索权保理。与上述方式不同，这类保理业务中，融资租赁公司将相关资产全部剥离出自身的资产负债表，而银行未保留对融资租赁公司的追索权，因此其本质上相当于融资租赁公司将租赁收益权和风险一同出让给银行。融资租赁公司则提前收回成本，完成融资，并实现资产出表。对于无追索权保理，虽然银行需要承担一定风险，但可以改善融资租赁公司的财务报表，对金融租赁公司而言，还可减少拨备计提。实际操作中，金融租赁公司在项目运作上仅仅为资金通道或者资金管理人，通过做成项目后立即开展无追索保理，实际出资人仍为银行，这也是银行规避监管限制，通过融资租赁公司放贷的一种变通。

同业拆借。这一融资模式是金融租赁公司最重要也是必备的融资渠道，可以分为通

① 数据来源：中国人民银行滨海新区中心支行。

② 数据来源：中国人民银行滨海新区中心支行。

过银行间同业拆借中心交易系统达成的资金交易和资金融通双方自行撮合的线下交易。金融租赁公司利用金融机构的自身优势，通过同业拆借市场开展短期流动资金拆借，拆借资金期限为3个月至1年，实务中拆借期限多为3个月，用于项目上，虽然存在资金错配的风险，但因成本远低于其他融资方式，出于利润考虑，金融租赁公司仍多采用此方式。其优点在于筹资快、成本低，缺点在于期限短、规模有限，根据《金融租赁管理办法》，同业借入资金余额不得超过资金净额的100%。据调查①，天津金融租赁公司均采取此种融资方式，且通过同业借款完成的融资占比达75.2%。其优点在于筹资快、成本低，缺点在于期限短、规模有限，且利率随着市场行情波动较大。

银团贷款。银团贷款是依托代理行，依照互相约定的比例和时间，根据同一份贷款协议，以贷款条件相同的两家以上银行（包括两家），向资金需求者提供融资的业务。例如2011年9月21日，恒信金融租赁有限公司获12亿元银团贷款。该银团是由国际开发银行牵头安排，联合中国建设银行、上海农商银行共同组成。同年9月26日，恒信再获20亿元银团贷款，该银团由中国银行上海分行牵头安排，联合中国农业银行、交通银行及中国工商银行共同组成。上述银团贷款的成功，也为中国融资租赁公司融资打开了全新的渠道。

银行理财融资。所谓银行理财融资即金融租赁公司通过将租赁资产注入银行理财资产池发行结构化产品融资。限于成本方面的考虑，金融租赁公司采用此方式融资发行的最长理财产品为90天，因而仍然存在资金错配风险。其他租赁公司发行的理财产品最长可达三年，基本与业务资金匹配。

银行承兑汇票。银行承兑汇票即存款企业出票，须向所承兑的银行申请并已在该行开立存款账户，经过同意后，按照指定金额和日期，由承兑银行无条件支付给持票人的商业票据。银行承兑汇票是存款银行在对存款人信用等级认可的情况下给予的支持。

（二）债市融资

金融债券。2009年中国人民银行与中国银行业监督管理委员会联合发布公告，允许符合条件的金融租赁公司和汽车金融公司发行金融债券。此后，金融债券成为金融租赁公司又一新型融资渠道。限于目前国内对租赁资产的认可程度、债券的存续期、监管要求及流动性因素限制，金融租赁公司发行金融债券在用款时效、规模、成本上仍存在诸多局限。发行条件规定，最近3年连续盈利，最近1年利率不低于行业平均水平，最近1年不良资产率低于行业平均水平。在实务中，金融租赁公司常常只能满足其中的一个条件，因而金融债券较难获批。据调查②，天津金融租赁公司累计发行金融债4期，发行金额85亿元，加权申购利率3.71%～4.56%（见表4－3）。

---

① 数据来源：中国人民银行滨海新区中心支行。

② 数据来源：中国人民银行滨海新区中心支行。

表 4-3 2015—2017 年天津金融租赁公司金融债发行情况

公司名称	发行日期	发行金额	存续期限	债券品种	申购利率区间
兴业金融租赁	2015-06-08	20 亿元	3 年	固定利率品种	4.0% ~4.6%
兴业金融租赁	2015-10-20	30 亿元	3 年	固定利率品种	3.5% ~4.3%
兴业金融租赁	2017-03-09	5 亿元	3 年	固定利率品种	3.8% ~4.5%
邦银金融租赁	2017-02-28	30 亿元	3 年	固定利率品种	3.7% ~4.8%

数据来源：Wind 数据库。

除金融债券外，还有公司债、企业债、中期票据、短期融资券等债权融资渠道。公司债属中长期直接融资产品，是公司依法发行的承诺在约定的时间内（一年以上）按照约定利率无条件向债权人还本付息的有价证券。企业债是指在商业活动中的参与企业发行的债券。企业债券泛指各种所有制企业发行的债券。中期票据是按照约定时间还本付息，由非金融类法人机构在银行间债券市场分期发行的债务融资工具。在欧洲货币市场发行的中期票据，称为欧洲中期票据。2012 年 4 月，远东宏信有限公司公告订立中期票据计划，向专业及机构投资者发售及发行本金总值不多于 10 亿美元（或以其他货币计算的等额金额）的票据，计划为增强其未来融资或资本管理之灵活性及效率提供了一个平台。此项计划是继银团贷款、“点心债”后，打通的又一引入长期资金的融资渠道，也为未来其他公司开展融资提供了范例。短期融资券属短期直接融资，是一种无担保的短期票据，是在工商部门依法登记注册的法人机构按照约定的时间、程序和条件偿还本金和利息，在银行债券市场发行的有价证券。

以天津为例，2013 年 6 月，渤海租赁作为首家发行债券的非金融租赁公司，被核准向社会公开发行面值不超过 35 亿元的公司债券，从此打通了融资租赁公司直接融资的新路径。近两年，各融资租赁公司纷纷通过发行公开或非公开公司债、中期票据、短期融资券、超短期融资券、非公开定向债务融资工具（PPN）等开展融资，有海外母公司背景的融资租赁公司还可以通过母公司在境外发债。例如，天津渤海租赁有限公司于 2015 年、2016 年分别发行两期公司债券，发行总额依次为 10 亿元、5 亿元、5 亿元、15 亿元，票面利率分别为 4.62%、4.50%、5.98%、5.2%，期限分别为五年、五年、三年、三年；2015 年、2016 年还连续发行两期 PPN 各 5 亿元，利率分别为 5.8%、5.5%。中国飞机租赁有限公司于 2015 年、2016 年，分别在交易商协会成功发行 3.4 亿元和 3.3 亿元的中期票据，利率分别为 6% 和 4.19%。2017 年第一季度，中国飞机租赁有限公司还发行 3 亿美元于 2022 年到期的利率 4.7% 的担保债券及 2 亿美元于 2024 年到期的利率 5.5% 的担保债券。长江租赁有限公司 2016 年非公开发行了两期公司债，发行金额各 2 亿元，利率分别为 7.5%、7%，债券期限 3 年。远东宏信有限公司则是融资渠道最为丰富的租赁公司之一，其采用的债券融资工具几乎囊括了上述所有债券类型。2016 年，直接融资方面，远东宏信有限公司累计发行 14 单债券产品，累计金额 260 亿元，包括公司债130亿元、PPN 80亿元、超短融20亿元、短期融资券20亿元，其他债券10亿元。2017年6月7日，远东宏信有限公司在境外成功发行了3亿美元前5年不可赎回的高级永续债券，债券认购订单54亿美元，超额认购18倍，票息4.35%，较初始定价区间收窄40个基点（见表4-4）。

表4-4　　2015—2017年天津融资租赁公司发行债券一览

公司名称	发行日期	发行金额	存续期限	发债品种	利率或询价区间
渤海租赁	2015年	15亿元	5年	公司债（两期）	4.50%、4.62%
渤海租赁	2015年、2016年	10亿元	3年	PPN（两期）	5.8%、5.5%
渤海租赁	2016年	15亿元	1年	短期融资券（三期）	3.72%、3.96%
渤海租赁	2016年	20亿元	3年	公司债（两期）	5.98%、5.2%
中飞租赁	2015年	3.4亿元	5年	中期票据	6%
中飞租赁	2016年	3.3亿元	5年	中期票据	4.19%
中飞租赁	2017年	5亿美元	5~7年	美元担保债（两期）	4.7%、5.5%
长江租赁	2016年	4亿元	3年	非公开公司债（两期）	7.5%、7%
远东租赁	2015年	20亿元	1年	短期融资券	3.4%
远东租赁	2015年	20亿元	5年	公司债	3.85%
远东租赁	2016年	40亿元	3年+2年	公司债	2.8%~3.8%
远东租赁	2017年	35亿元	120天	超短期融资券	—
远东宏信	2017年	3亿美元	5年以上	高级永续债券	4.35%

数据来源：Wind数据库、中国人民银行滨海新区中心支行。

（三）信托融资

信托融资即利用信托方式进行融资，是间接融资的一种形式。融资租赁公司可以利用信托公司募集社会资金的优势，通过发行信托计划或出让应收租赁款募集资金。据调查①，天津11.8%的融资租赁公司采取了这一融资方式。如华运金融租赁股份有限公司通过云南信托发行租赁租金受益权财产权信托计划，合计16.54亿元，存续期3年，加权利率约为4.7%；中国金融租赁有限公司将汽车租赁资产收益权委托给中信信托有限责任公司，通过设立财产权信托计划，以私募形式发行优先级和次级资产总规模11.3亿元。

（四）租赁资产转让

租赁资产证券化是指融资租赁公司以某项特定资产或某一系列特定资产组合为支持，或将特定的规模、稳定的现金流作为标的资产，通过结构性重组，将其转化为可交易证券进行融资的过程，可以分为金融租赁资产证券化（Assets - Backed Securities，ABS）和企业租赁资产证券化。由于金融租赁公司和融资租赁公司的监管部门异同，二者表现存在差异：一是管理办法差异。《证券公司及基金管理公司子公司资产证券化业

① 数据来源：中国人民银行滨海新区中心支行。

务管理规定》《信贷资产证券化试点管理办法》是企业租赁的主要文件依据。2010 年 11 月中国证监会发布《证券公司企业资产证券化业务试点指引（试行）》，资产证券化业务再次启动。二是起步时间差异。2006 年交易所发行首款租赁资产管理计划，2014 年首期资产证券化金融租赁产品才在中国发行，金融租赁的资产证券化总体起步较晚。三是发起机构差异。金融租赁 ABS 的发起机构为金融租赁公司，与普通融资租赁相比，具有发起资格的金融租赁公司比融资租赁公司普遍偏少、业务所受限制和对风险的把控都相对严格。四是发行规模差异。据统计①，截至 2016 年底，交易所融资租赁 ABS 与金融租赁 ABS 发行期数分别为 200 期、14 期，发行规模分别为 1900.42 亿元、349.41 亿元。五是利率差异。金融租赁与融资租赁相比发行利率低，普遍在 3.5% 上下。融资租赁 ABS 发行利率呈现持续走低态势，但仍高出金融租赁 ABS。近年来，租赁资产证券化市场得到飞速发展。据统计②，上海证券交易所在 2006 年由远东宏信有限公司首次发行金额为 4.77 亿元的资产管理计划，在 2011 年二次发行金额为 12.79 亿元的资产管理计划。新疆广汇租赁在 2013 年发行金额为 11.14 亿元资产管理计划。2014 年、2015 年和 2016 年市场发行融资租赁业 ABS 产品分别为 5 只、62 只和 123 只，发行总额分别为 57.26 亿元、575.26 亿元和 1239.66 亿元。

以天津为例，据调查③，天津 14.7% 的融资租赁公司通过资产转让或资产证券化完成资产转让。2016 年，融资租赁企业 ABS 发行平均利率约为 4.14% ~4.81%④。金融租赁方面，华运金融租赁股份有限公司和中国金融租赁有限公司通过应收账款及租赁资产转让实现融资，工银租赁（天津）有限公司和兴业金融租赁有限责任公司通过租赁资产证券化实现融资。2012 年 11 月，“工银租赁专项资产管理计划”成为国内金融租赁企业首只获批的资产证券化产品。2015 年 1 月，工银金租“工银海天 2015 年第一期租赁资产支持证券”产品在银行间市场完成发行，发行规模 10.32 亿元，最长期限接近 4 年，首次实现了租赁资产出表。2016 年 9 月，兴业金融租赁有限责任公司首期资产证券化产品——金信 2016 年第一期租赁资产支持证券顺利发行，发行规模 21.56 亿元，最长期限 5 年。

商业租赁方面，远东宏信有限公司、中国飞机租赁有限公司等发行租赁资产支持证券（ABS），远东宏信有限公司和中民投航空融资租赁有限公司发行了资产支持票据（ABN）。仅 2016 年，远东宏信有限公司发行 7 只租赁 ABS 产品，累计发行规模 213.73 亿元，占全国租赁 ABS 规模的 17%，部分产品利率仅 2.9%。

---

① 数据来源：Wind 数据库。

② 数据来源：Wind 数据库。

③ 数据来源：中国人民银行滨海新区中心支行。

④ 数据来源：融资租赁三十人论坛（天津）研究院。

（五）保险资金对接

保险资金先收后付与融资租赁资产先付后收具有明显的互补特质，融资租赁公司引入保险资金对接融资是解决期限错配的创新手段。远东宏信有限公司通过民生人寿保险公司全资持股的保险资产管理公司——民生通惠资产管理有限公司，发行了一期资产管理计划。此外，邦银金融租赁股份有限公司和中铁建金融租赁有限公司的出资股东中均有保险公司。安邦人寿保险股份有限公司持股邦银金融租赁股份有限公司49%、中国财产再保险有限责任公司持股中铁建金融租赁有限公司29.17%。

（六）跨境融资

跨境融资是指境内机构从非居民融入本、外币资金的行为。跨境不是以物理国界作为跨境的判断依据，而是以居民/非居民的性质作为判断是否跨境的标准。

2017年，《中国人民银行关于全口径跨境融资宏观审慎管理有关事宜的通知》（银发〔2017〕9号，以下简称《通知》），对于中国境内依法成立的法人企业和法人金融机构跨境融资政策进行了明确，自2017年5月4日起正式施行。《通知》规定："自本通知发布之日起，为外商投资企业设置一年过渡期，过渡期内外商投资企业、外资金融机构可在现行跨境融投资管理模式和本通知模式下任选一种模式适用"。内资融资租赁公司、外资融资租赁公司和金融租赁公司的跨境融资业务均参照《通知》执行。

外债融资是融资租赁公司跨境融资的主要渠道，运用这种方式，一是可在金融市场以相对低成本的价格融入资金，二是借用外债手续便捷，是企业除国内市场融资之外的必要补充。《通知》第六条规定，宏观审慎调节参数、跨境融资杠杆率、资本或净资产三者的乘积等于跨境融资风险加权余额上限。此公式对于企业、银行类法人金融机构和非银行法人金融机构又有不同的规定。具体而言，经营性融资租赁公司（内、外资）属于企业，则宏观审慎调节参数（1）、跨境融资杠杆率（2）与净资产三者的乘积等于跨境融资风险加权余额上限，即内、外资租赁企业可以享受2倍净资产的跨境融资余额上限；金融租赁公司属于非银行法人金融机构，资本（实收资本或股本+资本公积）、跨境融资杠杆率、宏观审慎调节参数三者的乘积等于跨境融资风险加权余额上限，即金融租赁公司可享受1倍股本加资本公积之和的跨境融资余额上限。对于外商投资融资租赁公司，在《通知》规定的过渡期内，仍可采取原跨境融资模式，即根据外资融资租赁公司提供的上年度经审计的报表，新年度期间该公司可新借外债的余额上限=净资产×10-上年度末风险资产总额。以外方股东注册资本金到位比例×公司可新借外债的余额的最高限额=年度期间实际可借外债额度。中国人民银行、国家外汇管理局将在过渡期结束后依照《通知》确定外商投资企业跨境融资管理模式。鉴于融资租赁业的特殊性质，其跨境融资政策相比一般行业应有所放宽。

跨国公司资金集中运营业务是融资租赁公司跨境融资的新渠道。中国人民银行和国家外汇管理局分别制定并发布了《中国人民银行关于进一步便利跨国企业集团开展双向人民币资金池业务的通知》（银发〔2015〕279号）和《跨国公司外汇资金集中运营管理规定》（汇发〔2015〕36号），对跨国公司人民币和外汇资金集中运营予以明确。根据《通知》，企业主办的经备案的集团内跨境资金集中管理业务项下产生的对外负债不纳入跨境融资风险加权余额计算。以融资租赁公司作为主办企业的跨国公司资金集中运营，主办企业可归集境内外成员企业的资金。境内主办企业可借助境外成员企业在境外上市、发债、贷款等多种渠道进行融资并调回境内使用。融资租赁公司采取股东增资、母公司资金池开展内源融资，通过同业借款、银行授信、银行保理、信托融资、发行债券、资产转让（含资产证券化）、保险资金、跨境融资等渠道开展债权融资，通过上市开展股权融资。一般来说，内源融资成本低，但规模有限，且容易产生对股东和母公司的过度依赖；债权融资形式多样，成本、期限、门槛各异，可较好满足各成长周期的企业需求；股权融资资金使用期限长且无定期偿债压力，但难度大、股权被稀释且可能导致企业价值被低估（见表4－5）。

表4－5　　　　中国融资租赁业融资渠道优劣势比较

<table>
<tr><th colspan="2">融资渠道</th><th>实现方式</th><th>优势</th><th>劣势</th></tr>
<tr><td colspan="2">股东增资</td><td>通过股东决议</td><td rowspan="4">无定期偿债压力、成本低、使用期限长</td><td>规模有限</td></tr>
<tr><td colspan="2">母公司资金池</td><td>资金集中运营、关联方借款等</td><td>容易依赖母公司</td></tr>
<tr><td colspan="2">上市</td><td>境内外上市</td><td>门槛高、难度大</td></tr>
<tr><td colspan="2">其他股权融资</td><td>引入战略投资者、股权抵押融资等</td><td>股权稀释风险</td></tr>
<tr><td>银行融资</td><td>同业借款（仅金融租赁）</td><td>通过银行间同业拆借中心交易系统达成的资金交易（俗称线上交易）和资金融通双方自行撮合的线下交易</td><td>筹资快捷、成本较低；线下拆借无额度和期限限制</td><td>线上拆借对额度和期限有限制，利率波动较大</td></tr>
<tr><td rowspan="2">银行融资</td><td>银行授信</td><td>普通贷款、银团贷款、承兑汇票，或与银行签署战略合作协议</td><td>快捷、成本相对低</td><td>额度有限</td></tr>
<tr><td>银行保理</td><td>银行受让租赁公司的应收租赁款，向其提供有追索权或无追索权的保理</td><td>无追索权的保理可改善财务报表</td><td>无追索权保理需银行承担风险</td></tr>
<tr><td colspan="2"></td><td>发行信托计划或出让应收租赁款募集资金</td><td>资金量大、方式灵活</td><td>成本较高，要求较高收益率</td></tr>
<tr><td colspan="2">发行债券</td><td>金融租赁公司发行金融债；非金融租赁公司发行公司债、中票、短期融资券等</td><td>成本低、期限长</td><td>门槛高、对资质和评级要求高、筹资周期较长</td></tr>
</table>

续表

融资渠道	实现方式	优势	劣势
资产转让（含资产证券化）	租赁物直接买断、应收账款转让、租赁资产证券化等；证券化有 ABS、ABN、PPN	盘活资产、实现出表；资产证券化成本低	除证券化外其他资产转让方式成本高
保险资金	与保险公司合作	期限能与资金结构匹配、资金量大	成本高、筹资周期长、流程烦琐
跨境融资	借用外债、跨境直贷、跨国资金集中运营、点心债、熊猫债、美元欧元债券等	规避汇率风险	资质要求高

资料来源：中国人民银行滨海新区中心支行。

以天津为例，据调查①，天津 20.6% 的融资租赁公司开展了境外融资。2016 年某融资租赁公司在境外共计发行 25 亿美元债券和 15 亿人民币“点心债券”，建立了 50 亿美元的境外中期票据计划。某融资租赁公司利用公司良好的信用评级进入国际资本市场，创新地确立了“维好”结构的资本市场融资方式，通过发行美元债券、“点心债”、境外中期票据计划，创下了国内金融租赁公司的先例。某融资租赁公司通过银团贷款的方式从境外机构筹资，近 4 年累计完成 6 笔银团，金额折合 64 亿元人民币，用于开展和维护境外的租赁业务、支付外币货款，有效规避了汇率风险。某融资租赁公司通过国开行香港分行筹得较低利率的境外本币贷款 5.7 亿元。2016 年，某融资租赁公司通过开展跨境直贷，交易结构为内保内贷，境内银行机构出具融资性保函，境外离岸机构在保函项下发放贷款，利率为基准利率下浮 10%，除税后加权利率为 3.912%。某融资租赁公司 2015 年 8 月，通过欧洲出口信贷机构融资，三架飞机的融资由英国出口融资部担保；2016 年 6 月开展了首个日本税务融资租赁（JOLCO）结构融资项目；2017 年发行 5 亿美元 5 ~7 年期担保债券，利率为 4.7% ~5.5%，其境外融资直接用于匹配外币资产，并通过外币租金偿还境外借款，有效规避汇兑风险。

第二节 融资租赁渠道与结构存在的问题

一、金融租赁公司和外资融资租赁公司存在同业融资或母公司融资依赖

金融租赁公司和外资融资租赁公司的融资渠道较为多样，但对同业融资或母公司的依赖较大。以天津为例，据调查②，除股东、母公司、银行等途径外，天津 55.6% 的金

① 数据来源：中国人民银行滨海新区中心支行。

② 数据来源：中国人民银行滨海新区中心支行。

融租赁公司和42.9%的外资融资租赁公司通过信托、租赁物直接转让、资产证券化、发债、跨境融资等形式开展融资，但融资额比重较低。而金融租赁公司通过银行获取资金在总融资额中占比78.4%；外资融资租赁公司通过股东或母公司完成融资占比53%。64.3%的外资融资租赁公司通过股东或母公司融资占其总融资额一半以上，35.7%的外资融资租赁公司占比达100%，导致了融资效率不佳，容易影响企业绩效和长远发展。

二、中小型融资租赁公司融资渠道单一

部分融资租赁公司尤其是中小型公司融资渠道单一，开展多元融资难度较大。据调查，天津仅通过母公司和银行渠道开展融资的融资租赁占比达55.9%，其中内资公司和外资公司中这一占比分别达72.7%、66.7%，尝试其他融资途径的主要为大型融资租赁公司。这主要由于发债、资产证券化、境外融资对企业资质、信用评级、盈利等方面要求严格，信托融资对资产收益率要求较高，抑制了小微型租赁公司开展多元化融资的愿望。据调查[①]，天津融资租赁公司对股东增资、母公司借款、银行信贷、保理四种形式的融资难易程度评分[②]分别为5.64分、2.44分、4.56分、4.73分，而对信托融资、发债、资产证券化、引入险资、境外融资的评分分别为5.81分、6.93分、6.94分、7分、6.86分。

三、融资租赁公司资产负债存在期限错配

金融租赁公司和部分内外资融资租赁公司存在期限错配。据调查，截至2017年3月底，天津金融租赁公司3年期以下资金来源占比达84.6%，而资产运用结构中75.8%的资产属于3年以上长期资产。同期，64.3%的外资融资租赁公司和40%的内资融资租赁公司3年期以下资金来源占比超50%，这与融资租赁资产长期配置特征明显不符（见表4-6）。

表4-6 天津金融租赁公司资金来源与运用期限结构对比

	资金来源	资金运用
1年以下占比	66.0%	6.1%
1~3年占比	18.6%	18.1%
3~5年占比	5.1%	35.5%
5年以上占比	10.3%	40.3%

数据来源：中国人民银行滨海新区中心支行。

从流动性风险方面来看，各金融租赁公司虽然都面临较为严重的资金期限错配问题，但由于其融资渠道较为通畅、授信额度较为宽裕，暂无流动性风险，融资的稳定性也较好。据调查[③]，截至2017年3月底，天津金融租赁公司在银行体系内的授信总额达

① 数据来源：中国人民银行滨海新区中心支行。

② 十分制，数值越大，难度越高。

③ 数据来源：中国人民银行滨海新区中心支行。

11818.76亿元，但使用率仅为33.2%。但部分中小型企业租赁公司由于融资渠道单一、资金期限较短，潜存着流动性风险。此外，尚有14.7%的融资租赁公司（2家金融租赁、1家内资租赁、2家外资租赁）未设置安全资金存量应对突发情况，这也对有效应对流动性风险提出挑战。

四、融资租赁公司跨境融资比重不足

跨境融资占比较低，依赖母公司或成员公司，是目前融资租赁业发展的又一问题。一是跨境融资覆盖面较小。以天津为例，据调查，天津开展跨境融资的融资租赁公司均为金融租赁公司和外资融资租赁公司，内资融资租赁公司由于难以达到资质要求而暂无开展。二是跨境融资占比较低。跨境融资相对于国内市场更具有成本优势，同时可以在币种上匹配租赁资产，减少汇兑风险，但天津融资租赁公司跨境融资规模在融资额中占比仅1.36%。9家金融租赁公司的融资余额中，本币融资额的比重大致为77.14%，发生外币融资的金融租赁公司仅3家——工银金融租赁有限公司、民生金融租赁股份有限公司、兴业金融租赁有限责任公司，3家金融租赁公司的外币融资占比分别为39.7%、35.06%、6%。三是跨境融资主要依赖境外母公司或成员企业，以及境内外的银行贷款如内保内贷、内保外贷等，资金来源渠道有限。

五、融资租赁公司融资环境紧张

融资环境整体紧张，融资成本出现上升，是当前融资租赁业发展遇到的热点问题。一是资金状况趋紧。以天津为例，据调查[①]，天津73.5%的融资租赁公司认为自身资金状况紧张，且79.4%的融资租赁公司认为未来融资市场环境会继续趋紧。二是银行流动性偏紧导致企业正常提款周期延长，影响企业经营运转。三是融资成本上升。认为公司今年融资成本较上年明显上升和基本持平的占比分别为73.5%、26.5%。同时，67.86%的公司在银行获取资金的利率为基准利率上浮，有21.43%的公司由于抵押物较少或担保不足等因素，利率上浮甚至在30%以上。此外，发债和资产证券化的发行价格较上年明显上升。以远东宏信有限公司发行的融资租赁ABS为例，2017年最新一期ABS加权利率5.5%，而上年同期ABS产品的加权利率仅2.9%。

第三节 融资租赁渠道与结构国际经验借鉴

美国和日本都是国际市场上融资租赁业发展较为成熟的国家。1952年，美国加利福尼亚州成立的一家租赁公司，标志着现代融资租赁业的开始。20世纪60年代，日本从

① 数据来源：中国人民银行滨海新区中心支行。

美国引进了融资租赁业务，日本现代融资租赁业起始于1963年日本国际租赁株式会社的成立。根据《2015年全球租赁业报告》，2015年美国融资租赁业年交易额排名第一位，总量约为第二位中国的3倍，近两年增长率达6%，市场渗透率为22%，远高于中国的3.4%。日本融资租赁业受金融危机影响，2014年首次出现交易额下滑，近两年增长率为-16.36%，排名全球第五。但即便如此，日本融资租赁业市场渗透率也达到8.9%。因此，美国和日本的融资租赁资金来源特征和融资方式对中国融资租赁业有一定借鉴意义。

一、美国经验

美国作为国际市场上融资租赁业发展最早和最先成熟的地区，国内有3000余家融资租赁公司，融资租赁成交额约占世界融资租赁的40%①。从市场格局看，银行系融资租赁公司、厂商系融资租赁公司和独立系融资租赁公司均活跃于美国融资租赁业市场。截至2010年底，银行系公司新增业务量占市场增量的48.8%，较2006年增长4.9个百分点，且近五年来一直保持增长趋势；厂商系公司新增业务量占32.2%，较2006年增长7.5个百分点；独立系公司占比为19.0%，较2006年下降12.4个百分点，下降幅度明显②。

美国成熟的金融市场环境使租赁公司拥有较为丰富的融资渠道。从资金来源看，如图4-2所示，母公司借款是美国租赁公司主要资金来源，占全部资金来源的40%；其次是股票市场融资与债券市场融资，分别占24%、21%；银行借款融资比例最低，仅为3%。究其原因，是因为母公司借款、股权融资及发行债券这三种融资方式能够为租赁企业提供成本较低、期限较长的资金，而银行借款相对而言成本较高，且融资期限受授信银行极大影响，稳定性较差（见图4-2）。

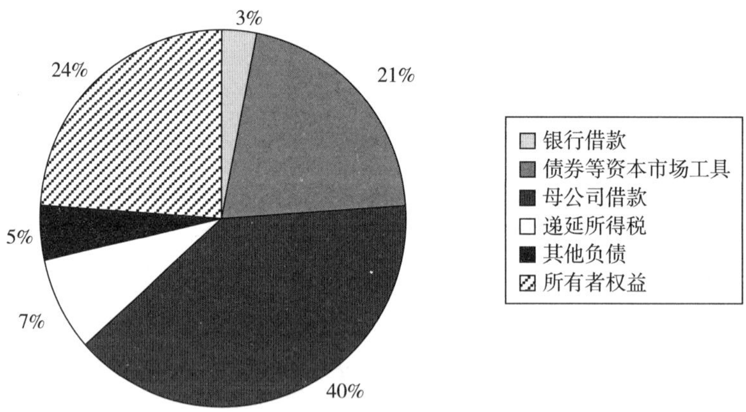

数据来源：甘爱平．国外融资租赁成熟模式［J］．中国船检，2013（11）：61-65.

图4-2　2010年美国融资租赁公司资金来源占比

---

① 甘爱平．国外融资租赁成熟模式［J］．中国船检，2013（11）：61-65.

② 刘铮．融资租赁美国鉴：经营与筹资的多元创新［N］．第一财经日报，2012-07-06（A16）．

美国银行系融资租赁公司主要资金来源为母公司银行，母公司银行在融资租赁资产交易市场中占据活跃地位，是控股子租赁公司主要资金来源，利用银行自身风控体系降低子租赁公司融资成本与融资风险。2010年，美国银行系融资租赁公司的银行借款全部来自母公司银行，占全部资金来源的58%，股东所有者权益占14%，二者相加达到72%（见图4-3）。在美国，部分银行系租赁公司资金甚至全部来自母公司，如富国银行集团公司（Wells Fargo & Company）设立的融资租赁公司，摩根大通（JPMorgan Chase & Co）的融资租赁业务及EVER Bank设立的融资租赁公司等。银行等金融企业为融资租赁公司提供资金，融资租赁公司用这些资金购买租赁物并租给承租人，把所有权留置给银行，由银行直接向承租人收取租金。实质上，融资租赁公司将租赁合同卖给银行、保险公司、投资基金等金融机构，再由这些金融机构将融资租赁合同打包后到华尔街进行融资租赁资产证券化，实现完成完整的产业链。

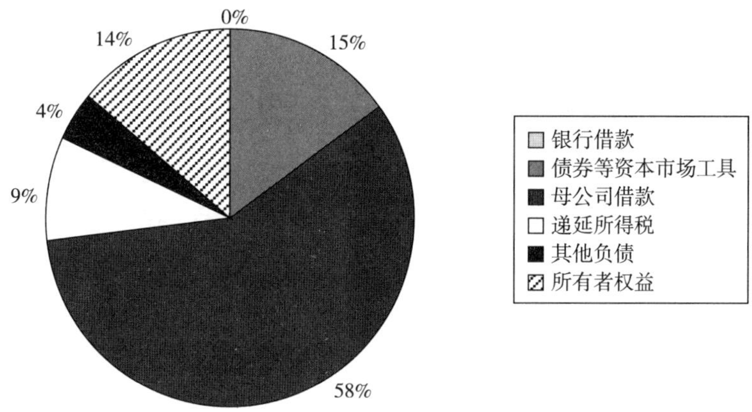

数据来源：甘爱平．国外融资租赁成熟模式［J］．中国船检，2013（11）：61-65.

图4-3 2010年美国银行系融资租赁公司资金来源占比

与美国银行系融资租赁公司相比，中国金融租赁公司以银行借款为主，占全部资金来源的75%，而来自母公司借款与股东所有者权益的资金比例远低于美国，两者合计不足15%。同时在利用债券等资本市场等方面，中国金融租赁公司与美国银行系融资租赁公司相比也是相差甚远（见图4-4）。

由此可见，与美国融资租赁公司相比，中国融资租赁公司融资渠道相对单一，且十分依赖银行借款，一旦银行流动性偏紧或对企业的授信额度有所压缩，则融资租赁企业将极有可能产生期限错配或流动性风险问题。

除此之外，美国融资租赁业还建立了托拉斯信贷制度，即由若干出租人组成托拉斯代理公司。面对一项需要巨额资金的租赁合同，往往几家融资租赁公司组成托拉斯，从银行、保险公司、个人投资者等众多投资人筹措资金，购买设备后出租给承租人。融资租赁公司在托拉斯租赁中通过媒介代理机构发行债券，投资者在债券市场上以购入债券

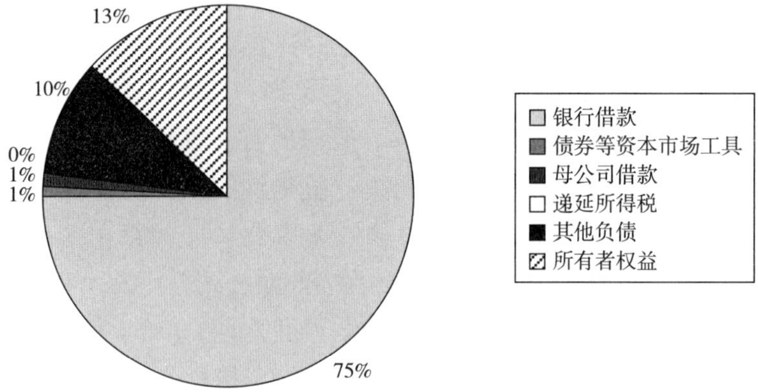

数据来源：甘爱平．国外融资租赁成熟模式［J］．中国船检，2013（11）：61－65.

图 4－4 2010 年中国金融租赁公司资金来源占比

的方式出资，可以实现不同投资人对高价值设备投资，但是又与租赁设备无直接联系，使投资人与投资物所有权脱离，转化为债券担保贷款的形式。代理公司汇总集团投资者的资本，从而推动大型资本设备的租赁项目开展。托拉斯租赁模式使租赁交易更具灵活性和通融性，克服单家租赁公司资本局限性，尽可能扩大了普通租赁合同经营范围，同时多家融资租赁公司共同承担风险与收益，降低了单一出租人在出租飞机等大型设备时面临过高的风险。如美国飞机融资租赁业务是一种信贷担保下的融资租赁模式，由美国国内专门的银行机构直接给本国的航空公司或者本国飞机制造商提供低于市场利率的由政府贴息的信贷和担保。附加条件是出口的设备以及零件必须是由美国制造。这样，航空公司只需首先支付飞机全部价款的 10%～15%，剩下的资金就由托拉斯信贷方式来解决。

二、日本经验

与美国不同，日本金融机构往往不直接经营融资租赁业务，而是与大商社组建全国性综合融资租赁公司，与厂商系融资租赁公司及银行系融资租赁公司并存，其中多数公司属于银行系或银行贸易复合系融资租赁公司。日本没有融资租赁业专门的法律法规，融资租赁企业在开展具体某项业务时满足该行业相关规定即可。因此日本融资租赁公司经营范围更为多元化，除融资租赁业务外，还可以开展经营性租赁、房地产投资甚至贷款业务。

从资金来源方面看，日本同样与美国存在较大区别，其主要特点是间接融资规模远超过直接融资规模，银行贷款比重非常大，占融资总额超过 90%，公司债券约占 1.1%，资本金约占2.5%[①]。日本融资租赁资金来自大企业、银行、保险业投资，包括银行贷款、保险业借款、农信组合融资、发行债券、发行商业票据和上市等，其中银行贷款占比极大，是融资租赁公司主要的融资手段。原因是日本政府实行“租赁优惠制度”，即由政府长期支持的银行向融资租赁公司提供低息贷款，以扩大资金来源。因为日本银行体系发展较为完善，企业从银行贷款所需要的交易成本较其他类型的外部融资更低；与此同时，银行资金来源广泛稳定，资金量充足，使日本企业从银行能够获得保证性较强的资金来满足资金需求。因此，日本企业将银行贷款作为外部资金的首选。在西方发达国家一般有两种融资模式，一种是保持距离型融资模式，另一种是关系型融资模式。日本企业一般采用后者，即关系型融资模式。在这种融资模式下，银行和企业之间关系比较紧密，一般情况下企业与一家固定的银行保持长期稳定的交易关系，从该银行处获取资金帮助和业务指导；银行则对相关企业的企业产权适度集中，从而对企业的生产经营活动实施有效的直接控制。日本实行的是主银行制，在日本，无论企业的规模大小或者信用程度如何，都有自己的主银行。相应地，在日本，无论银行规模大小，都充当着某些企业的主银行。在日本的这种关系型融资模式中，主银行占据着主导地位，日本企业尤其是大企业的资金需求有相当大一部分由主银行来满足，主银行既提供短期贷款，又提供长期贷款，但在企业资金供应上，主银行与其他金融机构也有所分工，主银行在企业短期贷款中所占份额最大，企业的长期资金则主要来自长期信用银行、信托银行和人寿保险公司等机构。另外，日本融资租赁公司还可以发行商业票据，如日本三井住友金融集团旗下的三井住友融资租赁公司就于2016年发行日本首个利率为负的短期融资债券，规模为50亿日元（约合人民币2.9亿元），利息为-0.001%。

比较美国和日本不同类型融资租赁公司的资金来源与融资渠道，两个国家融资租赁公司资金来源都具有方式多样化、成本利率低及资金供给相对稳定的特点。融资租赁业作为一个资本密集型行业，增加融资渠道、降低融资成本可以提高企业核心竞争力。美国和日本作为发达国家，拥有较为成熟的信用评估体系和上市融资渠道以及灵活多样的金融产品，能够提供更为丰富的金融产品和服务，满足融资租赁公司寻求成本更低的银行或债券市场资金。

以资产证券化这种融资方式为例，尽管中国融资租赁业资产证券化的发展速度很快，但是与整个融资租赁市场的产业规模相比，实际证券化率并未处于一个较高水平，尚存在较大的市场发展空间。截至2016年底[②]，中国融资租赁业资产合同余额为45200亿元，而租赁资产证券化规模约为1300亿元，资产证券化率仅为3%。与此同时，融资租赁业期末注册资金总额为17200亿元，行业杠杆率为2.63，如果按照10倍杠杆率计

① 郭文玲．国外融资租赁业务发展比较研究［J］．现代商业，2010（15）：22-21.
② 屈庆．租赁资产证券化：快速发展的主流产品［N］．中国经济导报，2016，（2937）B03.

算，融资租赁业规模也有很大的发展空间，由此可见，融资租赁业资产证券化的底层基础资产丰富，未来仍存在较大发展空间。2016 年发行 ABS 的企业共 248 家，其中融资租赁企业为 52 家，发行规模为 597.52 亿元，占发行总额的 13%。截至 2017 年 5 月底，中国资产证券化市场存量约 2400 亿元，其中融资租赁公司存量约为 1170 亿元，仅占 4.87%。中国与美国资产证券化业务均采用表外业务模式，流程大致相同，但市场规模及产品流动性等方面与美国相比仍有较大差距。未来，随着中国金融市场逐步成熟与开放，中国的融资租赁公司将可以拥有更加丰富的融资渠道，优化融资结构，选择成本更低、更为稳定的融资方式，进而促进公司自身更好发展。

第四节 优化融资租赁渠道与结构建议

一、鼓励租赁资产转让交易

一是鼓励融资租赁公司探索专业化的可持续发展道路。通过多种渠道开展融资租赁资产转让，盘活存量资产、提高资产周转效率、专业化处置融资租赁资产残值、增强资产流动性，突破发展瓶颈，以此扩大融资规模和资产规模。二是研究制定融资租赁资产交易流转的行业标准。借鉴建立信贷资产流转集中登记规则和推广信贷资产交易流转标准文档的经验，研究制定出融资租赁资产交易的统一文本标准和格式，对融资租赁登记规范、风险计提标准、税务认定等方面进行明确，支持融资租赁资产交易规范化、成规模地有序发展。三是搭建流转交易平台，促进信息共享和资金流动。建议加快推动天津融资租赁平台、中国金融租赁登记流转平台的试点建设，积极宣传、鼓励并推进融资租赁资产登记、公示、流转等。同时结合中征动产融资统一登记平台，尽快搭建覆盖所有融资租赁公司的融资租赁流转平台，为融资租赁资产的交易、债权交易、二手设备交易等提供公信、统一、高效的平台，便于融资租赁公司了解交易信息、拓宽融资渠道、完善退出机制。

二、深化银租创新合作模式

在相当长的时期内，银行依然会是融资租赁业的最主要的融资渠道之一，融资租赁公司与银行应调整双方传统的借贷定位。融资租赁公司作为资产拥有者，现金流供应者以及行业专家，是整个市场资源的重要中介和整合者，应将融资租赁公司在资产处置、未来现金流、专业人才方面的优势，与银行在客户拓展、业务渠道、资金来源等方面的优势结合起来，采取多样化的方式开展战略合作，积极创新产品和服务，在融资租赁业的蓬勃发展中寻求合作共赢。此外，积极探讨金融租赁公司发行同业存单的可行性。探讨在自贸区环境下，允许金融租赁公司发行同业存单的可行性，可有效改善金融租赁公司通过同业融资的期限和流动性问题。积极创新产品和服务，通过杠杆租赁开展“租贷联动”，通过共享客户，向客户提供全方位、多组合的金融服务；通过发行专项理财，对接租赁收益权；通过在境外较完善的分支体系，协助企业开展内保外贷、内保内贷等境外融资业务。

三、完善资产负债期限匹配

鼓励符合条件的企业发行债券和资产证券化产品。在资产价格波动和宏观经济仍不乐观的背景下，部分优质融资租赁公司应主动寻求新的融资渠道，通过发债锁定长期成本，获取长期资金；通过资产证券化产品盘活存量资产、提高资产流动性并有效隔离风险。鼓励“抱团”发行集合票据。对尚无资质独立发债的中小企业，应提供交流平台，鼓励发行集合票据，并由相关机构对集合票据进行增信。引入保险资金。引入保险化解资金运用期限匹配问题。利用保险资金先收后付的特征与自身先付后收的互补特质引入保险资金对接融资。设立和引入产业基金对接融资租赁业资产。在传统的融资租赁资产证券化过程中，主要是由单体租赁公司累积基础资产，通过中介机构发行，市场即时询价进行交易，租赁公司、中介机构、投资者均是被动的，而金融机构通过设立产业基金对接融资租赁业资产能够实现更大的主动性。目前比较有代表性的产业基金是广发资管发起设立的广发恒进租赁产业投资基金，目标是实现资产流动、产品定制化和全产业链的结合，基金可以主动收购租赁资产以构建资产池来发行集合 ABS，也可以主动根据投资者需求定制发行 ABS 计划，还可以作为夹层方或劣后方①主动配置已发行 ABS 产品，具有极强的主动性，也有助于推动融资租赁 ABS 的批量化发行。

四、拓宽利用境外资金渠道

应充分利用天津市及自贸区利好政策，把握“京津冀协同发展”和“一带一路”倡议，鼓励和吸引境外资金参与融资租赁。一是为企业跨境借债提供便利。对未达跨境融资资质的企业，由合作银行或母公司提供增信或担保。二是延续经营性租赁收取外币租金、跨国企业开展跨境双向人民币资金池业务等试点经验并复制推广。三是探索开展跨境股权融资和租赁资产跨境转让。出台具体鼓励措施，支持融资租赁公司境外上市、引入境外战略投资者。拓展飞机、船舶、海工等大型设备的境外转让渠道，帮助企业盘活资产。

① ABS 一般分为优先 A、优先 B、次级，分别对应着优先、夹层、劣后级投资者。发行人的偿付顺序依次为优先 A、优先 B、次级，对应的风险和收益依次为次级、优先 B、优先 A。

第五章　融资租赁业租赁物权确认与保护

租赁物作为租赁合同存在的基础，对租赁物权利的确认与保护成为融资租赁公司最为关心的重要问题之一，也是我国融资租赁行业发展过程中有待进一步解决的问题。

第一节　租赁物权确认与保护现状

一、租赁物与租赁物权概念辨析

（一）租赁物

租赁物即融资租赁标的物，是融资租赁法律关系客体，指融资租赁法律关系主体之间权利义务关系所指向的对象。通常而言，租赁物具有合法性、使用权能够从所有权中分离出来、能够重复使用等特征。

对于租赁物的范围，实践中通常从以下几方面进行考量①：一是风险控制维度，将处置和回收租赁物的难易、变现周期长短是认定能否作为租赁物的一项重要因素。二是租赁物价值维度，若租赁物价值过高，由于占用资金较多，风险集中，影响融资租赁公司融资能力，租赁公司不愿购置该类租赁物；若租赁物价值过低，出于经营成本考虑，也会影响融资租赁公司选择。三是国家鼓励维度，融资租赁的健康发展需要税收、财务、法律、监管四大支柱的支持，在选择租赁物时，也要围绕其进行考量，以保证司法和经营的安全，并将是否符合国家支持方向作为是否适合做租赁物的考量因素。四是监管维度，从监管部门出台的相关规章、规范性文件等规定的范围考量是否可以作为租赁物。一直以来，我国租赁物主要为有形资产。但随着融资市场的不断成熟，国外对于融资租赁标的物的范畴从实体物延伸到知识产权等无形资产领域，我国租赁物的范围也不断拓展，知识产权等能否作为租赁物成为一个新问题。

知识产权（Intellectual Property，IP）是权利人对自身创作的智力劳动成果享有的专有权利。知识产权主要包括著作权、专利权和商标权。知识产权具有三项最明显的法律特征：一是地域性，即除签有国际公约或双边、多边协定外，依一国法律取得的权利只

---

① 来自网络：http：//www. slse. org/slse/world/5492. html. 融资租赁标的物探讨。

能在该国境内有效，受该国法律保护；二是独占性，即只有权利人才能享有，他人不经权利人许可不得行使其权利；三是时间性，各国法律对知识产权分别规定了一定期限，期满后则权利自动终止。①

目前，我国尚未进行融资租赁立法。现行的商务部、中国银行业监督管理委员会等出台的关于融资租赁企业管理的相关规定主要包括以下内容：《外商投资租赁业管理办法》（商务部令 2005 年第 5 号）第六条规定："本办法所称租赁财产包括：1. 生产设备、通信设备、医疗设备、科研设备、检验检测设备、工程机械设备、办公设备等各类动产；2. 飞机、汽车、船舶等各类交通工具；3. 本条 1、2 项所述动产和交通工具附带的软件、技术等无形资产，但附带的无形资产价值不得超过租赁财产价值的二分之一。"2015 年，《外商投资租赁业管理办法》的补充规定（征求意见稿）拟将此条修改为："本办法所称租赁财产应当权属清晰、真实存在且能够产生收益权，具体包括：1. 生产设备、通信设备、医疗设备、科研设备、检验检测设备、工程机械设备、办公设备、信息技术设备等各类动产；2. 飞机、汽车、船舶等各类交通工具；3. 工业厂房、仓储用房、商用地产、附着于不动产的其他设备（如电梯、空调系统等）等其他用于生产经营的资产；4. 本条 1、2、3 项附带的软件、技术等无形资产，但附带的无形资产价值不得超过租赁财产价值的三分之二"。2013 年，商务部出台的《融资租赁企业监督管理办法》第十条规定："融资租赁企业开展融资租赁业务应当以权属清晰、真实存在且能够产生收益权的租赁物为载体"。2014 年，中国银行业监督管理委员会出台的《金融租赁公司管理办法》第四条规定："适用于融资租赁交易的租赁物为固定资产，银监会另有规定的除外"。

创新发展是现阶段经济结构调整的关键驱动因素，拥有大量专利权、商标权等无形资产的科技创新型企业是推动创新发展的重要力量，但无形资产融资难、金融支持缺失等问题一定程度上阻滞了企业科技创新。综合上述规定，在现有规定框架下，金融租赁公司暂无法开展无形资产租赁业务，外资融资租赁公司可作为租赁财产的无形资产只能是特定有体租赁物附带的软件、技术等，只能依附于特定有体物而不能作为独立的租赁物，而内资融资租赁公司进行无形资产租赁并无禁止性规定。按照我国民商事主体"法无禁止即可为"的原则，内资试点融资租赁公司可以开展知识产权等无形资产融资租赁业务。据了解，北京已有版权融资租赁先例，天津东疆保税港区也完成了首单无形资产租赁。

以作为无形资产的知识产权作为融资租赁标的物与传统以有体物作为融资租赁标的物相比有着本质的差异。加之知识产权独特的特性，使得知识产权融资租赁业务开展中将面临更多的难点和风险因素，主要包括四个方面问题：一是知识产权价值评估问题。

---

① 张思远．浅析知识产权法在经济发展中的作用［J］．现代经济信息，2013（13）：323.

知识产权作为一种无形资产，与普通商品的不同之处在于，其价值不是以其实际成本确定，而是更加强调未来利益，价值评估难度较大，并且知识产权在不同时期会随着行业技术发展出现价格波动（如专利权会随着廉价替代技术出现而大幅贬值），与普通租赁物相比具有显著的价值不稳定性。此外，与知识产权原权利人（出让人）及知识产权被许可人（承租人）相比，融资租赁公司对租赁物行业了解专业性程度存在明显差异，在对作为租赁物的知识产权价值认定方面缺乏话语权，存在一定的资金风险，聘请专业评估机构还需增加成本。二是知识产权融资租赁风险较大。融资租赁公司获得知识产权时，还应考虑到潜在的知识产权侵权风险。在融资租赁公司取得知识产权所有权后，若第三人以该知识产权侵犯其在先权利为由提起诉讼，融资租赁公司将会处于不利的局面，从而引发融资租赁纠纷。若融资租赁公司停止对该项知识产权的许可，则涉及与承租人间的租赁合同违约，若不停止则可能承担侵权责任。基于合同的相对性，虽然融资租赁公司可以追究该知识产权原权利人的相关责任，但第三人仍有权追究融资租赁公司的侵权责任。此外，由于知识产权具有地域性限制，因此，诸如商标权等融资租赁标的物若跨越地域使用，将会面临着他国商标侵权风险。三是知识产权权利丧失风险。① 目前知识产权融资租赁多采取售后回租模式，以专利权为例，在租赁公司从原专利权人处购买知识产权后，再回租给承租人（原权利人），若出现该专利权被宣告无效的情形，租赁公司便丧失了该权利。根据我国《专利法》第三百四十四条规定："专利实施许可合同只在该专利权的存续期间有效。专利权有效期限届满或者专利权被宣布无效的，专利权人不得就该专利与他人订立专利实施许可合同。"也就是说融资租赁公司丧失了租赁合同的权利基础，将不得不承担违约责任。四是技术泄露风险。对于知识产权融资租赁而言，出租人最大的风险便是作为租赁标的物的知识产权中的技术泄露风险。由于知识产权的无体物性质，本身可以被多人同时占有使用，因此在租赁合同存续期间，容易出现承租人违约泄露相关技术，或第三人非法取得知识产权核心技术情形，导致租赁物相关技术泄露，乃至租赁物知识产权实质性丧失，造成期满后无法真正收回租赁物的情况。

知识产权等无形资产租赁作为我国融资租赁的新领域，北京、天津等地已进行了初步探索，但目前主要采取售后回租的方式。随着该领域融资租赁的发展，涉及的风险和问题还有待进一步在实际操作环节中给予关注和不断解决。

（二）租赁物权

根据我国《物权法》的规定"物权是指权利人依法对特定的物享有直接支配和排他的权利，包括所有权、用益物权和担保物权。"物权的法律特征主要有主体的对世性、

① 金正宇. 知识产权融资性售后回许可法律分析［J］. 中华商标，2011（11）：52-53.

客体的特定性、内容的支配性、实现方式的绝对性、效力的排他性等几个方面。[①]

融资租赁最基本的交易模式是出租人（通常为租赁公司）与承租人签订合同，由出租人按照承租人需要购买的特定租赁物并按照合同约定租给承租人使用。在融资租赁合同约定的租期届满的情况下，承租人可以退租、续租或购买取得租赁物所有权。融资租赁特有的交易模式使得租赁物的所有权权能与所有权本身分离，即出租人虽享有租赁物的所有权，但这种所有权是不完全的，其对租赁物所有权中的占有权和使用权由承租人行使。出租人既无权选择租赁物，也无权在租赁期内终止租赁合同，使得出租人的所有权更加弱化。也正由于上述原因，在融资租赁法律关系中，物权和物权化权利主要包括租赁权、担保物权、弱化的所有权、购买选择权等方面。

二、租赁物权确认与保护综述

由于融资租赁立法的滞后，租赁物的权属登记制度体系尚未完全建立，且短期内出台融资租赁专门法的可能性较小。因此，在融资租赁实践中，较为有效的便是通过出台司法解释来明确租赁物权属，保护权利人的权利。其中，最高人民法院结合融资租赁业发展的司法需求，对租赁物权利保护进行广泛的调研和探索，并于2014年2月正式公布了《关于审理融资租赁合同纠纷案件适用法律问题的解释》（以下简称《解释》），结合融资租赁业及司法实践需求，对租赁物的物权保护等问题进行了较为详尽的回应和解释。

如《解释》第九条规定："承租人或者租赁物的实际使用人，未经出租人同意转让租赁物或者在租赁物上设立其他物权，第三人依据物权法第一百零六条的规定取得租赁物的所有权或者其他物权，出租人主张第三人物权权利不成立的，人民法院不予支持，但有下列情形之一的除外：（一）出租人已在租赁物的显著位置作出标识，第三人在与承租人交易时知道或者应当知道该物为租赁物的；（二）出租人授权承租人将租赁物抵押给出租人并在登记机关依法办理抵押权登记的；（三）第三人与承租人交易时，未按照法律、行政法规、行业或者地区主管部门的规定在相应机构进行融资租赁交易查询的；（四）出租人有证据证明第三人知道或者应当知道交易标的物为租赁物的其他情形。"有观点认为此条款与民法存在一定的矛盾性。但从司法实务看，在目前尚无立法明确的租赁物登记机关的情况下，此种方式有利于限制承租人的恶意违约，有效弥补了出租人物权保护的不足，且未给国家社会的公共利益和第三人利益造成不利影响，可以说《解释》兼顾了立法现状和实务需求。

在行业层面，《解释》公布后，中国人民银行于2014年3月20日出台了《关于使用融资租赁登记公示系统进行融资租赁交易查询的通知》（以下简称《通知》），与《解

---

① 来自网络：http：//www. lawtime. cn/article/lll1103906951103957890o397037.

释》第九条第三项进行了有限的衔接。根据该《通知》第三条的规定："国有商业银行、股份制商业银行、国家开发银行、各政策性银行及中国邮政储蓄银行作为资金融出方在办理资产抵押、质押和受让等业务时，应当对抵押物、质物的权属和价值以及实现抵押权、质权的可行性进行严格审查，并登录融资租赁登记公示系统查询相关标的物的权属状况，以避免抵押物、质物为承租人不具有所有权的租赁物而影响金融债权的实现。"根据该《通知》的要求，相关当事人若未在中国人民银行征信中心建立的融资租赁登记公示系统查询租赁物权属状况，受让已在该系统登记的租赁物或者接受已在该系统登记的租赁物作为抵押物、质押物的，便不能依据物权法有关善意取得的规定，对抗出租人的所有权。由于融资租赁物通常价值较大，并且承租人经常将租赁物转让、抵押或质押给金融机构，所以，这些金融机构能否成为善意第三人、由此产生的出租人与第三人物权冲突情况便比较多。相关金融机构在交易时必须进行查询的要求，既可减少出租人的物权保障与金融机构的债权保护的冲突，也有利于降低金融债权的风险，促进融资租赁业的健康发展。上述内容与最高人民法院有关融资租赁合同的司法解释共同搭建了融资租赁交易中租赁物登记和查询的制度性基础。

在地方层面，天津作为国内融资租赁业创新发源地，早在2011年，天津市金融办、人民银行天津分行、天津市商务委、中国银行业监督管理委员会天津监管局等部门便联合出台了《关于做好融资租赁登记和查询工作的通知》（津金融办〔2011〕87号），其第三条规定："各银行、金融资产管理公司、信托公司、财务公司、汽车金融公司、消费金融公司、金融租赁公司、外商投资融资租赁公司、内资融资租赁试点企业、典当行、小额贷款公司、融资性担保公司在办理资产抵押、质押、受让等业务时，应登录中国人民银行征信中心的融资租赁登记公示系统，查询相关标的物的权属状况。该查询是办理资产抵押、质押、受让业务的必要程序。对已在征信中心融资租赁登记公示系统办理登记公示的租赁物，未经出租人同意，不得办理抵押、质押业务，不得接受其为受让物。"根据上述通知要求，天津市的相关机构在办理相关业务前应当在融资租赁登记系统进行查询。上述通知对优化天津融资租赁的法律环境，促进天津融资租赁业快速发展提供了有力支撑。

在立法尚未明确租赁物的登记机关的情况下，给予租赁行业发展需要，相关部门也开启了对融资租赁登记查询工作的探索。目前，中国融资租赁交易进行登记查询的系统主要有两个：一个是商务部于2013年10月开始运行的融资租赁业务登记系统。该系统主要针对非金融系统的融资租赁公司，即由商务部监管的外资融资租赁公司和内资融资租赁公司，需通过该系统对租赁物和租赁业务予以登记。另一个是2009年7月20日上线运行的，中国人民银行征信中心融资租赁登记公示系统。主要是在中国银行征信中心的动产融资统一登记公示系统的框架下，提供融资租赁登记、查询和证明验证服务，该系统承担了主要的租赁物登记查询功能，并受到商业银行和租赁企业的认可。由于商业银行经常最终成为租赁物抵押人、受让人，所以该系统的登记查询已经成为租赁企业保障其租赁物权的重要途径，具有一定的业内公信力。但该系统目前尚未取得相应的法律规定及司法解释的支持，仍需进一步建立登记制度体系予以完善。[①]

第二节　租赁物权确认与保护存在的问题

近年来，随着国内融资租赁业的快速发展，围绕租赁物权属产生的问题频现，虽然在对租赁物权确认和保护方面，国内立法、司法等层面已进行了一定探索，但仍存在一些问题。

一、融资租赁物权保护立法尚不完善

目前，国内尚无专门的融资租赁立法，关于融资租赁物权保护的相关条款分散在其他法律法规中。随着近年来中国融资租赁业的快速发展，有关法律法规在细节上的适用性不足问题逐渐凸显，关于租赁物权的法律纠纷频频出现，阻碍了行业的健康发展。[②]现行有效的各类融资租赁部门规章也存在不协调、不统一问题，“政出多门”或“政出无门”的法制现状经常令行业主体无所适从，给融资租赁业监管和司法都带来了难题。

二、融资租赁登记制度体系有待完善

近年来，在国家的支持及各方共同努力下，融资租赁业的生态环境得到了较大的改善，但由于行业的法律制度尚不健全，融资租赁公司最关心的租赁物的登记公示制度却仍不完善。目前国内融资租赁物权登记主要采取分别登记制，根据动产性质的不同，具体登记机关主要分为中国人民银行征信中心、公证部门、工商行政管理部门、运输工具登记部门等。目前这种分别登记制的优点就是便于行政管理，各登记机关熟悉所登记标的物的性质，专业性强，效率高，但其缺点在于当事人的不便利，由于登记规则不统一，当事人查询困难，不同登记机关各自开发登记系统造成重复建设，不仅增加整个登记系统的运作成本，也会导致公示登记效果的降低。

三、租赁物的物上权利冲突现象较多[③]

租赁物所有者与占有使用者分离而带来的物上权利冲突，正日益成为融资租赁业务的重大风险来源。租赁物的物上权利冲突主要表现为以下几种情况，且多是理论和实践

---

① 李志刚．融资租赁交易中的物权保障：司法指引与制度建构［N］．金融时报，2014-07-28（12）．

② 商务部．中国融资租赁业行业存在的问题，2015.

③ 吴智永．融资租赁物上权利冲突的法律分析［N］．上海法治报，2017-01-11（B05）．

中充满争议的问题。

（一）租赁物所有权和善意第三人所有权的冲突

所有权与所有权冲突多存在于售后回租场合。此类冲突主要表现为三种形式：第一种形式是出卖人以所有权保留方式出卖于买受人后，买受人转卖给出租人并回租继续占有使用；第二种形式是承租人出卖给出租人并回租，占有使用过程中另行转卖第三方；第三种形式即为“一物两融”，就是指同一个租赁物上，先后设立了不同出租人的多个融资租赁法律关系，多个出租人均享有所有权。对于所有权冲突情况，如何把握第三人的善意标准尤为重要。

对于前两种形式的所有权冲突场合的第三人善意的认定问题。实践中，有的增值税专用发票上没有加盖所有权保留或售后回租的印章，有的融资租赁公司为了避税等原因没有重新开具自己作为买受方的发票，从而使得第三人依据信赖增值税专用发票而主张善意取得。对此，有观点认为，融资租赁公司作为专业机构，在审查租赁物发票之外，还应审查租赁物原始取得的合同。显然，此观点有一定合理之处，但是售后回租的标的物多为使用多年的“二手货”，要求审查租赁物原始取得合同缺乏现实基础。而增值税专用发票具有商事凭证功能，且在管理、使用、稽核上的特殊监管力度，证明力度显然要更高于一般的发票。不仅如此，如果说融资企业在开展售后回租业务中没能审查原始合同而具有过错，则出卖企业未能在发票上盖有“货款未清，所有权保留”也难说没有过错，更何况发票持有人与标的物实际占有人同一，在交易信赖上不可谓不善意。要求第三人审查原始合同，义务过于苛刻，影响交易效率，增加交易成本，且未必取得预期效果，与市场交易的一般经验和交易主体的期许不符。与此相比，所有权人在发票上加盖印章所花费的社会成本显然要更加低廉且高效。所以，持有自己作为买受人的增值税专用发票，同时又占有动产的，第三人有理由信赖该持有人为动产所有权人。

在“一物两融”场合，若第三人为善意，回租物是否可以根据《物权法》第一百零六条关于善意取得的相关规定问题，争议较大。动产的占有改定并不能发生善意取得的效果，受让人虽为善意但没有实际占有租赁物，缺少善意取得必须具有占有公示的要求。融资租赁公司开展回租业务的真实意愿是以企业财产担保债权的安全性，取得所有权并不是其真实的交易意愿。善意取得保护的是真实的权利意愿，必须具有真实明确的意思表示以及对世公示的宣告效力，而回租业务中占有改定缺乏真实的权利意愿，更没有明确的对世公示和宣告效力。现实中，占有改定已经成为一些贸易型融资行为的重要外观包装，比如在一些钢贸案件、仓储案件、买卖案件中，同一标的物未发生实际的占有转移，但所有权已经在观念上发生了数手甚至数十手的反复转移，其意图就是债权债务的不断受让与达成借贷的目的。占有改定如果适用善意取得规则，将对此类案件的审理造成障碍，逻辑上有欠周全。而认定占有改定不适用善意取得，将会促使企业在开展回租、买卖业务时，认真查清动产权利归属和状态，保证交易的真实性和有序性。

（二）租赁物所有权和抵押权的冲突

即承租人将自己占有的出租人所有的租赁物予以抵押进行再融资，第三人善意取得抵押权。关于动产抵押权的善意取得，理论上鲜有讨论，也难以形成定论。《融资租赁合同司法解释》未涉及抵押权的善意取得问题。《物权法》以“参照”的方式，确定了动产抵押权的善意取得制度，但与所有权的关系如何协调未有明确规定。《买卖合同司法解释》虽涉及抵押权与所有权冲突的优先性问题，但是该规定也仅仅是不予支持取回标的物，并未否认所有权的丧失或转移。

在第三人善意取得抵押权时，在抵押物被裁定拍卖、变卖之前，所有权人可以主张返还占有。理由如下：第一，所有权与抵押权属性和目的不同。设定抵押权的效果仅是担保债权人之债权，并不发生消灭真实所有权的法律效力。第三人善意取得抵押权并不等同于善意取得所有权，在抵押权实现程序中裁定拍卖、变卖抵押物之前，本权所有权仍然客观存在。第二，抵押权效力优先于所有权，指的是权利保护上的优先，不能理解为权利存在上的优先，两者可以并存而非替代。如果因此限制所有权人占有、使用和收益，则会造成抵押物的闲置浪费，所有权人也不能通过协商或涤除的方式解除权利负担。第三，所有权的占有、使用、收益和处分的权能可以分割，因抵押权具有物权的追及效力，占有、使用和收益的权能转移并不会对抵押权产生有害的影响，也不会产生抵押权存在和实行的影响。而且重要动产如企业财产、机动车在办理抵押时都会办理登记手续，这在客观上也会限制所有权人的处分。法官也会在诉讼中对租赁物采取限制处置的保全措施，以便确保返还占有不会有害于抵押权。第三人在债务人不履行债务时，依然可以通过协议、拍卖、变卖等方式就实行抵押权后的价款优先受偿。

在涉及租赁物被无权抵押的融资租赁案件中，如何处理出租人的损害赔偿范围，是实务中的一大难点。关于所有权人主张返还占有与抵押权实现程序的衔接程序，目前尚无统一规定。所有物返还之诉与抵押权确认之诉并行不悖，但当抵押物已被其他法院采取查封或保全措施时，所有权返还之诉应慎重确认所有权，应当积极引导所有权人参与到抵押权确认之诉。相应地，如抵押权确认之诉或抵押权实现程序中，所有权人申请参加到抵押权确认之诉或者提起执行异议之诉的，也应积极受理，而不是中止审理或执行。除此之外，在抵押物被裁定拍卖、变卖前，所有权人基于其所有权有权主张返还占有。

出租人因承租人在租赁物上设定抵押的，可以解除合同，出租人的解除权并不受第三人善意取得抵押权的影响。解除合同的后果是收回租赁物并要求给予损害赔偿，损害赔偿的范围是全部未付租金和收回租赁物价值之间的差额。在租赁物已经被设定抵押，但尚未实行抵押之时，确定损害赔偿的范围时，租赁物实际存在三种可能性，第一种是未来全部被实行抵押，第二种是抵押权因主债权消灭、涤除、权利人放弃等原因而消灭，第三种是被部分实行抵押。可见，损害赔偿金额的范围在全部未付租金和全部未付租金与租赁物价值差额之间，因抵押权未来实行情况而波动，无法予以确定。如果还要考虑抵押权人有超出债权部分返还给所有权人的因素，问题将更加复杂。有观点认为，应当待损失实际发生再行处理。实际上，从纠纷一次性解决的角度考虑应当一并处理，且一并处理的好处还在于将因无权处分导致的扭曲的法律关系予以及时纠正，在抵押权到期前促使两个权利人通过协商、涤除等方式尽早对物的安定性作一确定性安排，从而尽早明确物权归属，促进物尽其用，使各方尽快进入各自的权利角色。故法院的角色在于为各方当事人提供解决问题的法律方案，促使双方在方案内自行解决。该方案为出租人（所有权人）收回租赁物，损失赔偿范围为全部未付租金及其他费用与收回租赁物价值（包括抵押权人有超出债权部分返还给出租人的价款）的差额；如因第三人实行抵押权的原因而不能收回租赁物，则出租人的损失赔偿范围为全部未付租金及其他费用。

（三）租赁物所有权与自己抵押权的冲突

为了确保租赁物不被无权处分，出租人在自己所有物上设立自己抵押权，即所有人抵押权。在中国的司法实践中，关于所有权人抵押权的法律效力，存在两种观点。

为了确保租赁物不被无权处分，融资租赁公司尝试在租赁物上设定抵押权，以此产生对世公示效力。其主要有两种表现方式：一是关于机动车融资租赁，作为租赁物的机动车登记在承租人名下，同时出租人办理以自己为抵押权人的抵押登记；二是在企业设备融资租赁中，出租人在将租赁物交付承租人占有使用的同时办理以自己为抵押权人的抵押登记。在自己所有物上设立自己抵押权即所有人抵押权，为民法理论上极大的挑战，在立法上仅有德国等少数国家予以承认。在中国的司法实践中，关于所有权人抵押权的法律效力，存在肯定和否定两种观点。肯定说认为，《担保法司法解释》第七十七条认可了所有人抵押权。否定说又有两种观点：一种观点认为，出租人此行为属于所有权抛弃之行为，依此观点则出租人不能收回租赁物；另一种观点认为应由出租人选择所有权或抵押权，选择所有权则抵押权不成立，选择抵押权则所有权抛弃。

看待该行为的效力问题，既要尊重当事人意思自治，也要尊重法律规定，保护交易预期。《担保法司法解释》第七十七条仅认可了所有权与抵押权的嗣后混同，本着物权法定原则，尤其是抵押权顺位升进原则下，难以认可所有权与抵押权自始混同的合法性。但是，当事人毕竟在自己所有物上设定了抵押权并办理了登记，按照民法理论，法律行为依当事人意思表示而产生法律效力，内心的效果意思与表示行为一致方可产生相应的法律效力。通常情况下，对交易行为的性质认定应依据以外在表示行为，也就是遵循表示主义原则，即遵循外观主义原则。登记行为是典型的外观行为，具有公示效力，哪怕这种公示性质错误，但毕竟具有对世提示权利状态的效果。此时，该登记就具有对抗善意第三人的功用，此种功用也为《融资租赁司法解释》所认可。但当交易行为有规避法律限制之嫌，或明显有悖于一般交易常理时，则须采取意思主义，探究当事人的真意。登记的外观行为并不能真正产生设定抵押的效力，抵押权并不真正成立，更不能对抗后顺位抵押权人。

四、融资租赁纠纷案件对租赁物认定和处置争议问题较多

在实践中，融资租赁纠纷案件中对于租赁物的处置存在较多争议问题，导致无法认定和难以执行。

（一）有关租赁物质量关系的处理问题

基层法院所受理的融资租赁案件中有部分涉及有关租赁物质量问题的抗辩或者反诉。承租人在取得租赁物后，由于租赁物存在质量问题，导致不能正常使用，随之承租人不按期支付租金。出租人起诉至法院后，承租人往往以租赁物存在质量问题进行抗辩，有的还要求进行反诉。承租人就质量的反诉请求法院应否受理，并与本诉一并处理。在实际操作过程中存在两种观点：一种观点认为，融资租赁中关于租金的支付属融资租赁的法律关系。质量问题属在买卖关系中处理的问题，而买卖关系与租赁关系是相并列，分属不同的法律关系，不可以合并处理。另一种观点认为，由于融资租赁区别于传统的租赁，其中便存在着两种法律关系，即出卖人与出租人的买卖关系，出租人和承租人的租赁关系。这两种法律关系存在才构成了融资租赁，所以相关的纠纷应当一并处理。实际上，法院有着解决社会纠纷和矛盾，推动法治社会前进和发展的使命。目前法院实际处理这类案件的具体方法是将质量问题与租赁分开来处理，融资租赁中只处理给付租金的问题，向承租人解释如果认为质量有问题，可向出卖人另行主张权利。但从实际案件来看，首先融资租赁中购买设备的承租人多为个人，法律意识相对淡薄，维护只是朴素地认为“你收我租金，设备有问题，我就找你，不找别人”；其次，融资租赁中的出卖人和出租人往往都是相互有联系的，多是承租人到出卖人处去买设备，因资金不够，出卖人介绍融资租赁公司，融资租赁公司经过审查后决定是否签订融资租赁合同。如果生硬地将两个法律关系拆分开来，让当事人分别诉讼必然引起当事人的讼累，也不利于一并解决纠纷。目前更多人希望将租赁和买卖中的质量问题合并处理，接受承租人的反诉请求，就租金和质量问题一并处理，有利于更好地化解社会纠纷矛盾，维护社会秩序稳定。

（二）承租人违约后有关租赁物的返还问题

在融资租赁法律关系中，关于租赁物的归属，双方当事人在合同中有不同的约定，当租赁期满，可以返还租赁资产、优惠续租租赁资产、留购租赁资产。但在司法实践中，部分融资租赁的合同中约定，若承租方不及时履行支付租金的义务，出租方有权要求其支付所有剩余租金并且将租赁物收回。对于这种既要求执行全部租赁费用，又要求要回租赁物的约定，也存在两种不同的观点：一种观点认为，我国《民法》尊重当事人意思自治原则，法院在处理相关案件时就应当以事人签订的合同为准，既然合同已经约定得很明确，承租人不履行约定的义务，就应当承担不利后果。另一种观点认为，公

平、诚实信用作为《民法》的基本原则，法律规则的适用不能与原则相冲突，出租人在租赁期满后主张了所有的未付租金及违约金后，已经实现了融资租赁的合同目的。这时还要求解除合同、返还租赁物与原则相冲突。合同到期后不存在解除问题，法院在判决承租人支付所有未付租金及违约金后，出租人还要求返还租赁物违反民事活动公平、诚实信用的法律原则，所以对于此诉求不能全部支持，只能择其一。理论上看，法的作用即为指导和规范人的具体要求行为，通过对社会的调整以调和各种冲突的利益，进而保证和维护稳定的社会秩序。而对于融资租赁中，由于出租方多为格式合同，制式条款，导致相关缺乏法律知识和经验的人难以察觉到此类显示公平的条款。而且以法律调和各种利益及矛盾的宗旨来看，对另一方当事人明显不利，这便背离了法的目的和意义。

（三）履行回购义务中的租赁物交付问题

在融资租赁实务中，当融资租赁承租人违约，出租人可以起诉回购人履行回购义务。回购时通常采取指示交付模式，即由出租人通知承租人将租赁物交付给回购人就意味着交付完成。对于租赁物已无法显示交付，回购人是否仍需履行回购义务仍存在争议。一种观点认为，回购的实质是附条件的买卖合同，必须有标的物作为支付货款的对价。若租赁物无法真实交付，回购人便无须再履行回购义务。另一种观点则认为，应按照合同的约定，出租人只需通知承租人向回购人交付租赁物即完成交付，而事实上承租人是否实际交付、何时交付都不是拒绝履行或延迟履行回购义务的理由，同时鉴于回购合同的担保属性，回购人履行支付回购款的义务仍然是在承担无法对价的保证责任。

（四）租赁物残值的确定问题

通常情况，融资租赁双方较难协商一致选定合适的专业评估机构对租赁物进行残值评估。即便可以达成一致，有时评估也会因租赁物不便转移、地处偏远等客观原因使评估工作难以实际开展。此外，评估价只能体现租赁物被评估时的价值而非实际返还时的价值，实际返还时的价值有时无法确定，且评估价并不包含后期的交付、处置租赁物所产生的费用，具体金额无法核定。在融资租赁二次交易市场尚不成熟的情况下，若出租人并无收回租赁物变现或再次租赁的畅通渠道，其权利难以实现。

第三节　租赁物确认与保护国际经验借鉴

由于世界各国物权体系的不同，《国际融资租赁公约》将融资租赁登记问题交给各国通过国内法予以规定。目前，从现在各国的立法情况来看，美国、加拿大、新西兰、法国等国家都已经建立了融资租赁登记制度，其他国家也将建立融资租赁登记制度提上日程，正在积极推动中。

一、美国租赁物权保护的经验

融资租赁制度起源于美国，融资租赁对美国经济发展起到了较大的推动作用。美国法区分真正的租赁交易和构成动产担保交易的租赁交易（相当于中国的融资租赁），对于前者，出租人无须登记即可以其所有权对抗第三人，而对于后者，则须登记融资声明书（Financial Statement）后才能对抗第三人。美国融资租赁制度设计较为先进，被许多国家所学习借鉴，其中便包括登记制度。

美国并没有专门的融资租赁登记制度，而是在动产担保登记系统中登记，《美国统一商法典》详细规定了包括融资租赁交易在内的动产担保登记制度。在美国，与不动产相关的担保物的登记机关为郡县办公室，主要采取地方登记制度；大部分动产担保的登记机关为州务卿，主要采取中央登记制度，且普遍采取声明登记制登记融资声明书；并对运输业动产的登记做了特殊安排。对包括融资租赁的标的物在内的一般动产的登记，由地方政府指定的专门机构进行动产登记并建立登记系统，主要采取自愿登记制，但出租人对经登记过的租赁标的物有权对抗第三人。美国融资租赁登记制度登记内容简单明了，便于查询；适用单方申请主义，单方申请即可启动登记程序，登记效率较高；登记机关安排较为灵活，可以较好地保护私权，加之出租人强制回复义务、信贷保险制度等相关配套制度较为完善，使得融资租赁登记的公示功能得到了较好的发挥。

二、加拿大融资租赁登记制度

作为加拿大唯一奉行大陆法系的区域，魁北克省在融资租赁登记制度方面兼具了形式主义与功能主义。《魁北克民法典》对融资租赁和实物租赁进行了专章规定。《魁北克民法典》认可租赁有与担保物权相似的一些特征，出租人的所有权未经公示，不得对抗第三人。虽然魁北克没有像美国一样将融资租赁交易界定为动产担保交易，但仍要求融资租赁交易应在不动产与动产权利登记簿上进行登记。根据《魁北克民法典》的规定，出租人应在融资租赁合同登记之日起 15 日登记其权利，其对租赁物的所有权才能对抗第三人。从《魁北克民法典》可以看出，是否将融资租赁交易其界定为动产担保并不重要，公示交易内容来维护交易安全更重要。因此，为避免对融资租赁性质的争议，明晰权属状况、维护交易安全，《魁北克民法典》将融资租赁规定于债篇，而将融资租赁的登记和担保物权登记设置在权利公示篇。

三、其他国家租赁物权保护的经验

新西兰的租赁实践中，《动产担保交易法案》（*Personal Property Security Act*）规定租赁期限超过 1 年的租赁就可以被认为是担保交易的一种形式，出租人可以在动产担保登记系统进行登记。法国融资租赁登记制度也较为完善，出租人可在商事法庭登记租赁物，出租人对经登记的租赁物有权对抗第三人。

第四节　加强租赁物权确认与保护建议

纵观世界上融资租赁业较为发达的国家，在对租赁物权确认和保护方面都具有符合发展情况的做法，中国也亟须从立法、司法、制度体系等方面予以完善，进一步保护租赁物权，保障交易安全。

一、完善融资租赁立法

回顾中国融资租赁立法进程，融资租赁业虽蓬勃发展，但与之相对应的却是行业立法的滞后性和法律体系的不完善性。早在2004年，全国人民代表大会财政经济委员会就组建了融资租赁法工作领导小组和工作组，针对《融资租赁法》的立法问题进行研究，后《融资租赁法（草案）》历经三次修改，并于2006年就《融资租赁法（草案三）》向全社会公开征求意见。然而，在全国人民代表大会财政经济委员会召开的融资租赁立法国际研讨会讨论《融资租赁法（草案三）》时，参会人员并没有对草案的具体内容提出建设性意见，反而再度对融资租赁立法的必要性展开激烈争论。2008年，全国人民代表大会财政经济委员会第八次全体会议审议融资租赁法议案时提出“加强调研起草工作，待草案成熟时，争取列入全国人民代表大会常务委员会今后的年度立法工作计划安排审议”。但过去近十年，《融资租赁法》目前仍未正式出台。2009年，按照全国人民代表大会财政经济委员会和全国人民代表大会常务委员会法制工作委员会的建议，最高人民法院启动了融资租赁司法解释的起草工作。2014年《解释》正式出台，虽具有一定先进性，但趋于保守，尚未能充分体现融资租赁的本质特征。从法理上看，有些条款仍存在相互矛盾的情况，还有个别条款甚至与行业通行的并被国际立法所确认的交易规则和理念相违背，对权利人的保护尚不够充分。因此，中国亟须建立健全融资租赁法律体系。

作为新兴的融资租赁发展国家，中国更适宜采取制定专门的《融资租赁法》并辅之以其他特别规定的立法模式。亟须在前期已初步形成的草案基础上，进一步结合行业发展实际，适时制定并出台《融资租赁法》，将融资租赁标的物范畴、融资租赁交易法律问题、融资租赁主体的权利救济问题等囊括于一部法律之中，完善当前的立法空白，厘清现有规范之间的冲突，并且可以固定融资租赁业发展过程中创造出的全新交易模式，对交易主体的风险把控提供依据，同时可以解决租赁物范围、租赁物的登记等问题。但由于《融资租赁法》的制定涉及对现有《合同法》《物权法》等相关法律法规的修订和调整，以及对当前主管部门已出台的各类规章和规范性文件进行调整和整合，且由于近期有消息称内、外资融资租赁公司将统一划归中国银行业监督管理委员会监管，主管部门发生变动等复杂问题，《融资租赁法》的出台可能尚需时日。但从实际可操作性角度出发，目前可通过制定融资租赁行政法规，如《融资租赁企业管理条例》，对融资租赁管理及交易的重点环节进行统一规范，解决目前行业发展所遇到的困境和问题。行政法规的制定程序和制定要求不如全国人民代表大会立法严格，出台融资租赁行政法规是补充法律缺失，对零散、不适宜目前行业发展情况的规章和规范性文件进行清理，统一监管规则和交易规则，是提升融资租赁事中事后监管有效性的需要，也是《融资租赁法》出台前较为适宜的过渡办法。

此外，在出台融资租赁专门法或行政法规的同时，针对具有争议性的问题和新型问题，还应通过制定配套的规范性法律文件，对租赁物权及法律关系予以确认和保护，如对非典型不动产和无形资产的租赁业务制定明确的规定等。

二、进一步发挥司法指引作用

（一）进一步发挥法院的司法解释作用

随着中国融资租赁的蓬勃发展，由于租赁立法相对滞后，各地通过司法途径对融资租赁给予越来越多的支持。数年前，天津市高级人民法院便出台了关于审理融资租赁物权属争议案件的指导意见。近年来，深圳前海法院也发布了新类型案件裁判指引，从融资租赁法律关系的认定，登记公示效力，涉外、涉港澳台融资租赁案件的法律适用等方面进行了规定。据了解，截至 2016 年 12 月底，前海片区融资租赁公司已有 1817 家，注册资本共计 4201. 32 亿元，前海已成为中国融资租赁业的集聚区之一。与此同时，2015 年 2 月至 2016 年 11 月，前海法院共受理融资租赁案件 47 件，涉案金额达 16. 57 亿元。①《关于审理前海自贸区融资租赁合同纠纷案件的裁判指引（试行）》共 24 条，细化了融资租赁案件司法解释中的一些原则性规定。不仅进一步增强了案件事实认定的可操作性，而且契合广东自贸区前海片区融资租赁案件的特点，司法指引对规范融资租赁法律关系，促进区域融资租赁产业发展起到了积极的推动作用。

（二）进一步发挥法院对租赁物的确权诉讼的作用

由于中国租赁登记制度的不完善，对于一些尚无明确规定的或新型的融资租赁合同是否构成融资租赁法律关系，通常要通过诉讼途径解决，法院将面临较多的融资租赁确权类诉讼。由于此类案件多无明确的相关依据，且多为争议性问题，对司法审判水平提出了较高的要求，而案件判决也会成为今后同类案件的判例参考，对今后类似案件审批和融资租赁业务实践起到指引的作用。

（三）进一步探讨将法院作为租赁物集中登记地

在融资租赁合同法律关系中，虽然出租人是租赁物的所有权人，但租赁物的实际占

---

① 马培贵．前海法院发布两大类涉自贸区案件裁判指引，为融资租赁及保理合同案的审理提供指引性思路［N］．深圳特区报，2017－01－04（A03）．

有和使用权人是承租人。若租赁物是动产，《物权法》并未建立除船舶和机动车以外的普通动产物权的登记制度，公示方法基本靠实际占有，动产物权善意取得制度产生的逻辑前提是占有所产生的公信力，因此，大量没有所有权登记机关的机器设备和其他动产而言，融资租赁公司在实际交易中承担巨大的风险。基于目前这种现状，建议对于这部分没有明确的所有权登记机关的动产，将法院作为这类租赁物的集中登记地，有利于司法实践中对租赁物的权属进行明确认定等诸多优势。目前，已有部分法院在研究和探讨该种方式的可行性。

（四）进一步加强法院间的司法互助

由于融资租赁涉及多方当事人，且出卖方或制造方、出租人、承租人大多是位于不同地区，有些跨境租赁还涉及其他国家和地区。在融资租赁法律关系中，融资租赁公司多处于强势地位，在合同订立时享有主导权。出于控制经营风险及诉讼成本等考虑，融资租赁公司常在订立合同时要求并约定由出租人所在地或合同签订地（多数也是出租人所在地）法院管辖，使得融资租赁合同纠纷案件明显地聚集在融资租赁公司所在地。但承租人、回购人等分散于各地，租赁物也可能分散在各地，因此，一些融资租赁纠纷的判决在审判法院无法执行，需要异地执行，这就需要异地的法院之间加强沟通，给予积极的配合和司法互助。否则，很容易出现判决后执行难等问题，不利于保护胜诉方权利。

三、构建租赁登记制度体系

（一）登记机构的选择

登记机构的选择上，主要争议在于采用统一登记制还是分别登记制。从国际经验看，各国和地区对登记机关的设置并不相同，主要分为分别登记制和统一登记制两种，中国台湾地区主要采取分别登记制，而《美国统一商法典》和《魁北克民法典》采取统一登记制。两种登记制度各有利弊。分别登记制的优点在于将不同标的物登记在不同登记机关，可分散和减轻登记机关压力。但对当事人而言，分别登记容易造成登记机关混淆，还易降低登记和查询效率。统一登记制的优点在于当事人登记和查询较为简便，效率较高，较少分别登记的奔波。但缺点在于把所有登记事项集中在一个登记机关，工作量、信息量大，易对登记机关造成压力。

目前，中国《物权法》采用的是分别登记制，包括中国人民银行征信中心登记系统在内的动产登记机关有十几个，导致登记工作较为复杂。对登记申请者而言，需要甄别标的物的主管部门，登记工作较为烦琐复杂。对于登记管理者而言，按照标的物性质建立不同的登记系统，出台不同的登记规则，统筹工作难度较大，且容易产生标准不一等问题。设置多个登记机关的好处在于登记机关熟悉登记物的性质，便于管理。但分别登记制带来的各登记机关系统重复建设，当事人查询困难、登记规则不统一、增加登记成本等问题也是不可忽视的。结合中国国情实际，建议借鉴美国等地成立专门的登记机构，采用统一登记模式，明确一个统一的登记机构，提高登记效率和便捷性，降低登记成本。从操作层面考虑，短期内，可先利用中国人民银行征信中心建立的融资租赁登记系统，将其发展为标的物范围广泛的登记系统，并通过最高人民法院公布的司法解释和中国人民银行出台的配套管理要求，引导更多交易主体通过中国人民银行征信中心的融资租赁登记平台进行登记和查询权属信息，逐渐形成市场交易惯例；同时，从未来发展看，应推动国家层面选取诸如天津这样的融资租赁聚集发展区新设一个专门的融资租赁登记平台，将其发展成为较为全面的，可打破地域和主管部门限制、涵盖多种类型租赁标的物的全国性融资租赁登记平台。随着内、外资租赁公司统一划归中国银行业监督管理委员会，也为建立统一登记平台奠定了更为便利的基础。

（二）登记的原则

融资租赁登记制度建立的理论基础是物权变动理论，因此，在具体的制度设计上，需要符合物权变动理论的两大基本原则，即公信原则和公示原则，既让当事人可以迅速地在登记系统内将租赁物的权属关系进行公示，又让社会公众可以轻松地查询到特定标的物之上的权属关系，保证登记系统的查询结果具有可信度，从而使登记制度更好地服务行业的发展。公示原则要求在制度设计上，保证登记效率，将制度设计尽可能简便、易行，使得出租人或承租人可以快速、便捷在登记系统对租赁物权属进行公示。公信原则则要保证登记效力，制度设计尽可能细致、完备，使得出租人或承租人登记的结果与真实的权属情形一致，便于做出正确的交易判断，保证交易安全。因此，中国融资租赁登记制度设计上主管机关的选择、申请人的确定、审查方式等内容，建议综合考量公示公信两个原则。

（三）申请方式

在申请方式上，主要争议在于是采取单方申请主义还是双方申请主义。从国际经验看，美国只需债权人一方提出登记申请即可。但多数国家采取双方申请主义，即必须由当事双方共同完成登记程序，以保护当事双方的利益。如德国要求登记一方当事人作为直接申请登记人，另一方也应进行书面登记承诺才是合法的登记申请。两种方式的优劣在于，双方申请主义可以防止债权人单方申请登记侵害债务人权益，但操作较难，双方共同申请时间和人力成本较高，且易出现不配合的情况，因一方因素导致无法登记的、无法对抗第三人。因此，建议中国采取折中模式，由单方申请双方认同模式，在当事人一方提出申请后，由登记机关向另一方发出确认书，既可及时纠正可能存在的登记错误信息，又可向另一方确定是否予以登记，另一方若无充足的理由和证据反对，则登记申请成功，发生公示效力。

（四）登记的范围

初期主要为除航空器、船舶和车辆以外，可以作为融资租赁标的物的机器设备等非消耗性动产。随着登记制度的不断完善，逐步研究将航空器、船舶和车辆等动产，以及知识产权等无形资产逐步纳入登记范围。

（五）登记的审查方式

在登记的审查方式上，主要争议在于登记机关进行形式审查还是实质审查。形式审查主要是指登记机关只对登记申请人提供的相关材料进行形式上的审查，如材料是否齐全等，但对材料及登记物权利和状态的真实性不进行调查核查，对非因登记机关主观过错造成的登记错误，登记机关不承担责任。法国和日本等国主要采取形式审查制度。实质审查主要是指登记前登记机关对登记物权属状态的真实情况进行全面实质的核查，登记机关如因审查过错和疏忽，导致登记物权属状态错误则应承担相应的责任。瑞士等国主要采取实质审查制度。

目前，国内主张采取实质审查主义的学者认为，采取登记的实质性审查是使融资租赁登记具有公信力的前提，在中国诚信体系不健全的情况下只进行形式审查极易导致欺诈行为发生，造成租赁交易的不安全，同时采取实质审查还有利于增强登记的公示公信功能。对于登记机关实质审查的内容，学者认为主要包括融资租赁合同是否有效、租赁物的权属、租赁物的价值等方面。主张采取形式审查主义的学者认为，实质审查不利于登记的经济和行政效率，登记机关也无权对融资租赁合同是否有效进行判断，无权对租赁物的权属和价值进行实质审查。对合同效力的认定是人民法院和仲裁机构的职责，登记机关对融资租赁合同效力进行认定，有干预司法之嫌；登记机关的职责主要是将既存的权属状态予以记载及公示，对租赁物的权属和价值进行实质审查，有干预合同双方私法自治理念之嫌；实质审查还将导致审查费用、人力成本、时间成本、登记主体责任的增加等情况，形式审查则可以避免。

考虑到中国正处在融资租赁登记制度建立初期，社会信用体系和信用环境尚不完善，建议制度建立之初采取形式审查为主、实质审查为辅的混合审查模式。在对常规的租赁物和交易登记只进行形式审查，而在涉及租赁物价值巨大且较为复杂的融资租赁交易时，适当对登记内容进行实质审查。并在制度设计上明确具体划分标准，兼顾交易安全和交易效率。在中国信用体系和信用环境不断完善后，逐步转化为单纯的形式审查模式。

典型事例及案例

案例1：天津首笔无形资产租赁案例①

2016年12月15日，江苏长电科技股份有限公司（以下简称长电科技）和芯鑫融资

---

① http：//news. xinhuanet. com/fortune/2016－12/15/c_ 1120127189. html，天津首笔无形资产租赁业务在东疆落地。

租赁（天津）有限责任公司，利用天津东疆保税港区管理委员会平台完成了资产价值为3.8亿元人民币的首笔无形资产租赁业务，标志着天津融资租赁业创新发展再次取得新突破。

该笔创新业务的租赁标的物为长电科技自主发明专利和新型实用专利的组合，中国进出口银行天津分行发挥国家政策性银行优势，创新了依据资产实际应用进行资产价值评估的机制，实现风险控制与授信审批同步并行、高效协作，为该项目提供融资支持。由此破解了无形资产融资难、金融支持缺失等阻滞企业科技创新的难题，推动拥有大量专利权、商标权等无形资产的科技创新型企业成为推动创新发展的重要力量。天津市东疆保税港区国家税务局针对新型租赁标的物，在没有先例的情况下，强化服务意识，勇于创新思维，认真研究政策，在涉税处理上支持此类业务享受相关政策，为项目落地提供了重要保障。该创新案例的完成，填补了天津融资租赁创新示范区在无形资产租赁上的空白，成为科技产业和金融产业融合发展的成功案例。

案例2：出租人同时提出解除合同收回租赁物和要求支付全部租金的诉请案例

【案情简介】李某与甲租赁公司签订融资租赁合同，约定由甲租赁公司按照李某的要求向乙公司购买挖掘机一台承租给李某使用。甲租赁公司向乙公司购买了上述挖掘机并交付李某。因李某欠付租金，甲租赁公司诉至法院，请求判令：（1）解除融资租赁合同，李某返还租赁物；（2）要求李某支付到期及未到期租金共计155万元及罚息36万元。

【裁判观点】法院经审理认为，若解除合同收回租赁物之后，出租人还能主张所有未付租金，则可能因债务人无力支付的事实而获得超出合同正常履行可得利益之外的利益。故根据合同双方权利义务相一致的原则，现甲租赁公司与李某均同意解除合同，则甲租赁公司不能主张解除合同之后的未到期租金。至于若收回租赁物不能弥补其损失，则应当在评估或处置租赁物之后主张。

【评析】出租人同时提出解除合同收回租赁物和要求支付全部租金的诉请的，法院应告知出租人只能选择其一，以避免审判结果明显不公，避免出租人获得超出合理利益的双重赔偿。对于此种情况，出租人可以根据承租人的诚信情况和实际履行能力，在一个诉讼中选择最易实现自身债权的诉求。如果合同约定租赁期限届满后承租人以支付适宜的价款取得对租赁物的所有权的，出租人损失的范围应是全部未付租金及其他费用与收回租赁物价值之间的差额。如果出租人选择主张解除租赁合同收回租赁物的，同时有权向承租人主张损失赔偿。

案例3：属于违章建筑的住宅商品房成为融资租赁标的物案例[①]

【典型案例】最高人民法院（2014）民二终字第109号国泰租赁有限公司与山东鑫海投资有限公司、山东鑫海担保有限公司等企业借贷纠纷民事二审判决书。

【案情简介】国泰租赁公司与三威置业公司（房地产开发公司）签订《融资租赁合同》，约定将三威置业公司在开发的住宅商品房所有权转让给国泰租赁公司，后由三威置业公司回租方式融资。三威置业公司存在超过规划部门要求建设的情况（超高），至庭审结束时仍未能办理预售许可。因三威置业公司欠付租金，国泰租赁公司起诉要求支付欠付租金及利息、违约金。

【裁判观点】最高人民法院二审认为："故案涉商品房（即租赁物）所有权无法从出卖人三威置业公司移转至出租人国泰租赁公司。由此产生的实际法律关系是，国泰租赁公司作为名义上的商品房买受人和出租人，并不享有租赁物的所有权，作为专业的融资租赁公司，其对案涉租赁物所有权无法过户也应明知，故其真实意思表示并非融资租赁，而是出借款项"。最高人民法院据此判定双方为借款法律关系。

【评析】融资租赁具有融资和融物的双重属性。若无实际租赁物或者租赁物所有权未从出卖人处转移至出租人，或者租赁物的价值明显偏低无法起到对租赁债权的担保，通常应认定该类融资租赁合同没有融物属性；仅有资金空转，是以融资租赁之名行借贷之实，应认定为借款合同。实践中，当事人以售后回租为名义订立合同，交易实质却不符合《合同法》第二百三十七条的定义。具体地说，以售后回租形式规避相关法律及政策的情形主要有：售后回租合同中，对租赁物低值高卖，租赁物上设有权利负担，使得出租人无法取得所有权，或者无法实现租赁物的担保功能；没有真实明确的租赁物；出租人没有完成取得租赁物所有权的手续等。上述情形可能会对融资租赁合同的认定以及合同的效力产生不同影响。该案件中，售后回租在"售"的环节就发生了实质性法律障碍，由于商品房存在违章建筑情况导致无法办理过户手续，因此对整个交易的法律性质产生了根本影响。

案例4：中国人民银行征信系统登记对抗融资物租赁善意取得的效力案例[②]

根据《物权法》第一百零六条规定，融资租赁阶段出租人的所有权与第三人的物权相比较，明显处于劣势，这已经成为出租人的重大经营风险。实践中，大量存在承租人

① 葛志坚．融资租赁四大实务问题典型案例解析［EB/OL］．阳光时代法律观察，http：//mp. weixin. qq. com/s？__biz = MjM5ODk4NzQ2MQ%3D%3D&idx = 1&mid = 403537444&sn = ee345788924dc5d7388513f76559df07.

② 葛志坚．融资租赁四大实务问题典型案例解析［EB/OL］．阳光时代法律观察，http：//mp. weixin. qq. com/s？__biz = MjM5ODk4NzQ2MQ%3D%3D&idx = 1&mid = 403537444&sn = ee345788924dc5d7388513f76559df07.

私自转让租赁物或在租赁物上设立他物权的情形，从而导致第三人物权。不动产的统一登记已经开始运作，但是动产的登记问题，到今天为止还没提上日程。央行等部门的征信系统，是否具有对抗善意取得的效力？

【典型案例】辽宁省高级人民法院（2014）辽民三终字第212号上诉人马尼托瓦克（中国）租赁有限公司因与被上诉人中信银行股份有限公司大连分行、被上诉人大连兆峰机电安装工程有限公司、被上诉人关兆峰第三人撤销之诉纠纷民事二审判决书。

【案情简介】2010年，兆峰公司与拉赫公司（融资租赁公司）签订融资租赁合同，约定由拉赫公司出资购买汽车起重机一台出租给兆峰公司使用，租赁物所有权归拉赫公司，兆峰公司须分期向拉赫公司支付租金。双方以兆峰公司名义办理了车辆登记证。拉赫公司将上述《租赁协议》和租赁设备均登记于人民银行征信系统。在租赁协议履行过程中（2012年3月），兆峰公司将上述租赁物（汽车起重机）作为抵押物抵押给案外人中信银行，并在公安部门办理了抵押登记。后融资租赁公司起诉要求撤销中信银行享有的对租赁物（汽车起重机）的抵押权。

【裁判观点】辽宁省高院二审认为：第一，关于银行是否善意取得抵押权问题。"兆峰公司基于对案涉抵押物的占有产生了公示效力，基于登记为案涉抵押物的所有权人产生了对外公信力及对抗效力，中信银行基于对公示、公信效力的信赖，认为兆峰公司有权抵押案涉抵押物属于善意。"第二，关于银行是否知道或应当知道案涉抵押物为租赁物问题。"……这些规定并未明确'将办理资产抵押业务时，必须登录融资租赁登记公示系统，查询相关标的物是否为融资租赁物'作为中信银行等金融企业的规定义务。本案中信银行善意取得抵押权，并不属于最高人民法院《关于审理融资租赁合同纠纷案件适用法律问题的解释》第九条规定的除外情形。"终审驳回租赁公司要求撤销抵押权的诉讼请求。

【评析】最高人民法院出台的《融资租赁司法解释》第九条规定了租赁物善意取得的例外情况，即："承租人或者租赁物的实际使用人，未经出租人同意转让租赁物或者在租赁物上设立其他物权，第三人依据物权法第一百零六条的规定取得租赁物的所有权或者其他物权，出租人主张第三人物权权利不成立的，人民法院不予支持，但有下列情形之一的除外：……（三）第三人与承租人交易时，未按照法律、行政法规、行业或者地区主管部门的规定在相应机构进行融资租赁交易查询的；（四）出租人有证据证明第三人知道或者应当知道交易标的物为租赁物的其他情形。"然而，中信银行2012年3月办理抵押登记之时，《商业银行法》《流动资金贷款管理暂行办法》、一行三会《关于进一步做好中小企业金融服务工作的若干意见》（银发〔2010〕193号）均未明确银行具有"登录融资租赁登记公示系统"的查询义务。因此，法院认定银行并不具有融资租赁查询的义务，银行可以善意取得融资租赁物。然而需要注意的是，中国人民银行2014年3月20日下发的《关于使用融资租赁登记公示系统进行融资租赁交易查询的通知》（银发〔2014〕93号)，第三条规定：“银行等机构作为资金融出方在办理资产抵押、质押和受让等业务时，应当对抵押物、质物的权属和价值以及实现抵押权、质权的可行性进行严格审查，并登录融资租赁登记公示系统查询相关标的物的权属状况，以避免抵押物、质物为承租人不具有所有权的租赁物而影响金融债权的实现。”因此，商业银行在办理抵押、质押等业务时，应当登录融资租赁登记公示系统进行查询，否则将属于司法解释第九条规定的例外情况，无法实现动产善意取得。我们认为，央行这一规定仅适用于银行系统，但并不意味着统一融资租赁登记平台的设立。

案例5：融资租赁公司将所有权属于自己的租赁物抵押给自己的效力案例①

在现行立法没有明确租赁物登记机关的前提下，部分租赁公司采取了授权承租人将租赁物抵押给自己（租赁公司)，并在登记机关办理抵押权登记的做法，这种做法看似与物权法的原理相违背，但却是租赁公司在现行的法律制度下维护其租赁物的担保权能的不得已之举。该行为效力如何，在理论和实践中存在较大分歧。

【典型案例】山东省高级人民法院（2014）鲁商终字第269号马尼托瓦克（中国）租赁有限公司与淄博国泰起重吊装工程有限公司、张霞融资租赁合同纠纷民事二审判决书。

【案情简介】2011年3月，马尼公司（融资租赁公司）与国泰公司签订了融资租赁合同，其向国泰公司购买汽车起重机；马尼公司为租赁物件的唯一所有权人，为方便国泰公司使用，租赁物件登记在国泰公司名下。其后，租赁物在公安车辆管理所办理了马尼公司为抵押权人的抵押登记。2011年5月，国泰公司利用伪造的马尼公司印章等材料非法办理解除汽车起重机的抵押登记手续。马尼公司发现后，提起行政诉讼要求撤销抵押登记。在行政判决终审生效前的2012年4月23日，国泰公司以涉案起重机为抵押物，为交通银行登记设立了抵押权。马尼公司起诉国泰公司，并要求确认马尼公司对租赁物有第一顺位的优先受偿权。

【裁判观点】山东淄博中院一审认为：马尼公司与国泰公司关于租赁物登记在国泰公司名下并办理抵押权人为马尼公司的行为为规避《合同法》第二百四十二条“出租人享有租赁物的所有权”的规定，属无效民事行为。因违反“一物一权”原则，马尼公司既为所有人，又为抵押权人的行为属无效行为，其抵押合同也属无效合同。山东省高院二审推翻了一审法院关于“自己抵押给自己”无效的判断，认为马尼公司与国泰公司关于租赁物所有权的约定及抵押登记安排“使涉案租赁物的实际所有权人和登记所有权人

① 葛志坚．融资租赁四大实务问题典型案例解析［EB/OL］．阳光时代法律观察，http：//mp. weixin. qq. com/s? __biz = MjM5ODk4NzQ2MQ%3D%3D&idx = 1&mid = 403537444&sn = ee345788924dc5d7388513f76559df07.

相分离，使之符合现行办理抵押登记的法定条件并办理了抵押登记。上述约定及行为是为了维护出租人马尼公司对租赁物的物权保障”。

【评析】法院虽然最终引用《物权法》第一百零六条，判决交通银行对租赁物享有第一顺位的优先受偿权，但对于“自己抵押给自己”肯定的司法态度是值得关注的。如前述融资租赁公司所言，否定上述做法可能会对产业造成较大冲击，不利于融资租赁业发展。在融资租赁登记制度尚没有统一法律规范情况下，司法不轻易否定合同效力这种开放的态度是值得赞赏的。

第六章 融资租赁业租赁资产交易与流转

融资租赁企业经营一段时期后，资产规模到达较高水平，继续扩大资产规模面临着资金、资本乃至管理能力的瓶颈。企业如何将手中的租赁资产进行转让、回笼资金改善流动性，如何构成低成本、利用和构造高效率的交易模式，变得尤为重要。

第一节 租赁资产交易与流转现状

2015 年，国务院办公厅先后下发《关于加快融资租赁业发展的指导意见》及《关于促进金融租赁行业健康发展的指导意见》指出，要“加快建立标准化、规范化、高效运转的租赁物与二手设备流通市场，支持建立融资租赁公司租赁资产登记流转平台，完善融资租赁资产退出机制，盘活存量租赁资产”，“支持金融租赁行业共同组建市场化的金融租赁登记流转平台，为各类市场主体自愿参与提供服务，活跃金融租赁资产的交易转让，盘活存量金融租赁资产，更好服务实体经济”。随着租赁业不断发展，行业融资租赁产品交易与市场化的需求将越来越迫切。截至 2016 年底，全国融资租赁合同余额约 5.33 万亿元人民币①，是 2006 年融资租赁合同余额的 660 余倍。据天津市融资租赁协会及天津滨海融资租赁研究院统计，截至 2016 年底，天津融资租赁合同余额约为 1.91 万亿元人民币，同比增长 35.5%，约占全国融资租赁合同余额的三分之一以上。租赁资产交易在拓宽租赁公司的融资渠道的同时，增强租赁公司的流动性和抗周期能力。推动租赁资产流转的平台建设及市场建设是融资租赁业健康、持续发展的重要问题。近年来，银行保理、资产证券化产品等资产流转形式逐渐被行业广泛运用起来，特别是租赁资产 ABS 发行在近两年的增速十分明显。

一、租赁资产流转的含义

租赁资产的流转本质上就是租赁资产的交易，是租赁资产的所有者将所拥有的资产所有权或收益权进行全部或者部分转让的一种经济行为。本书中我们所研究的租赁资产的流转是为了在合适的时机释放流动性，进一步盘活资产，从而达到获得收益、管理风

---

① 数据来源：《2016 年中国融资租赁业发展报告》。

险等目的。可将租赁资产流转定义为：融资租赁公司在自身融资租赁项目无法满足当期盈利需求或者资金短缺的情况下，将自身已投入的资本由债权形态转化为资本形态，以实现资本增值、减少资产损失的机制。即对于流动性较弱的租赁资产，通过一定的变现机制以及相关配套制度安排，使其成为流动性较强的资金形态。通过租赁资产的流转与交易，节约自身资本金的占用，利用外部资源实现优势互补，从而实现调节租赁公司资产结构及优化财务指标的目的，同时通过资本优化、丰富租赁资产投向等进一步提高整体资产的盈利能力，进而提升企业的综合管理能力和盈利能力。可以说，租赁资产交易是租赁公司融通资金、管理资本资产、防范市场风险、对抗周期性发展以及国际化发展的必备条件。

二、租赁资产交易的动机及对企业的作用

（一）缓解资本资金困境

对于租赁公司来说，通过自身资质和项目，吸引充足的资金参与项目，发挥最大的杠杆作用，直接关系到公司生存发展的重大问题。租赁公司的资金来源包括股权融资和债权融资。股权融资包括增资、上市、引入战略投资者。资本金不能无限制的增加，增资的方式无法满足租赁公司业务拓展的资金需求。上市筹资提高企业的直接融资能力，但准入的门槛较高。引入战略投资者虽然能够实现强强联合，拓展市场占有率，但需要资金雄厚的大企业并且双方达成长期合作意向。债权融资包括银行信贷、发行债券等。根据商务部《融资租赁企业监督管理办法》，独立第三方和厂商系租赁公司的风险资产不得超过净资产总额的 10 倍，风险杠杆部分的资金较多由银行信贷提供，但也很难达到 10 倍的资本杠杆；银监会规定金融租赁公司的经营杠杆上限为 12. 5 倍。根据银监会公布资料显示，截至 2016 年 9 月底，全国金融租赁公司 52 家，实收资本累计达 1545. 97 亿元，行业资产总额 1. 94 万亿元，[①] 金融租赁经营杠杆刚好达到规定上限。在不增加资本的情况下，租赁公司扩大业务规模的空间有限。从目前来看，融资租赁业中金融租赁公司资本约束形势较为严峻，资本成本相对债务成本高，增加资本金会增加股东压力，要开展新的业务，除了增加资本金外，就是要盘活现有资产。租赁资产交易以资产收入为导向，以优质资产获得优质资金的资产支持，租赁公司可以借助于产生稳定现金流的优质租赁债权进入资本市场获得大量资金，满足租赁公司的资金需求。

（二）有效管理风险

随着资产规模的不断扩大，租赁公司的资产管理压力会不断增加。租赁公司在不考虑资产交易的情况下，拓展业务时容易忽视资产的风险；在考虑资产未来交易的情况

---

① 摘自网易财经《金融租赁业资产总额达 1. 94 万亿元》，网址 http：//money. 163. com/17/0104/15/C9URKFP500258OS6. html。

下，租赁公司将更关注资产的质量，以保证未来顺利出售租赁资产。如果没有较好的风险分散渠道，租赁资产风险将会在租赁公司内部不断积累。通过租赁资产交易，能够对存量资产进行重新定价，提高公司的整体资产质量，释放不良的资产拨备和资本金。

租赁公司普遍面临流动性风险隐患，即短期资金支持中长期业务所形成的资产与负债间期限结构的不匹配。一方面，融资租赁公司业务的收益率基本较为稳定，但资金成本是随着市场情况不断变化的，当市场上流动性紧缩，利率升高，融资租赁公司的资金成本也随之升高，中长期业务可能出现收益倒挂；另一方面，租赁公司需要承受较大的资金压力以保证负债的持续性。租赁资产交易直接连通资金市场，能够调整融资与租赁业务的期限匹配度及额度匹配度，增强租赁公司的抗周期能力。

（三）优化租赁企业资产负债表

作为资金密集型产业，租赁企业的资金长期沉淀在长期资产中，很容易受到规模限制，难以快速、持续发展。租赁公司通过租赁资产交易，主要是租赁资产证券化来实现租赁资产的真实出表，此时，租金风险将从租赁公司转由投资者承担，一方面有利于释放业务规模，不断优化报表结构，另一方面，租赁资产证券化做到“真实出表”表明市场对租金资产或证券化交易安排的高度认可，因此对租赁公司提高市场影响力，实现日后更低成本的融资具有重要意义。据统计，自2006年起，第一只租赁ABS产品发行以来，仅有“工银海天一期”实现了租赁资产完全出表。[①] 在大部分交易中，由于租赁公司自留次级权益或提供的担保比例较高，仍然承担较大的租赁资产风险，所以未实现真实出表。金融租赁公司由于其自身及其承租人资信情况表现较好，加之资产质量优良，因此金融租赁公司更容易实现真实出表。

租赁资产是否能够实现出表主要同租赁公司的自留风险程度有关，如果租赁公司能够将租赁资产所有权的所有风险及报酬实现转移，则可以出表。我们可以从三个角度关注租赁资产证券化产品是否可以实现出表。一是自留次级权益[②]比例，自留次级权益比例即租赁公司自留的次级权益占总发行额的比例，按照一般的操作惯例，如果该比例小于等于10%，则未自留权益部分对应的租赁资产可以实现出表，即至少有90%以上的租金资产可以出表，而自留次级权益则不能出表。二是租赁公司资产的转付频率。一般情况下，资产转付频率越高，越容易实现真实出表。三是产品的增信方式，包括储备账户、超额利差、差额支付、垫付义务等。其中超额利差是指租赁资产的现行加权平均利率与机构服务费率及优先级证券票面利率之和预计存在一定的利差。当出现风险时，超额利差所带来的收益将用于对投资者进行补偿，租赁公司在超额利差中的收益则会降低甚至完全丧失，租赁公司在超额利差的范围内仍然承担着租赁资产的风险，导致租赁资

① 资料来源：《租赁ABS“五宗最”——2016年租赁资产证券化年度报告》。

② 次级权益是指来自“信托”分配的次于“优先权益”的权益。

产出表的可能性降低。

（四）降低企业融资成本

无论租赁资产未来收益权的转让还是租赁物的直接转让，分别有未来资金流或实物资产作为保障，因此投资者对风险溢酬的要求会比较低，因此租赁资产一般可以实现平价或溢价出售。以租赁资产证券化为例，租赁资产证券化能实现真实销售与风险隔离，证券发行独立于发起人的信用基础，通常租赁企业能够通过信用增级等方式提高租赁资产支持证券的信用等级，能够以高于自身信用的等级来发行证券，这是股权融资和债权融资均无法实现的，信用等级越高，投资者要求的风险溢酬越低，投资者更专注于长久收益，证券的价格波动也会相对稳定。

（五）相对上市融资监管宽松

相对于公开上市的融资方式，租赁资产交易在融资金额、资金用途及信息披露等方面的要求较少，且不涉及行政审批等，因此租赁资产交易需要服从监管等方面付出的成本较少。如在金额方面，租赁资产交易不受企业净资产规模的限制，融资额直接取决于资产未来的现金流限制；又如在信息披露方面，有信息披露要求的资产证券化也仅需企业披露与基础资产池相关的信息，而不涉及整个公司的信息。

三、租赁资产交易的主要类型及其概况

（一）项目公司股权转让

项目公司股权转让模式是指卖方租赁公司将自己所持有100%股权转让给买方租赁公司，交易完成后，买卖双方通知承租人、债权人等相关合作方，项目公司所有的资产信息如船舶资产的注册登记、船旗等保持不变。单一的融资租赁项目公司财务较为简洁、清晰，且股权结构较为简单，因此对于股权交易期间的财务、法务等方面的尽职调查工作开展相对容易，相比飞机、船舶等租赁资产的买卖而言，该种模式大大节省了租赁资产登记注册等信息变更的工作，可以在不影响租赁资产运营的情况下完成对租赁资产的交割。

（二）租约转让

当市场中部分租赁公司有融资需求，而新进入市场的租赁公司需要业务来拓展市场，这两部分主体可以通过直接转让租赁资产实现解决流动性需求及业务拓展需求的“双赢”。具有融资需求的租赁公司即出租人，在征得承租人同意的基础上，将租赁资产直接转让给有业务需求的租赁公司，双方签署资产转让协议，完成资产过户，承租人同新的出租人签订租赁合同，并定期支付租金。

（三）租赁资产保理

租赁资产保理也就是对融资租赁应收账款（应收租金）保理业务，在出租人与承租人形成租赁关系的前提下，租赁公司将融资租赁合同中未到期的应收租金债权协议转让

给受让方（多为银行、信托机构等），受让方作为租金债权人直接向承租人收取租金，实质上是租金收益权的转让。国内的租赁资产保理业务由商业银行直接承办，国际的租赁资产保理业务中，除银行作保理商外，还有独立的保理专业公司。在根据受让人如银行是否向租赁公司提供融资可分为融资性保理及非融资性保理，前者顾名思义，银行受让租赁公司的应收租金并向租赁公司提供一定比例的资金融通，后者银行则仅提供资信调查、账务管理及租金清收等非融资性服务。根据当承租人未按期支付租金时，银行是否对租赁公司进行追索，要求其回购银行未回收的收购款和相关费用，可分为有追索权保理及无追索权保理，在银行无追索权保理融资情况下，租赁公司可以实现“表外融资”，安全退出市场，并改善优化财务报表。保理业务发生时，租赁公司可选择以书面形式通知承租人，并且指示其将租金直接支付给银行；也可选择不将租金转让情况通知承租人，租赁公司在收到承租人支付租金后转付给受让银行。

租赁资产保理基本要素的融资额度一般根据银行可收取的租金金额折现值来确定，最高融资额度一般不超过租赁本金。融资期限与对应的租赁期限相匹配。融资利率按照同期商业银行贷款利率，对于优质客户，可在基准利率的基础上下浮5%～20%。保理手续费率在1‰～5‰，也可根据实际情况免除。保理保证金原则上按租赁概算成本的10%～30%或一个季度的租金金额支付。对租赁物应当设定抵押，银行作为第一抵押权受益人。

（四）租赁资产证券化

租赁资产证券化多以租赁物应收账款为基础资产进行证券化，租赁公司作为发起人将用途、租期等相近、相同且在未来能够带来稳定现金流的租赁债权即租金收取权进行整合，并通过信用评级、信用增级等结构安排，将租赁债权转化为能够在金融市场出售流通的租赁资产支持证券，从而获得流动性的融资过程。2014年11月，证监会发布《证券公司及基金管理公司子公司资产证券化业务管理规定》，提出融资租赁债权被纳入基础资产范围，并对基础资产解除相关担保负担和其他权利限制的试点，明确为原始权益人向专项计划转移基础资产时需解除相关担保负担和其他权利限制，其中，所涉及的基础资产指符合法律、行政法规的规定，权属明确，能够产生独立、稳定、可评估预测的现金流的财产或财产权利。

（五）租赁资产信托模式

信托模式可分为融资租赁收益权信托计划及发行融资租赁集合信托计划。前者实质上是附带回购条件的物权法律关系，是委托人通过委托信托机构即受托人进行投资，受托人以委托资金折价购买融资租赁项目的收益权，委托人购买信托项目后能够获得一定收益，信托期满后，租赁公司再以高于出售价格回购融资租赁项目的收益权。后者是租赁公司在完成多个租赁项目后，再将其通过信托公司转让给特定的投资者，这里的信托标的通常为多个融资租赁项目进行重组或分离后形成本息收取权。租赁公司与信托公司实现强强联合，充分借助信托公司广泛的资金来源，在为租赁公司缓解资金压力的同时，又将自有应收账款债权转让，实现资产出表。

（六）“互联网+”融资租赁

2014年以来，租赁行业紧跟“互联网+”的大潮，通过互联网金融平台募集资金，不少投融资企业通过P2P平台上线方式进入租赁行业，主要以“融资租赁+P2P”模式为主。该模式兴起于2013年，当年融资租赁P2P产品的成交额仅为1.19亿元。2016年上半年，国内融资租赁P2P项目全年成交额57.1亿元[①]，超过2015年全年成交额，是2013年的50倍。交易平台可结合融资租赁项目自身特点，进行委托租赁模式的创新，融资租赁公司在P2P平台发布项目信息，由投资人出资购买，实际上投资人是购买了租赁物，再将租赁物委托租赁公司出租给承租人，承租人按期交纳的租金即为投资人的收益。从2015年、2016年交易数据来看，融资租赁P2P产品主要以机械设备为主，其次为家用汽车、物流重卡等。近年来，租赁资产交易“互联网+”模式发展迅速，参与平台数量、项目成交规模不断增长，利率相较前两年呈下降趋势。

四、租赁资产交易发展现状

近几年，中国的租赁资产交易处于发展上升阶段，行业发展呈现企业数量快速增长、注册资本大幅增加、资产总额增速较快等特点。在此阶段，很多租赁公司更加注重资产规模及总量的增长与扩张，业务发展的资金更多依赖银行信贷，对通过租赁资产交易释放流动性的需求有限。租赁资产自身具有良好的实物基础，期限设定多为中长期且收益较为稳定，资金流向易于监测，信用基础为资产信用而非企业信用，因此风险能够得到有效控制。在租赁资产的交易结构中，交易的资金方包括商业银行、同业租赁公司、保险公司、券商等，金融租赁公司与商业银行对接较多，保险资金虽然在久期及风险偏好等方面均能很好的匹配，但受限于政策等原因，租赁公司同保险公司之间的租赁资产交易案例较少。

2014年3月，银监会修订《金融租赁公司管理办法》，提出经银监会批准后金融租赁公司可以开展资产证券化业务；2014年11月，银监会发布《关于信贷资产证券化备案登记工作流程的通知》，对信贷资产证券化业务资格实行审批制，但业务开展转化为备案制；2014年11月，证监会发布《证券公司及基金管理公司子公司资产证券化业务管理规定》，资产证券化业务由事前审批转为事后备案，并实行负面清单管理，促进资产证券化产品发行效率大幅提升。2015年，国务院办公厅先后下发《关于加快融资租赁业发展的指导意见》及《关于促进金融租赁行业健康发展的指导意见》，提出“完善融

---

① 摘自《租赁公司通过P2P平台融资57.1亿元（融资租赁P2P交易数据报告——2016年半年报）》，http://www.01leasing.com/p2pdata/15001.html。

资租赁资产退出机制，盘活存量租赁资产”及“活跃金融租赁资产的交易转让，盘活存量金融租赁资产，更好服务实体经济”。租赁资产证券化启动发力，开展相关业务的公司数量及租赁资产证券化产品规模迅速扩大。2016 年，全国共发行 123 只融资租赁资产证券化产品，占全行业资产证券化产品发行总数量的 25%；累计发行规模 1239.66 亿元，占全行业资产证券化产品发行总规模的 14%（见表 6－1）。以融资租赁资产为基础资产的证券化产品发行规模在企业 ABS 发行总量占比排名第一位。2016 年，全国租赁资产证券产品发行数量同比翻番，发行规模同比增长了 115%。[①]

表 6－1　2016 年三类原始权益人 ABS 产品发行情况

发起人类型	企业数量（家）	发行数量（只）	发行数量占比	发行总额（亿元）	发行金额占比
金融租赁	4	4	3%	130.86	10.5%
内资试点	11	14	12%	96.15	7.8%
外资租赁	55	105	85%	1012.65	81.7%
合计	70	123	100%	1239.66	100%

数据来源：融资租赁三十人论坛（天津）研究院。

天津作为融资租赁聚集地，租赁行业的企业数量、业务规模均呈现良好的发展势头，在租赁资产交易方面也有诸多尝试，同时优化专业的服务也为租赁资产交易提供了有效保障，近年，天津在租赁资产交易方面进行了有益探索，在“互联网＋”模式的租赁资产交易、项目公司股权转让、租赁物直接转让及租赁资产证券化等方面均有较多成功案例。

2015 年，国内首家租赁资产风险管理公司——天津东疆百灵租赁资产管理公司落户东疆，该公司由百灵（天津）融资租赁有限公司及天津东疆投资控股有限公司合资设立，专业为租赁公司提供租赁资产托管、代监管、资产处置等服务。该公司旨在通过建立租赁资产风险管理与服务系统，进一步打造集信息服务、监管服务及增值服务于一体的融资租赁业服务平台，打造具有天津特色的“政府引导、市场推动、集约监管、高效发展”的租赁资产管理的东疆模式。

2015 年，中国融资租赁三十人论坛成立了旗下第一个专业委员会——租赁资产交易专业委员会，旨在探索租赁业资产交易普适自律标准，搭建论坛会员之间的互信平台，强化会员之间信息交流，改善租赁业资产交易环境，促进租赁资产交易的发展。工银金融租赁有限公司、民生金融租赁股份有限公司、农银金融租赁有限公司和兴业金融租赁有限责任公司作为初始会员单位，共同签署了租赁资产转让的自律协议。

2015 年，注册在天津东疆保税港区的德润融资租赁股份有限公司（以下简称德润租赁）与新浪旗下 P2P 网贷平台——微财富合作推出融资租赁应收租金权益转让项目，项

① 数据来源：《租赁 ABS“五宗最”——2016 年租赁资产证券化年度报告》。

目总额306万元人民币，该项目上线一天内即完成募集。德润租赁借助微财富平台将公司优质的小微融资租赁业务应收租金权益进行转让，并为该应收租金权提供回购担保。该模式借助P2P平台优势，引入民间资金，充分激发市场主体多元化的创新活力，有效解决了小微租赁业务资金流动性的难题。

2015年，工银金融租赁有限公司（以下简称工银租赁）与农银金融租赁有限公司（以下简称农银租赁）合作，在天津东疆保税港区完成国内第一单带租约的飞机项目公司股权转让业务，以及中国第一单大飞机租赁资产交易。工银租赁将其一家注册在东疆保税港区的飞机项目公司100%股权转让给农银租赁，该飞机项目公司拥有一架空客A380飞机，是中国第一家融资租赁进口的超大型宽体客机，于2013年同南方航空签订租赁合同，南方航空作为承租人租用该架飞机。同时，2013年工银租赁和农银租赁通过联合租赁模式将一架波音737－800型飞机租赁给深圳航空，飞机所有权由两家租赁公司共同所有，在2015年工银租赁将持有的该架飞机的部分所有权转让给农银租赁，农银租赁拥有该架波音737－800型飞机的全部产权，至此完成飞机租赁物资产的直接交易。

2015年，兴业金融租赁有限责任公司（以下简称兴业租赁）与中轨融资租赁有限公司（以下简称中轨租赁）创新以第三方“交付监管”模式实现SPV股权交易。具体为兴业租赁购买中轨租赁在天津东疆保税港区设立的一家SPV股权，该SPV拥有一架已租赁给山东航空的波音737－800型飞机资产，交易双方通过东疆租赁资产交易平台（即交付监管人）进行交付监管及股权、资金交割，交付监管人负责控制交易时点及风险，实现产权、资金及文件的无缝交割。引入第三方监管能够更好地保障买卖双方的权益，特别是针对大额租赁资产及租赁公司股权交易，为交易各方搭建了风险可控、安全高效的交易平台。

2016年6月，中飞租融资租赁有限公司（以下简称中飞租融资租赁）与光大银行天津分行通过财产权信托计划开展总体受益权规模达1.82亿美元的外币飞机租赁资产证券化业务。中飞租融资租赁将旗下4家SPV公司持有的租赁资产受益权及折价后的资产残值应收债权委托给信托计划，由银行作为投资人购买信托受益权。该业务一方面使中飞租融资租赁未来的租金收入折现，优化了企业的资产负债结构，降低负债率的同时进一步改善了企业的利润指标，另一方面使银行实现了对传统证券化业务的突破与创新，丰富银行资产管理类产品。

《天津市融资租赁业发展“十三五”规划》中提到“加强行业基础设施建设，提高配套服务水平”，“探索建立全国性融资租赁资产平台，便于租赁物高效流通，盘活存量租赁资产，优化租赁公司资产结构”，促进融资租赁业发展环境的不断优化和提升，加快建设国家租赁创新示范区，打造全国融资租赁中心和具有国际影响力的融资租赁聚集地。

第二节 租赁资产交易与流转存在的问题

一项租赁资产交易的达成，需要经过很多环节，涉及多个主体。为了掌握促成租赁资产交易的核心要点，我们将租赁资产交易业务链条的各个节点进行分类归并和整理，从战略的层面，将业务要点概括浓缩为选资产、挑方式、找买主三大主要环节。选资产是指将想要出售、符合相应出售方式的特点及相关买家要求的资产挑选出来，形成待售资产或资产池。挑方式是指根据资产负债、利润或现金流管理的需要，从目标和可行性两个维度出发，在债权转移、物权转移、复合转移三类转移方式中进行选择，可选择的方式包括前述的应收租金保理、租赁资产证券化、租赁物直接转让、SPV 股权转让等。找买主就是在了解潜在的买家主体以及其对投资的风险、收益偏好后，通过对待售资产经过一系列的技术处理和收益风险安排后，对潜在的买家产生吸引力，最终顺利达成认购。三大环节当中，挑资产是交易行为的逻辑起点、体现交易的主要目的；找买主是交易行为的逻辑核心，能否逆向思维，抓住潜在买家的核心需求，是交易成败的关键；挑选的方式要符合买家和卖家双方的需求，则由另外两个环节引领和决定。在这里，我们以不同的租赁资产交易方式为出发点，沿逻辑链追溯而上，从产品、买家以及交易方式的技术可行性层面对该种交易方式的要求、存在不足及面临的问题进行深入分析，尽力较为全面地展现国内租赁资产交易所面临的制约因素。

一、场内交易

（一）租赁资产证券化

融资租赁资产的证券化是融资租赁资产交易的高级形式，也是融资租赁企业达成盘活资产目的的最好渠道之一，研究租赁资产证券化的要点是全面研究融资租赁资产交易要点的捷径。

在一个典型的租赁资产证券化完整流程中，存在四类重要主体，分别是发起人，即原始权益人，它是被证券化资产的原所有者和融资者，也是租赁资产的卖家；原始债务人，即基础资产的债务者；特殊目的载体（SPV），它的任务在于从作为发起人的融资租赁公司处购入租赁债权资产，并通过一定的交易结构安排，生成以该债权资产未来现金（租金）为偿付支持的证券（ABS），并将其出售给投资者，最后将从投资者所得的资金作为债权资产的对价支付给发起人；投资者，是指 ABS 的购买者。在这四类主体当中，最为重要的主体是发起人和投资者，也就是租赁资产交易的买方和卖方。租赁资产证券化交易是否能够契合买卖双方的动机和需求是交易达成和市场繁荣的先决条件，而在这方面存在的短板和问题也构成了交易的最大制约因素。

制约因素 1：租赁资产证券化市场存在发起人和待售项目的逆向选择困局。一是融资租赁企业的逆向选择。我们可将租赁资产的主要发起人，即融资租赁企业进行简要划分，分为强股东背景型企业和弱股东背景型企业。前者主要包括以大型银行、国企和有实力的上市公司为股东的租赁企业，这些企业背靠集团与母公司丰富的资源注入和强大的信用背书，它们比较容易获得银行较低成本的信贷支持，因而对成本较高、流程较为烦琐的租赁资产证券化热情相对较低。后者则不具有强大的股东背景，无法获得股东强有力的担保，也不具备可观的土地等抵押品，它们对租赁资产证券化有着更为强烈的需求。因此发起人实力和意愿的不匹配形成了第一层逆向选择。二是租赁资产的逆向选择。发起人在选择待售的租赁资产时，往往倾向于将风险相对较低、收益相对较高的资产和项目进行自留，而将质量相对较差的资产纳入待售资产池。租赁资产质量和出售意愿的不匹配形成了第二层逆向选择。上述两重逆向选择将增加投资者的顾虑和筛选成本，提升交易成本，降低交易的成功率。

制约因素2：利率上升周期，租赁资产转让方收益与成本倒挂，影响业务开展意愿。一个市场交易若想达成，必须遵循双赢的原则，即交易各方均需取得净收益。对于租赁资产证券化产品的投资者，需要取得与当时无风险利率和风险溢价相适应的收益水平。而对于租赁资产的发起人，则需要待售基础资产所包含的利润能够超过资产证券化的成本和给予投资者的收益之和。融资租赁公司在开展租赁业务时，往往与承租人约定租金按固定利率计算和结算，但其资金来源往往包含大量期限较短的负债，需要频繁借新还旧，因此负债资金具有较高的浮动性，形成了资产、负债的利率敞口。租赁资产证券化是一种重要的融资形式，当金融市场整体的利率水平处于上升通道时，会侵蚀租赁资产证券化发起人的净收益，当发起人向投资者支付的收益接近或高于基础资产的收益，则该业务不具备经济合理性，这在目前，金融监管强化、利率中枢提升的大背景下，体现得尤为明显。

制约因素3：资产出表困难，市场规模小、流动性差，时间周期长。一是租赁资产出表需求难以被满足。租赁资产交易的主要目的有三，即获取业务拓展资金、应对外部兑付的流动性需求、释放资本。对于有追索权的租赁资产卖出，资产不出表，其实质仍是以租赁资产为抵押或担保的负债，它可以解决资金获取和流动性兑付的需求，但无法有效释放资本。目前，由于市场参与者风险偏好和判别能力的原因，市场上发生的绝大多数租赁资产证券化交易均无法出表，这限制了租赁公司对发起租赁资产证券化的兴趣。二是市场规模小，流动性不足。租赁资产证券化产品发行的规模仅千亿元，与超过五万亿元的租赁资产总体规模相比非常小，而且证券化产品缺乏二级市场、投资者在认购后再交易比较困难，因此流动性不足，这导致投资者会要求更多的流动性折价进行补偿。三是业务流程复杂、时间周期长。租赁资产证券化涉及的市场机构和监管主体都很多，审批周期较银行贷款长得多，尽管从2014年开始，央行、银监会、证监会等监管机构先后针对资产证券化发布政策，变审批制为备案制，但即使速度最快的案例，完整的业务周期也不少于两个月。

除需要满足买卖双方的基本需求外，作为证券化的基础资产，租赁资产本身也需要达到一定标准，而国内的资产证券化操作中，在资产的达标性方面，也存在一定制约。

制约因素4：租赁物权的确认与保护存在难点。首先是租赁物登记的法律效率有待进一步明确。在融资租赁业务实操中，租赁物使用权和所有权分离，对租赁物的占有使得承租人自行处置租赁物具有便利条件，因此承租人擅自变卖租赁物的现象屡有发生。而根据《物权法》的善意取得制度，在这种情况下善意第三人的权利要优先，这将损害出租人的权利，而以物权保障为前提的证券化也就无从谈起。目前，除飞机、船舶、企业、住房等主流租赁物有权威和公认的登记机构，其余大多数租赁物产权属登记处于高度分散状态，目前有数十个部门在办理不同类型动产的登记，登记的效力也参差不齐。这给相关权益人查询带来很大不便，增大了风险和成本。为降低分散登记的不利影响，为融资租赁业发展创造更加良好的物权保护环境，2009年，中国人民银行征信中心融资租赁登记公示系统上线运行，为全国的融资租赁交易提供登记和查询服务。该系统的投入使用，较好地解决了公示、查询以及善意第三人认定标准的问题，其权威性也得到了人民银行、外汇局等部门规章，以及天津等地司法实践的支持。然而，由于没有高层级的专门法律或司法解释予以明确，中国人民银行征信中心融资租赁登记公示系统的权威性仍然存在一定争议，这也限制了其发挥更大的效力。其次是售后回租业务物权确认存在难点。目前，由于中国信贷资源分配不均的特殊环境，中国大部分融资租赁公司展业方式以售后回租为主，占比达8成以上。由于出租人难以获得租赁物购买发票，所以物权确认缺少重要资料支持，导致物权保护不充分，无法达到租赁资产证券化的要求。

制约因素5：租赁资产分散性有待提升，原始租赁合同标准化程度不足。为使证券化能够高效、顺利实施，纳入待售资产池的租赁资产需要达到一定的标准：一是可以在未来产生可预期的收益和现金流；二是承租人在类型、地域、行业等层面应具有一定的分散性和多元性，从而分散风险；三是租赁资产的租赁合同应具有较高的同质化和标准化程度，这样可以使得现金流分析较为简明，同时降低投资者尽职调查的成本。目前，国内大多数租赁公司都存在租赁资产集中度较高的问题，如大型的金融租赁公司主要从事飞机、船舶的融资租赁业务，行业集中度较高，承租人类型也多为大的航空公司和航运企业，难以达到真正意义上的风险分散。此外，以设备融资为代表的租赁物千差万别，租赁合同也缺乏标准化文本，增加了投资人的调查成本。

除去投资者和租赁物的因素外，开展租赁资产证券化业务还需要考虑一些更为具体的技术环节。一项典型的资产证券化业务一般包含四个核心环节：分别是资产选择与打包出售、核心交易结构设计（SPV模式选择）、资产评级与估值、信用增级。目前，国内租赁资产证券化业务在上述的第二个和第三个环节也存在一定的制约因素。

制约因素6：主流特殊目的载体（SPV）模式存在短板。在租赁资产证券化的整体流程和交易结构设计中，SPV的选择处于最为核心的位置。SPV的功能在于受让发起人的租赁资产，让该资产与证券化参与各方的风险均隔离，同时能够支撑证券发行。此外，与SPV结构对应是否能够最大限度地减少税负也是证券化产品吸引力的重要组成部分。因此，我们可以将选择SPV模式时的考量因素概括为三大要点，分别是“风险隔离”“证券发行”以及“税负节约”。从国际业务实践看，SPV的主要模式主要分三大类，分别是特殊目的公司（SPC）、特殊目的信托（SPT）以及其他类型的特殊目的载体（OSPV）。在中国，受金融业分业监管的大框架影响，资产证券化市场呈现多龙治水的分割局面，信贷资产证券化由央行与银监部门监管和主导，企业资产证券化由证监会监管和主导，而SPV类型的选择也与上述分类存在很强的对应关系：信贷资产证券化主要采用SPT模式，企业资产证券化多使用资产支持专项计划作为SPV（属于前述的OSPV）。相较于SPC，资产支持计划的破产隔离的效力存在一定不确定性。资产支持计划的破产隔离功能主要在《证券公司及基金管理公司子公司资产证券化业务管理规定》和《私募投资基金监督管理暂行办法》中明确，但由于其法律级别为部门规章，而非由人大或人大常委会订立的法律，其权威性不及SPC对应的《公司法》以及SPT对应的《信托法》，其法律效力容易受到挑战。相较于SPC、SPT和资产支持计划都不是合格的纳税主体，难以享受固定资产折旧产生的税收优惠，因此税负相对较高。而SPC在中国现行的法律和制度体系下，仍存在一定障碍，如目前《公司法》对公司的注册资本、公司治理、信息披露等都设有一定的标准，而单纯作为特殊目的载体的SPC很难达到。

制约因素7：租赁物估值专业门槛高，对租赁物出表构成限制。融资租赁是一种集融资与融物于一体的业务模式，租赁资产的转让也分为纯债权转让和债权及物权的一体化转让。前者租赁物无法真实出表，其实质为收益权抵押融资；后者可以做到真实出表，由于涉及物权的真实转让，定价更为复杂。由于租赁物千差万别，且租赁物实际价值与使用程度和保养情况高度相关，甄别和定价有较高的技术门槛，而投资者乃至SPV管理人与发起人之间存在着较大的信息不对称和定价能力不对称，因此很难就物权定价与发起人达成一致意见，这限制了租赁物的真实出表。目前，租赁资产证券化实务中极低的真实出表率也反映了这一困境。

（二）金融资产交易所平台及互联网金融平台

我们将通过平台进行交易的租赁资产交易统称为广义的场内交易。除前述的在银行间市场和交易所进行交易的租赁资产证券化产品，金融资产交易所及互联网也是重要的租赁资产交易平台，对证券化形成有益补充，但这两种方式目前也都存在一定的制约因素和短板。

金交所及互联网P2B平台监管存空白，政策风险较大。目前，一些由企业和地方政府主导的金融资产交易所大量地参与到租赁资产交易的撮合中。比较有代表性的如上海联合产权交易所在上海自贸区设立国际租赁资产交易平台，天津金融资产交易所以及平安集团旗下上海陆家嘴国际金融资产交易市场股份有限公司（陆金所）也均在尝试类似业务。金融资产交易所的设立，期初为了盘活不良及弱流动性资产。随着时间推移，一些金交所业务范围不断扩大，产品也越来越复杂，其产品和服务也越来越深入拓展到个人客户端，这在为客户提供投资渠道的同时，也出现了新的问题和风险，一是信息披露相对不足。二是业务、产品规范化、标准化程度不足。三是风控和风险补偿机制缺乏。四是个人客户投资加大风险扩散性和外溢性。与此同时，在监管方面却存在很大的空白，目前，各地金交所的监管主体多为地方金融办，但由于地方金融办缺乏定规和处罚的权力，同时受制于人权、财权的来源，对代表地方利益和政绩的金交所也无足够监管动力，因此对金交所缺乏实质性监管。对于金交所的实质性监管，主要在“一行三会”。近年来，监管机构针对非标资产出台了一系列的政策，规范了银行非标资产管理，对作为银行表外资产通道的金交所也起到了有效监管的作用，然而，各监管机构都未针对金交所专门给出监管办法。2011 年、2012 年，国务院先后发布了《关于清理整顿各类交易场所切实防范金融风险的决定》和《关于清理整顿各类交易场所的实施意见》，要求各地对交易所进行清理整顿，一大批交易所在整顿中被取缔，但运动式的清理无法从本质上控制交易所产生的风险。未来，对于金交所风险的针对性监管仍然大概率会得到强化，这将对金交所的发展构成一定的限制，其在租赁资产交易上的优势也将随着监管加强而弱化。

互联网金融平台方面，其风险也存在于金融产品与个人投资者对接中产生的信息不对称和投资者保护不健全，泛亚、e 租宝等风险事件的频发彰显了互联网金融监管的不足，也引起了监管机构的高度重视，未来监管强度的提升也将是大势所趋，这同样会弱化其在租赁资产流转方式选择上的比较优势。

二、场外交易

（一）应收租金保理

叙做应收租金保理业务是融资租赁公司盘活存量资产最为常见的模式。保理通常分为银行保理和商业保理两大类。顾名思义，银行保理主要由银行开展，而商业保理主要由商业保理公司开展。银行保理侧重点在融资，它重点考虑货物或服务卖家的资信，一般需要有担保或抵押支持，要占用卖家的授信额度，比较适用于实力较强的大中型企业。商业保理更加侧重调查、催收、结算、担保等综合服务，相关公司更专注细分行业，除卖家资信外，更高度关注买家实力、信誉与账款质量等，其服务比较适用于展业能力强但抵押物和担保不足的中小型企业。然而，无论是银行保理还是商业保理都存在一些问题，制约了其作用的发挥。

对于银行保理来说，下列制约因素需要重点关注：

制约因素1：法律、法规欠完善，专门立法缺失。目前，中国尚未出台针对应收租金保理融资的法律和法规。在实际业务当中，各商业银行主要依据《合同法》《物权法》以及《商业银行保理业务管理暂行办法》为依据操作应收租金保理业务，缺乏有针对性的法律界定以及统一的规范和标准，导致了一定的政策和操作风险。

制约因素2：受制于社会信用体系建设水平，商业银行保理业务开展条件较为严苛。应收租赁保理业务的基础是商业信用。目前，中国诚信环境、信用信息收集及评价体系的建设仍处在相对初级的阶段，整体的良好的信用环境仍未有效建立起来。所以商业银行在开展应收租金的保理业务时，往往条件较为严格，多数只愿意为拥有较强实力的租赁公司开展保理业务，且多为有追索权的保理。这种严苛的条件还体现在以下几个方面。一是对承租方要求高，多要求其为大中型企业，往往将小微企业排除在外。二是高度重视租赁物的质押作用，要求租赁物不存在瑕疵，因此屏蔽了一些资金需求。三是保理金额占应收租金总额比例上限相对较低，普遍在70%～80%。四是融资期限较短，一般不超过5年，而到期剩余租金则要求出租人进行回购。

制约因素3：呆账准备计提要求过高。根据《金融企业呆账准备提取管理办法》规定，商业银行开展保理业务，应按照保理金额的1%计提坏账准备，这在商业银行已经通过上述多种手段将风险控制到极低的情况下显得过于审慎，一定程度上影响了银行开展保理业务的动力。

制约因素4：风险转移机制尚不健全。在国外，保险公司深度介入商业银行的保理业务，商业银行购买违约保险，风险得到转移，一旦承租人出现违约，由保险公司赔付银行的未回收租金，因此银行可以大胆地开展无追索权的保理。而在中国，应收租金保理相关的履约产品相对较少，保理风险难以充分转移，银行在开展保理业务时较为审慎，开展多限制条件的有追索权保理较多，限制了业务的受惠面。

对于商业保理来说，下列制约因素需要重点关注：

制约因素5：与商业保理相关的制度环境尚未完善。目前针对商业保理管理的政策文件，全国层面主要有商务部出台的《关于商业保理有关工作的通知》，地方层面则包括上海市出台的《上海市浦东新区设立商业保理企业试行办法》和天津市出台的《天津市商业保理业试点管理办法》，在这些政策文件中，还对商业保理存在较多限制，如商务部通知规定了“禁止专门从事催账业务；禁止受托从事催账业务；禁止从事讨债业务”，而上海的政策文件则未开放进口保理业务。税收政策方面，商业保理公司开展保理业务仍要全额征税，不及融资租赁业的差额征税政策优惠。此外，征信系统接入、信用风险分担等问题也有待进一步完善和明确。

制约因素6：商业保理公司面临资金瓶颈。在政策层面，对商业保理并不缺乏支持。如天津的试点政策规定“商业保理公司的风险资产不得超过公司净资产的10倍。风险资产（含担保余额）按企业的总资产减去现金、银行存款、国债后的剩余资产总额确定”，与融资租赁公司享受相同的杠杆倍数，最高可达 10 倍。但实际上，商业保理公司很难从商业银行等渠道获得资金。比如银行方面，对保理公司的支持一直都在收紧，主要给一些实力强大的集团授信，除了风险控制的因素外，还由于银行认为商业保理与自身存在一定的竞争关系，所以心态更加微妙，授信更加谨慎。

（二）租赁物直接转让

制约因素：利息支出认定不明导致重复征税风险。融资租赁业务适用差额缴纳增值税的政策，即融资租赁公司以收到的全部价款和价外费用，扣除融资租赁公司自身承担的成本之后的金额为销售额来征税。租赁公司的成本包括租赁物直接相关的成本，如租赁物购入价、关税、增值税、消费税、运杂费、安装费和保险费等费用，也包括融资租赁公司的融资成本。《财政部 国家税务总局关于营业税若干政策问题通知》（财税〔2013〕16 号）首次将贷款利息囊括入融资租赁差额征税的范围。2013 年 12 月，财政部、国家税务总局联合发布了财税〔2013〕106 号文，将融资租赁差额征税可以扣除的融资成本扩大到了借款利息和发债利息。租赁资产的转让本质上是一种原始出租人的融资行为，但其融资成本不属于贷款和发债利息，无法纳入差额征税可抵扣范围。因此，就融资成本部分，存在对资产出让人和受让人重复征收增值税的问题。

（三）项目公司股权转让

制约因素：项目公司（SPV）股权转让面临交易对手类型和资金双重瓶颈。目前，飞机、船舶等大型交通运输工具租赁多采用单机、单船特殊目的公司的方式，其他很多设备类租赁公司也采用将单件或少量租赁物装入特殊目的载体（SPV），即单一项目公司的方式，以实现风险隔离。对于想要通过债权和物权复合转让方式，将租赁物彻底出表的租赁公司来说，转让项目公司的股权比直接转让租赁物更加具有节税的功效，平价转让只需缴纳少量印花税，远小于租赁物直接转让的税负，然而由于从事租赁业务需要具有相应的牌照或经营范围，所以租赁公司 SPV 股权的受让方也必须为租赁公司，银行等资金实力强大的主体被排除在外，使得有受让能力的主体数量有限，这限制了 SPV 股权交易规模的扩大。

第三节　租赁资产交易与流转国际经验借鉴

融资租赁是在 20 世纪 50 年代兴起于美国，发展至今，美国已成为全球最大的单一租赁市场，独占全球设备租赁业务额的 1/3，美国的租赁渗透率能够达到 20% ~30%。美国融资租赁公司的收入来源除租金收入外，还有相当一部分收入来自资产交易收入。美国的发展经验系统而丰富，对中国有很强的借鉴与启示作用。

一、美国租赁资产交易的发展

美国设备租赁部门依据市场偏好，将单一或组合的租赁资产按照信用风险高低、期限长短等切分成不同属性的资产支持证券进行出售或部分持有，通过资产证券化方式进入资本市场进行筹资，促进自身商业运营及扩张。涉及资产范围广泛，涵盖了飞机、船舶等运输工具，大型医疗设备、工程采掘设备等大型资产，重型卡车、大型农业设备等重型商业设备，以及电脑、电话系统、复印机等小型商业设备，甚至像银行 POS 机这样的微型商业设备。

固定持有租赁资产能够使租赁公司获得长期稳定的租金收入，但持有租赁资产会面临较大的信用风险，特别是随着持有租赁资产的规模不断增长，租赁公司需要消耗相应的资本来控制风险。因此，租赁公司会采取“Origination and Distribution”策略，在租赁业务营销的初期就借助银团或其他方式对已形成的租赁资产进行处置和出售，获得收入。资产持有过程中，租赁公司自身专业的资产管理团队将对资产的质量以及市场情况进行有效监控，当租赁资产集中度过高、出现信用恶化或租赁公司需要资金获得流动性时，资产交易部门将着手将相关资产在租赁二级市场进行交易卖出。如在全球租赁企业排名前十强的美国贷款机构 CIT Group，2016 年底，CIT Group 旗下拥有约 330 架飞机，其业务客户超过 100 家，遍及全球 50 多个国家，飞机租赁业务的资产总值超 110 亿美元。2016 年，CIT Group 将旗下部分飞机租赁资产通过竞购的方式进行出售，中国海航集团、中国工银租赁及日本欧力士等均参与竞购。最终由中国海航集团以 100 亿美元的价格成功收购。

二、美国租赁资产交易的特点

（一）租赁资产支持证券市场表现优异

2008 年，美国金融市场受次贷危机影响收缩，2009 年美国资产支持证券发行量同比下降 43.49%，但美国租赁资产证券化产品却表现优秀，同比反而上升了 59.48%。2012—2013 年，美国租赁资产证券化始终保持较好的发展势头，租赁资产证券与除美国国库券外的其他固定收益类产品的利差逐渐缩小，如商业贷款、抵押贷款、汽车贷款等金融资产支持证券以及公司债券等，租赁资产证券的累计净损失仅为 2.5%，相比同一时期 AAA 评级的汽车贷款 3.7% 的累计净损失要低 1.2 个百分点，比同期 AAA 评级的信用卡支持证券 5.4% 的累计净损失低 2.9 个百分点。次贷危机中美国众多金融资产价值普遍缩水，投资者倾向选择风险低、资产保值能力强的产品进行投资，租赁资产证券的表现仅次于美国国债成为受投资者青睐的金融产品。

次贷危机后，美国租赁资产证券化市场表现平稳，抗风险能力强，产品的复杂程度不断提高，吸引更多租赁资产发行者进入市场，包括新成立的设备租赁公司及具有丰富证券化经验的产业设备资本的金融公司，最具代表性的是私募股权机构，通过建立特殊形式的金融公司开展租赁业务。

（二）租赁资产交易发起人类型众多

在美国，商业银行租赁部门、厂商系租赁企业以及独立的设备租赁企业等均可作为发起人参与租赁资产交易。

商业银行的租赁部门包含从全国性银行、区域银行到社区银行一系列的银行机构。主要在大中型设备融资方面发挥积极作用。

厂商系租赁企业最初目的是服务于其母公司——设备生产公司，由母公司产业管理专业人士及金融管理专业人士共同经营，为母公司提供融资和产品的租赁等服务以支持其发展。大型的厂商系租赁公司通常为特定市场的企业提供产品租赁服务，拥有优良的经营历史及忠诚的客户群体，因此厂商系租赁公司的经营相对稳定、企业损失度较低，有着成功的证券化历史。美国具有代表性的厂商系租赁公司有卡特彼勒金融服务公司、CNK资本公司、通用电力资本公司等。

独立的设备租赁企业不同于厂商系租赁企业，与设备制造商间不存在附属关系，可分为大型综合经营的租赁企业和中小型专业租赁商。前者租赁应收款规模通常在10亿美元以上，经营范围及投资领域广，涉及的行业类型丰富，投资租赁分散；后者租赁应收款一般在10亿美元以下，提供的租赁设备种类较少，专注于一些特定行业，如办公室设备、医疗设备等。

（三）租赁资产交易结构创新形式多

租赁资产交易包括租赁物买卖、租赁资产保理、租赁资产信托交易、租赁资产证券化等多种方式，具体到各种方式又可根据市场的不同需求演变出不同的交易产品。以资产证券化为例，不同的投资者对风险偏好、收入约束等具有不同的需求，资产证券的发行机构会不断创新发行不同类型的结构化产品，以满足市场的不同需求。如发行机构设计计划摊销级证券（Planned Amortization Class，PAC）规避提前还款风险，以迎合偏好现金流稳定的优先级资产支持证券的一般性储蓄机构和保险机构的需求；对于偏好风险较高但能带来高额收益的次级证券的对冲基金、私募基金，发行机构通过对次级证券进行复杂的分级，设计专门吸收提前还款风险的支持级证券。又如证券的长期持有投资者，可选择零息债；短期投资者可选择纯利息债券。发行机构可以设计正反向浮动利息级证券供偏好抵御利率风险的投资者选择。在满足投资者不同偏好的同时，美国租赁资产证券不断创新形式，从而促进证券复杂程度的不断提高，发挥金融市场在资源配置中的作用。

三、美国租赁资产交易对中国的启示

租赁资产交易能够有效缓解美国租赁公司面临的流动性短缺、期限错配等问题。政府机构积极支持资产证券化的发展，不断完善的法律体系、不断创新的证券化产品以及不断严谨的监管体制均为租赁资产交易创造了良好的外部环境。美国租赁资产交易的发展对中国有很多积极的启示。

（一）完善法律配套体系

租赁资产交易作为一项新兴的金融创新项目，交易过程涉及多个主体与不同领域，现有的法律条文对租赁资产交易过程中的法律问题没有形成有效规范，甚至某些法律规范在一定程度上对租赁资产交易形成了阻碍。为促进租赁资产交易的良性发展，国家应制定配套的法律条款，对特殊目的实体的法律地位确认、破产隔离、资产转移、会计准则以及税收等方面提供有效的法律依据，明确参与主体之间的权利义务关系。

（二）完善金融监管

租赁资产交易作为一项金融创新，同样具有“双刃剑”的特性，在积极影响显而易见的同时，如果缺乏合理的监管，租赁资产交易方式及产品的创新也会带来风险甚至破坏，美国的次贷危机就足以证明。美国在次贷危机后进行了一系列的金融监管改革，先后出台了《现代化监管架构蓝皮书》（以下简称蓝皮书）及《多德—弗兰克法案》等相关法案对金融监管进行体制改革，对美国金融体系产生了重大影响，促进了租赁资产交易的监管。其中，在蓝皮书的最优监管框架中，由美联储主要控制系统性风险，可根据具体情况实行灵活的货币政策，监控清算支付系统以及金融系统的流动性等。商业行为监管机构负责保护消费者与投资者的权益，规范商业行为、保障信息披露真实等，为金融行业提供统一的准入标准。美国采取的金融改革措施对于中国租赁资产交易有借鉴意义。

一是加强对租赁资产交易发起人即租赁公司的管控。一方面有利于对基础租赁资产的风险管控，避免租赁公司只注重租赁资产交易的收益性而忽视资产的风险；另一方面有利于预防租赁公司的道德风险，避免其将不良资产转移给市场。

二是对特殊目的公司（SPV）及中介机构加强监管。一方面加强对 SPV 经营业务及经营范围以及投资活动等的监管规范，防范高风险、高杠杆等问题；另一方面，在当前中国评级机构处在初级发展阶段，兼顾对评级机构的鼓励引导及强化监管。

三是合理调整监管机制。中国现行的金融监管体系由人民银行、银监会、证监会、保监会组成，租赁资产交易本身是金融行为。但在中国，根据租赁公司性质的不同，其监管机构也有所不同，如金融租赁公司受银监会监管，商业租赁公司受商务部监管。租赁资产交易的发展将打破现有的金融监管格局，不同监管部门之间管理职能界限模糊，可能导致监管空白及监管重叠，需要加强监管部门间的合作及信息共享，提升合力监管的有效性。

四是建立宏观金融风险预警系统。租赁资产交易突破了现有金融系统的界限，将资本市场与信贷市场紧密联系，金融风险在不同领域积累，而市场间相互联系容易导致风险传递，危机出现可能迅速蔓延，因此在金融监管中既要注重单一个体行为，更要注重金融系统性风险。做好租赁资产交易信息登记平台的搭建工作，促进租赁资产交易信息透明化，为有效识别风险奠定基础。

（三）发展和完善评级机构

评级机构是租赁资产证券化过程中重要的中介结构，评级机构对租赁资产证券的评级是投资者投资的重要参考指标。租赁资产交易涉及租赁资产的划分、资产定价和打包处理等问题，制定标准化的租赁合同及统一的交易流程和定价体系对于租赁资产交易的有序发展意义重大。

美国的证券评级机构发展成熟，其三大评级机构穆迪、惠誉、标普具有深厚的国际影响力，且在评级领域垄断地位突出。租赁资产证券化作为租赁资产交易标准化程度最高、应用程度最广的方式，必须在国内建立权威性的评级机构，对租赁资产证券化产品进行客观评级，解决证券交易中信息不对称等问题。

中国的评级机构尚在初级发展阶段，没有行业的统一标准，评级机构缺乏独立性，因此评级结果的客观性及公正性容易受到质疑。一是成立专门的监管机构对评级机构进行统一的监管，并结合实际制定统一的评级标准、行业标准；二是引导国内的评级机构加强同国际评级机构的沟通与合作，学习借鉴国际评级机构的先进技术方法及有益经验，并结合国内实际不断优化升级；三是深入开发评级项目，促进评级机构不断探索积累实际经验。

（四）完善交易市场，促进流动性

中国租赁资产二级市场流动性不强，投资者集中在租赁公司、银行等机构。美国拥有完善的证券二级市场，有效促进了其租赁资产证券化的发展。通过扩大租赁资产交易市场的投资主体，不断提升市场的流动性，以市场的强流动性吸引更多投资者的参与，从而形成良性循环。

（五）鼓励金融工具创新

在租赁资产交易过程中，可以应用金融衍生工具分散信用风险。美国的信用衍生品利用率较高，通过信用违约互换等衍生品提升外部信用增级，虽然在次贷危机中，信用违约互换因在柜台交易结算等原因出现了监管不透明的情况，但金融衍生工具在转移风险、提高市场效率等方面的作用不能忽视。积极开发创新型金融工具，为分散风险提供更多的工具选择，同时加强对交易者的管理，防止无限度使用杠杆放大金融风险。

第四节　租赁资产交易与流转发展对策建议

针对前述交易方式存在的问题和不足，本节提出相应的改进建议，以利于其更好地支持租赁业和实体经济发展。

一、促进场内交易发展

（一）促进资产证券化发展

进一步健全租赁物登记体系，健全租赁物及信用状况查询体系。一是针对租赁行业尽快出台国务院层面的法律条例并由最高法院出具司法解释，明确将查询人民银行征信中心融资租赁登记公示系统作为租赁物转让业务中认定善意第三人的必要条件，进一步提升系统的权威性和影响力，大幅增加登记率，缓解登记物权属查询难的问题。二是根据标的物的差异分类探索、建立更为精细化的登记体系。如明确海工装备及海洋结构物交易需到海事部门备案并登记物权，又如大型医疗器械交易需到卫生主管部门备案并登记物权。此类拥有更为权威登记部门的租赁物权属应以登记部门登记为准，其效力高于人民银行征信中心融资租赁登记公示系统登记。

提高查询的可得性和便利度：一是在审慎的前提下，允许有资质的融资租赁公司乃至租赁资产证券化的主要机构投资人接入征信系统端口，查询承租人征信信息。二是进一步提升租赁物权登记信息的可得性和查询的便捷性。如将各地车辆信息进行全国联网便利网上查询。

尝试建立大容量、高标准化的租赁物数据库，建立租赁物保值、交易与租赁物信息记录及数据统计双向促进的机制。目前，除飞机、船舶等少量租赁物能够完整统计飞行（航行）及维修情况等完整使用和表征租赁物状况的信息外，绝大多数租赁物对其使用情况和时点状态情况均无法完整、有效地进行记录和展现。如汽车的使用信息中，除行驶里程等少量信息透明易得外，由于缺乏具体的驾驶记录，驾驶员的驾驶习惯和水平又千差万别，汽车的使用和状态参数存在严重的信息不对称。建议通过多种方式，分门别类，建立大容量、高标准化的租赁物数据库。以汽车为例，如由车辆管理部门建立数据库，该数据高度标准化，将4S店维修数据及网络二手车交易平台数据以及其他众多类型数据纳入该高度标准化的数据库。为了提升该数据库的覆盖面和影响力，可对纳入数据库的车辆实施鼓励性的差异化政策，如对以上述车辆的交易实施优惠税率，对以上述车辆为租赁物的租赁资产证券化交易实施绿色通道等。建立信息、交易双向促进的机制。

在破产隔离、节税等方面对特殊目的载体（SPV）进行改良。一是改进资产支持计划等OSPV的破产隔离效力。建议在部门规章以上，即法律层面，明确资产支持计划具备破产隔离效力，提升其权威性和有效性。二是明确SPT和资产支持计划的合格纳税人身份，使其可享受固定资产折旧等税收优惠。三是针对工具性的特殊目的公司（SPC）出台专门政策或试点政策，放宽注册资本等方面的标准，大幅简化登记、年检等方面的程序，降低SPC结构的管理成本。

借鉴美国“两房”机构设置，尝试建立政府主导的两个乃至多个层级的SPV。美国房地产抵押支持证券市场发展繁荣、规模巨大，与成立了引入国家信用的大型 SPV——房利美和房地美密切相关，中国的租赁资产证券化发展也可以借鉴其经验。先建立行业级别的小规模 SPV，例如该 SPV 由东疆政府和专业机构共同出资、同时引入第三方进行评估，自有资金之外通过在银行贷款或在银行间债券市场融资。当多个小 SPV 运行顺畅后，成立大 SPV，对各小 SPV 进行控股，可由京津冀三地政府共同出资，并在银行间债券市场发行超级 SPV 债（类似美国“两房”债券）。

建议地方政府与信用评级机构和保险公司参股合作设立全新的租赁资产评级机构。例如，可由东疆保税港区政府联合大公国际、劳式船级社共同参股设立航运资产的评级机构，其好处有三：一是信用评级专业性有专业保障；二是对物权价值的评级有专业保障；三是可以充分利用东疆作为融资租赁高低的聚集优势和信息优势；四是为其他措施创造条件。

进一步创新信用增级方式。目前，租赁资产证券化的信用增级主要有内部增级和外部增级两种，外部增信包括抵（质）押、第三方担保等，内部增信包括超额抵押、现金储备账户等。但一些实力不强的租赁主体抵（质）押物不足，也没有雄厚的股东做第三方担保，内部增级也对企业构成一定的负担。建议在资产证券化结构中引入优先/次级/劣后的结构，在充分研判风险的基础上，并引入政府引导基金或政府参股评级机构买入次级或劣后份额作为增信。

（二）促进租赁资产平台交易健康发展

将各金融资产交易所及互联网金融平台进行梳理分类，规范对其监管。建立由中国人民银行牵头，银监会、证监会、保监会及外汇局参与的工作组对各地金融资产交易所及互联网金融平台情况进行摸底，并梳理分类。对于规范性差、实力弱的交易所平台和互联网金融平台名单上交国务院，由国务院责成各地对相关平台进行取缔。对于规范性好，实力强的交易所和互联网交易平台，将其纳入“一行三会一局”等国家金融监管机构的统一监管。并制定针对金融资产交易所及互联网金融平台的监管政策，为规范监管提供依据。通过这些举措，有效防止交易所和互联网金融平台领域的劣币驱逐良币，同时降低业务遭到突停的政策风险，让平台交易者能够安心。

多措并举，实施风险防控和投资者保护。一是加强信息披露。在交易所和平台进行交易的金融资产的底层资产、偿付来源、交易对手等重要信息，对金融资产的投资者进行充分的披露，降低信息不对称程度。二是强化风控和风险补偿机制，如要求融资方提供回购担保，要求融资方持有较高比例自留份额等，实现风险分担，降低投资者风险。三是审慎开展个人投资者业务。建立合格投资人评价制度，以资产规模和专业知识储备为门槛，甄别投资者风险承受能力，承受能力不足的投资者不得参与相关投资。

二、促进场外交易发展

（一）促进应收租金保理业务发展

进一步完善相关法律法规体系。一是在国务院层面出台针对保理业务的法律。提升保理业务法规的针对性和权威性。二是出台针对应收租金保理的配套政策法规，形成统一的规范和标准，降低业务的政策风险和操作风险。

适度降低保理业务的金融监管要求，提升商业银行业务开展积极性。一是对《金融企业呆账准备提取管理办法》进行修订，实施更为宽松的呆坏账计提政策，如将保理业务的呆账计提比率降低为0.5%～0.75%。二是适度降低保理业务的资本占用，降低银行资本金压力。

加大对商业保理发展的支持力度。如前文所述，银行保理侧重点在融资，重点考虑货物或服务卖家的资信，而商业保理更加注重买家资信和应收账款质量，其与供应链金融的理念更为一致。两者有着很强的互补性。商业保理的发展更加有利于中小企业，可以弥补银行保理的不足。建议继续加大对商业保理的支持力度，如放开商业保理公司从事进口保理业务，又如视商业银行与商业保理公司的信贷业务为同业业务，以节省资本占用；还可以支持商业保理公司接入征信系统。

（二）促进租赁物直接转让

明确融资租赁公司融资成本为利息支出。对《财政部 国家税务总局关于营业税若干政策问题通知》（财税〔2013〕16号）进行修订，明确融资租赁公司融资成本为利息支出，将其纳入差额征税可抵扣范围，有效降低税负。

第七章　融资租赁业财税政策演变与实践

财税政策直接关系着融资租赁业的生存和发展，完善融资租赁业财税政策至关重要。从融资租赁业发展的各个阶段来看，中国融资租赁业财税政策处于不断调整和完善的过程中，但仍然在增值税、所得税等财税政策方面存在一些有待进一步完善之处，因而有必要借鉴国外融资租赁发展经验，不断完善中国融资租赁业财税政策。

第一节　财税政策演变与实践现状

中国融资租赁业财税政策在融资租赁发展的不同历史阶段均有所侧重和调整，目的是从财税方面更好地规范和解决行业发展中存在的阶段性问题。目前融资租赁行业涉及增值税、企业所得税、关税、印花税等多个税种，且有相应的税收优惠政策促进行业快速发展。2016 年 5 月 1 日，随着“营改增”在各行业全面实施，对于融资租赁业来说，其增值税相关政策也有显著变化。

一、融资租赁业财税政策演变历程

（一）融资租赁业发展初期阶段财税政策

在这个阶段，摆在眼前亟待解决的问题是海关的关税问题。当时租赁公司使用融资租赁方式进口租赁货品给承租人，但在通关之时，海关却会对租赁公司照常征税，理由是租赁公司扮演的出租人的角色并不能享受承租人减免税待遇，这个问题直到海关总署颁布了《海关总署关税处关于租赁进口设备申请免税问题的复函》，才得到妥善解决。

在中国融资租赁业发展的初期，各政府部门如财政、税务、海关、工商和外贸等都相继出台了各项鼓励和保障融资租赁业稳定发展的制度。1985 年，财政部颁布《关于国营工业企业租赁费用财务处理的规定》，对融资租赁业的会计处理问题进行了明确。1991 年，财政部在财工字〔311〕号文中指明“允许承租人按照短于设备法定折旧年限而按实际租赁年限加速折旧，但租赁期限不得低于设备折旧年限的 50% ~60%”，这款条文的现实意义在于给予了融资租赁企业在所得税方面的优惠。

在这个阶段，由于中国实行计划经济，企业很难或者说几乎不可能得到银行的贷款支持，因此很多企业通过融资租赁方式来融通资金。

（二）融资租赁业摸索前进阶段财税政策

在这个阶段，中国全面推进经济体制改革，从原先的计划经济逐渐向市场经济转变，银行业的逐渐规范和经营规模的不断扩大，丰富了企业的融资途径。同时，由于发展初期的风险防范意识缺失，且国家行政部门不再为企业债务担保，这些都使得融资租赁业发展初期存在的一些历史问题逐渐暴露出来。这一阶段，整个融资租赁业处于低谷，全行业欠租现象频频出现。直到1998年，在政府部门的大力管理和协调下，融资租赁业的欠租问题才得到基本解决。

在这期间，财政部和国家税务总局等政府部门为了规范和支持融资租赁业的发展，相继出台了一系列财税政策：

1993年12月，国家税务总局出台《关于印发〈营业税税目注释（试行稿）的通知〉》（国税发〔1993〕149号），明确了“1994年实行的新税制中融资租赁行为适用的流转税政策，将融资租赁业界定为一种金融业务，按照金融保险税目总的金融项目征收营业税”；1995年4月，《国家税务总局关于营业税若干问题的通知》（国税发〔1995〕76号）明确指出“融资租赁是指经中国人民银行批准经营融资租赁业务的单位所从事的融资租赁业务，其他单位从事融资租赁业务应按‘服务业’税目中的‘租赁业’项目征收营业税”，此条文通过区分不同的经营主体，说明各类融资租赁行为适用不同的营业税政策；1997年3月，《财政部、国家税务总局关于转发〈国务院关于调整金融保险业税收有关问题的通知〉的通知》（财税字〔1997〕45号）明确规定，“纳税人经营融资租赁业务，以其向承租方收取的全部价款和价外费用（包括残值）减去出租方承担的出租货物的实际成本后的余额为应纳税营业额。”这些相继出台的政策将融资租赁与传统租赁进行了区分，并且将融资租赁在流转税中的定位及其计税依据进行了明确。

这个阶段，中国融资租赁业虽遇到了很多困难，但纵观全局，这些都是必须经受的磨砺，从而促使中国融资租赁业不断探索和前进。

（三）融资租赁再度发展阶段财税政策

在长达10年萧条之后，因认识到融资租赁业“基础设施”方面的缺失，我国又开始着手推动包括法律、财税政策、会计准则和行业监管等制度的建立。同时，中国开始放宽对外资及内资公司从事融资租赁业务的政策，开展了内资融资租赁企业试点，新的融资租赁公司组建增多，经营状况也有所改善。

针对此情况，财政部、国家税务总局进一步出台了相关政策文件，对融资租赁业务的税务处理做了进一步的明确。1996年6月，《财政部、国家税务总局关于融资租赁业营业税计税营业额问题的通知》（财税〔1999〕183号）进一步明确了融资租赁业务营业额的扣除标准。2000年7月，《国家税务总局关于融资租赁业务征收流转税问题的通知》（国税函〔2000〕514号）规定，“对经中国人民银行批准经营融资租赁业务的单位所从事的融资租赁业务，无论租赁的货物的所有权是否转让给承租方，均按《中华人民共和国营业税暂行条例》的有关规定征收营业税，不征收增值税；其他单位从事的融资租赁业务，租赁的货物的所有权转让给承租方，征收增值税，不征收营业税；租赁的货物的所有权未转让给承租方，征收营业税，不征收增值税”。2003 年 1 月，《财政部、国家税务总局关于营业税若干政策问题的通知》（财税〔2003〕16 号）进一步明确，“经中国人民银行、外经贸部和国家经贸委批准经营融资租赁业务的单位从事融资租赁业务的，以其向承租人收取的全部价款和价外费用（包括残值）减除出租方承担的出租货物的实际成本后的余额为营业额；以上所称出租货物的实际成本，包括由出租方承担的获得购入价、关税、增值税、销售税、运杂费、安装费、保险费和贷款的利息（包括外汇借款和人民币借款利息）”。2004 年 10 月，《商务部、国家税务总局关于从事融资租赁业务有关问题的通知》（商建发〔2004〕560 号）规定，“商务部对内资租赁企业开展从事融资租赁业务的试点工作，并规定了融资租赁业务试点企业的条件和标准，以及试点企业适用营业税政策”。2006 年 4 月 12 日，商务部、国家税务总局下发《关于加强内资融资租赁企业试点监督工作的通知》（商建发〔2006〕160 号），要求“进一步加强了对内资融资租赁试点的监督管理工作，防范社会和金融风险”。

二、融资租赁业涉及税种及其基本政策

（一）融资租赁业流转税政策

流转税，是间接税的一种，主要指以商品在流通过程中所产生的流转资金为征收对象的纳税形式，主要包括增值税、营业税、消费税和由海关征收监管的关税。而融资租赁主要涉及的流转税包括增值税、营业税以及进出口关税。

1. “营改增”。2012 年之前，中国是唯一对融资租赁征收营业税的国家，美国、日本、英国、德国、俄罗斯等都征收增值税，为适应经济发展的需求，中国“营改增”势在必行。中国于 2012 年开始了“营改增”试点，“营改增”前后的税制变化情况以及对融资租赁业的影响将于后文具体阐述。

2. 关税。关税分为进口关税、出口关税及跨境关税等。按照中国法律规定，中国对批准入境的商品，要征收相应的税费，所以在融资租赁业务中，也会涉及关税和流转税的征收。这里只探讨融资租赁的进口关税政策。对于融资租赁现行的进口关税政策，在实施过程中需要注意以下几点：根据海关法和关税条例的规定，“进口货物的收货人是关税缴纳义务人，进口物品的所有人是关税的缴纳义务人”，所以，进口设备租赁属于进口货物范畴，虽然货物是出租人以购买的方式进口，但实际上承租人才是货物的实际使用人和实际收货人，因此，承租人应当是关税的纳税义务人。而且进口符合关税减免条件的，承租人也会享受关税减免优惠政策。

（二）融资租赁业的所得税政策

现阶段中国实行的所得税政策中，一部分条例和融资租赁业务有关，但是大部分是

和承租方相关，涉及出租方企业的款项不是很多，比如，税前扣除、加速折旧等。企业所得税法的规定“可将承租方针对融资租赁所租借的设备归结为企业资产，并在业务资金和经费总数的基础上，使用计提折旧的方式，将其作为扣除项抵扣应缴税收的资金额”，进而减轻税负压力。

对于出租方，所租借出的固定资产则不允许计提折旧，纳税资金就增加了。此外，在改革之前，营业税属于价内税，允许税前扣除，改革之后，融资租赁业务中的增值税不能扣除，如此一来，应纳税所得额就产生了明显的变化。

（三）融资租赁业的其他财税政策

融资租赁业务中包含的税种很多，不但要缴纳增值税、营业税、所得税，还有城建税、房产税、印花税等诸多税种。

1. 城市维护建设税。城市维护建设税属于附加税。附加税费的计算是按照增值税、消费税、营业税三种税收金额的加总来计算的，通常附加税会随着这三种税收的金额改变而改变。但对这三种税收的征收规定是先征后返、即征即退，而对附加税是不予退还的。所以这次税收整改对融资租赁业务中附加税所带来的影响是比较明显的，主要表现在两个方面；第一，增值税以及营业税金额的变动会使城建税金额也发生变动，二者同增同降。第二，税收优惠措施不包含附加税，即使在税负比例高于3%、税收压力过大的情况之下，也无法享受即征即退的优惠政策，只能承担税收金额增长的部分。

2. 房产税。房产税指的是融资租赁公司在出租房屋时所需缴纳的税金，即向房产权所有方所征收的一项税金。对融资租赁业务而言，融资租赁的房产是通过出租的途径来获得租金，从中赚取经济利润，可是，在房屋租赁到期的时候，承租人具有留购房产或者占有房屋产权的权利，租赁经费中包含了购置房屋的资金和资金利息经费等本金，从本质上看，这一行为已经不属于租赁性质，而是具备了商业销售性质，针对这一行为，中国税法中制定了相关条例，“对融资租赁的房产要征收房产税，具体的计算方式是以房产余值计征1.2%，关于纳税方的认定，则由地方税务机关按照融资租赁业务的实际情况来予以裁定”。

3. 印花税。融资租赁企业还需缴纳印花税，因为在开展融资租赁业务的过程中，通常要签署购货合同和融资租赁合同，根据税法规定，“企业需要承担的印花税在购销合同中所占的比重是0.3‰”，而对于融资租赁合同而言，则是“以借款合同为依据，根据合同规定的租金经费总数的0.05‰”来征收印花税。这一做法的好处表现在两个方面，一方面确定了融资租赁业务的性质，即金融借贷业务，为税收的征订提供依据；另一方面减轻了企业的税负压力，印花税的税率不是很高，有助于激发企业的积极性，从而推动融资租赁业务的健康开展。

三、融资租赁业相关财税优惠政策

（一）全国性税收优惠政策

目前全国性融资租赁业相关财税优惠政策主要有以下几个方面。

1. 增值税。经中国人民银行、银监会或者商务部批准，“从事融资租赁业务试点纳税人中的一般纳税人，提供有形动产融资租赁服务和有形动产融资性售后回租服务，对其增值税实际税负超过3%的部分实行增值税即征即退政策”。

“2014年1月1日起，对国内租赁公司或租赁公司设立的项目子公司，经国家有关部门批准，进口飞机并租给国内航空公司使用，享受与国内航空公司进口飞机同等税收优惠政策，即进口空载重量在25吨以上的飞机减按5%征收进口增值税”。

2. 印花税。《财政部　国家税务总局关于飞机企业有关印花税政策的通知》（财税〔2014〕18号）规定“自2014年1月1日起至2018年12月31日止，暂免征收飞机租赁企业购机环节购销合同印花税”。

3. 契税。《财政部　国家税务总局关于企业以售后回租方式进行融资等有关契税政策的通知》（财税〔2012〕82号）规定，“对金融租赁公司开展售后回租业务，承受承租人房屋、土地权属的，照章征税。对售后回租合同期满，承租人回购原房屋、土地权属的免征契税”。

（二）天津市、上海浦东新区、深圳前海财税政策比较

1. 天津市相关政策。2010年，天津市政府发布了《关于促进我市租赁业发展的意见》，并利用滨海新区先行先试的政策优势向国家争取到许多政策支持，在全国融资租赁业发展环境仍不完善的情况下，率先营造了一个有利于融资租赁业发展的政策环境；2012年底，又发布了《天津市促进现代服务业发展财税优惠政策》，将优惠政策的期限延长至2017年12月31日。

财政补助规定如下：

“对经国家有关部门批准，在天津市新设的金融租赁公司和融资租赁公司法人机构，由税务登记地财政部门给予一次性资金补助。其中注册资本10亿元以上（含本数，下同）的，补助2000万元；注册资本10亿元以下，5亿元以上的，补助1500万元；注册资本5亿元以下、1亿元以上的，补助1000万元。补助资金分三年支付，第一年支付40%，第二年、第三年分别支付30%。”

“对经国家有关部门批准，在天津市新设立的金融租赁公司和融资租赁公司法人机构，在天津市规划的金融区内新构建的自用办公用房，按每平方米1000元的标准给予一次性补助，最高补助金额不超过100万元。租赁的自用办公用房，三年内每年按房屋租金的30%给予补贴，连续补贴三年。若实际租价高于房屋和租金市场指导价的，则按市场指导价计算租房补贴。”

“对经国家有关部门批准，在天津市新设立的金融租赁公司和融资租赁公司法人机构，自开业年度起，前两年按其缴纳的营业税的100%标准给予补助，后三年按其缴纳营业税的50%标准给予补助；自获利年度起，前两年按其缴纳企业所得税地方分享部分的100%标准给予补助，后三年按其缴纳企业所得税地方分享部分的50%标准给予补助。

新构建的自用办公用房，按其缴纳契税的 100% 标准给予补助，并在三年内按其缴纳房产税的 100% 标准给予补助。”

“对经国家有关部门批准，在天津市新设立的金融租赁公司和融资租赁公司法人机构，从外省市引进且连续聘任两年以上的公司副职级以上高级管理人员，在天津市行政辖区内第一次购买商品房、汽车或参加专业培训的，五年内按其缴纳个人工薪收入所得税地方分享部分予以奖励，累计最高奖励限额为购买商品房、汽车或参加专业培训实际支付的金额；不在天津市行政辖区内购买商品房、汽车或参加专业培训的，三年内按其缴纳个人工薪收入所得税地方分享部分的 50% 予以奖励。”

“对于 2012 年 12 月 31 日前，经国家有关部门批准，在天津市新设或迁入的金融租赁公司和融资租赁公司法人机构新构建的自用办公房产，按其缴纳契税的 100% 标准给予补助；前三年按其缴纳房产税的 100% 标准给予补助。”

以上各项政府补助资金，按照财政体制规定，是由市财政和区县财政分别负担。对于享受前四项财政补助政策，要以在天津市经营期限达到十年作为基础，否则，应退回财政补助资金。

税收政策规定如下：

“经国家有关部门批准，在天津市新设或迁入的金融租赁公司和融资租赁公司法人机构，购置在环境保护专用设备企业所得税优惠名录、节能节水专用设备企业所得税优惠名录和安全生产专用设备企业所得税优惠名录范围内的环境保护、节能节水、安全生产等专用设备，由承租人实际使用，符合融资租赁条件的，该设备投资额的 10% 可以从承租人企业当年的应纳税额中抵免；当年不足抵免的，可以在以后 5 个纳税年度结转抵免。如租赁期间发生变化，上述专用设备所有权未转移到承租人的，承租人应当停止享受企业所得税优惠，并补缴已经抵免的企业所得税税款。”

“售后回租业务，对融资性租赁的资产，仍按承租人出售前原账面价值作为计税基础计提折旧。租赁期间，承租人支付的属于融资利息的部分，作为企业财务费用的税前扣除。对政府物业和商业物业售后回租业务，在租赁公司购买环节和原业主回购环节发生的契税，实行先征后返。如因情况发生变化，售后回租业务未能实施，物业所有权未转移到原业主的，租赁公司和原业主应补缴已经返回的契税。”

“对国内租赁公司或租赁公司设立的项目子公司，经国家有关部门批准从境外购买空载重量在 25 吨以上并租赁给国内航空公司使用的飞机，减按 4% 征收进口环节增值税。”该政策在天津东疆保税港区先行试点，2014 年 1 月 1 日已经在全国适用，并且税率由 4% 调整为 5%，对在天津东疆港区注册的融资租赁企业，或金融租赁公司在东疆保税港区设立的项目子公司满足条件的融资租赁出口货物，实行出口退税政策。

2. 上海浦东新区相关政策。2012 年 12 月 6 日，上海浦东新区金融服务局、浦东新区财政局共同制定了《浦东新区促进金融业发展政策扶持办法实施细则》（以下简称《实施细则》），给予注册地和税管地均在浦东新区的融资租赁企业一系列的政策扶持。具体规定如下：

对新引进的融资租赁企业，给予一次性落户补贴。所称一次性落户补贴，具体是“按企业注册资本规模过于如下补贴，并按实际到位资本情况进行分期兑付，享受落户补贴的最低到位资本为1亿元：注册资本1亿元（含）至5亿元，给予500万元；注册资本5亿元（含）至10亿元，给予1000万元；注册资本10亿元（含）以上，给予1500万元一次性补贴”。

对融资租赁企业增资，给予一定补贴。所得增资补贴，指“根据增资规模，按新引进融资租赁企业的条件和补贴标准，扣除企业已享受过一次性补贴部分，补足与该《实施细则》规定的奖励不足部分”。

享受上述两项补贴的机构，累计补贴金额不超过1500万元。

“对在浦东新区购买自用办公用房的，给予一定购房补贴”。所称购房补贴是按购房房价给予1.5%补贴。

人才补贴。“对新引进注册资本达到10亿元或增资规模10亿元（含）以上的融资租赁企业的高管人员，给予每人一次性住房（租房）补贴20万元；对到位资本金1亿元（含）以上的融资租赁企业高管人员、管理人员和专业骨干人员，经综合考核评定，给予一定人才补贴。融资租赁企业享受《浦东新区促进金融业发展财政扶持办法》规定人才补贴的各类人员总数，不超过上年年末该企业正式员工的50%。”

所称高管人员，指“在企业担任董事长、副董事长、总经理（总裁）、副总经理（副总裁）、监事长（督察长）职务的人员”。所称管理人员，指“在企业担任高管职务以下、部门副职以上的人员。所称专业骨干人员，指除上述高管人员和管理人员外，拥有三年以上（含三年）从业经验的企业在职正式员工”。

鼓励融资租赁企业为新区内企业提供融资租赁服务，特别鼓励其开展船舶、飞机租赁等航运租赁业务，按其业务量，给予一定补贴。“对为新区企业提供融资服务的融资租赁企业，根据其当年为新区企业提供融资总额，给予融资总额0.5%的补贴；对为新区企业提供航运租赁服务的融资租赁企业，根据其当年通过航运租赁业务为新区企业提供融资总额，给予融资总额1%的补贴。单笔业务不重复享受补贴，该项补贴的最高限额为500万元。申请补贴的融资租赁企业当年累计为区内企业提供融资总额应不少于5000万元。”

对融资租赁企业购入新区先进装备制造企业生产的设备，购入新区企业制造的飞机、船舶，按照合同金额，给予一定补贴。“对融资租赁企业购入新区先进装备制造企业生产的设备，按照合同金额的0.5%，给予融资租赁企业补贴；对融资租赁企业购入新区企业制造的飞机、船舶，按照合同金额的1%，给予融资租赁企业补贴。单一合同不重复享受补贴，对单一融资租赁企业，每年该项补贴最高为500万元”。

对融资租赁企业新购入船舶和飞机，给予一定登记费补贴。“对融资租赁企业新购入船舶和飞机，给予登记费100%的补贴，单船或单机最高补贴金额为10万元，对单融资租赁企业，每年该项补贴最高为200万元”。

3. 深圳前海保税港区相关政策。

财政补助规定如下：

对银行、信托投资公司、金融租赁公司总部增资扩股、并购重组的，按照以下标准给予一次性奖励。

对银行、信托投资公司、金融租赁公司总部在满足金融监管规定的基础上，因业务发展需要增加注册资本金的，给予一次性增资奖励：“注册资本金增加30亿元（含）以上的，奖励1000万元；30亿元以下、20亿元（含）以上的，奖励500万元；20亿元以下、10亿元（含）以上的，奖励200万元。”

对银行、信托投资公司、金融租赁公司总部并购重组市外金融机构，且重组后的机构注册在深圳的，给予一次性并购奖励：“并购交易额达到50亿元（含）以上的，奖励1000万元；50亿元以下、30亿元（含）以上的，奖励500万元；30亿元以下、10亿元（含）以上的，奖励200万元。”

税收政策规定如下：

注册在前海湾保税港区内的融资租赁公司或租赁项目子公司从境外购入飞机、船舶或大型设备租赁给境内企业可享受与天津东疆保税港区相同的海关税收政策。

四、融资租赁业“营改增”实施情况及影响——以天津市为例

（一）天津市融资租赁业“营改增”历程

2012年12月1日，有形动产租赁作为现代服务业纳入天津市“营改增”试点，有形动产租赁服务税率由5%升至17%。随后，《财政部　国家税务总局关于交通运输业和部分现代服务业营业税改征增值税试点应税服务范围等若干税收政策的补充通知》（财税〔2012〕86号）明确了即征即退优惠政策中“实际税负”的计算方式，将分母规定为“全部价款和价外费用”。

2013年8月1日，有形动产租赁在全国范围内实行“营改增”，《财政部　国家税务总局关于在全国开展交通运输业和部分现代服务业营业税改征增值税试点税收政策的通知》（财税〔2013〕37号）将融资租赁销售额明确为全部价款和价外费用扣除有形动产的贷款利息、关税、进口消费税、安装费、保险费的余额。此时，由于制度未区分直租和售后回租，即售后回租也得对租金中的本金部分缴纳增值税，但本金部分并无相应的进项税收可以抵扣，因此对售后回租业务影响较大。为解决售后回租税负明显增加的问题，2013年12月12日公布的《营业税改征增值税试点实施办法》（财税〔2013〕106号）明确了售后回租服务收取的有形动产价款本金部分不征收增值税。

2016年5月1日，随着《财政部　国家税务总局关于全面推开营业税改征增值税试点的通知》（财税〔2016〕36号，以下简称36号文）的发布，“营改增”在全行业展

开，不动产的融资租赁也被纳入了“营改增”的范围，同时对直租和售后回租实行差别征税，其中直租属现代服务中的租赁服务，动产和不动产直租分别适用17%和11%的税率，售后回租属金融服务中的贷款服务，适用6%的税率。

（二）“营改增”前后税制变化情况

增值税一般纳税人。增值税纳税人分为一般纳税人和小规模纳税人，应税服务年销售额满500万元的纳税人应申请一般纳税人资格。对于未达到这一标准的纳税人，如果会计核算健全，能够提供准确的税务资料，可以向主管税务机关申请一般纳税人资格认定，而不作为小规模纳税人，企业被认定为一般纳税人后，不得再转为小规模纳税人。融资租赁企业一般纳税人各业务类型“营改增”前后适用税目、税率、计税依据及特殊规定的比较情况见表7-1。需要说明的是，售后回租业务最新的6%税率和简易征收的征收率虽然较低，但其承租人不能抵扣与租金相应的进项税收。此外，“营改增”后，针对有形动产融资租赁服务和有形动产融资性售后回租业务，融资租赁企业可以享受实际税负超过3%的部分实行增值税即征即退政策。其中，实际税负是指当期实际缴纳的增值税额占当期提供应税服务取得的全部价款和价外费用的比例。

表7-1　融资租赁企业“营改增”前后税制变化情况

项目	业务类型		税目	税率	计税依据	特殊规定
“营改增”前	不区分业务类型		租赁服务——融资租赁服务	5%	全部价款+价外费用-实际成本	—
“营改增”后	融资租赁（直租）	有形动产	租赁服务——融资租赁服务	17%	（全部价款+价外费用-借款利息-债券利息-车辆购置税）÷（1+17%）	2013年8月1日前签订的老合同，可选择适用3%征收率
		不动产		11%	（全部价款+价外费用-借款利息-债券利息）÷（1+11%）	2016年4月30日前签订的老合同，可选择适用5%征收率
“营改增”后	融资性售后回租	有形动产	金融服务——贷款服务	6%	（不含本金的全部价款+价外费用-借款利息-债券利息）÷（1+6%）	2013年8月1日前签订的老合同，可选择适用3%征收率；2016年4月30日前签订的老合同，可选择继续按有形动产租赁税目适用17%
		不动产		6%	（不含本金的全部价款+价外费用-借款利息-债券利息）÷（1+6%）	2016年4月30日前签订的老合同，可选择5%征收率

增值税小规模纳税人。融资租赁企业一般业务体量较大，大多数都为一般纳税人，但也有小部分新成立尚未开展业务或业务开展较少的企业属于小规模纳税人。小规模纳税人实行简易计税办法，适用税率为3%，销售额的确认方式与一般纳税人相同，但在计算当期应纳税额时，不能进行进项税收抵扣。对于小规模纳税人来说，“营改增”后税率由5%下降为3%，税负有较大程度的降低。

（三）“营改增”对融资租赁业的相关影响

融资租赁行业短期整体税负有所下降，长期减税效果有待进一步检验。对直租业务来说，动产和不动产租赁的税率由5%分别提高至17%和11%，计税基础需要分别除以（1+17%）和（1+11%）进行价税分离，相当于实际税率由5%分别提高至14.53%和9.91%，但由于在租赁物购置环节能一次性取得大额的进项税收，导致其在租赁前期数年应纳税额较少，而后期应纳税额较高时又能享受即征即退优惠政策。对售后回租业务来说，税率由5%提高至6%，计税基础需要除以（1+6%），相当于实际税率由5%提高至5.66%，但企业运营中办公用品购置、办公用房租赁等费用的进项税收能得以抵扣，一定程度上能弥补税率小幅升高的影响。实际业务中，部分融资租赁企业通过开展新的直租业务，获取大额进项税收，使行业当前整体税负有所下降。被调查的10家融资租赁企业中，6家因存在大额进项留抵，2017年第一季度缴纳增值税2987.24万元，如按原营业税体制应缴纳15510.04万元，下降80.74%，10家企业整体下降45.76%。长期来看，如果企业税收筹划合理，适时调整业务格局，在税负较高时充分利用即征即退优惠政策，行业整体税负理论上不会出现升高，但实际效果还有待进一步检验。

受承租人无法抵扣租息进项影响，售后回租业务面临挑战，部分企业加大了直租业务的拓展力度。从承租人的角度来说，36号文将售后回租业务纳入金融服务中的贷款服务征税，相应的增值税发票承租人不得抵扣，无形中增加了承租人的融资成本，这一成本将通过影响定价传导至出租人。同时，由于融资租赁公司一般也需要从各渠道融资，为了确保利润空间，融资租赁的利率通常要高于银行贷款利率，因此承租人在有能力取得银行贷款的情况下，一般会选择成本更低的银行贷款，从而使售后回租业务面临着较大的冲击和挑战。相比之下，直租业务以全部价款和价外费用向承租人开具增值税发票，其中包括利息部分，即承租人通过直租的形式可以间接抵扣融资费用的进项税收，这给直租业务带来了巨大的机遇。从出租人角度来说，通过抵扣直租业务的大额进项税收能大幅降低当期应纳税额，获得延迟纳税和租赁后期享受即征即退优惠政策的好处，因此部分融资租赁企业近期加大了直租业务的拓展力度。如Z租赁公司和G租赁公司均表示受税收政策变化影响，近期加大了直租业务的投入量。

由于增值税体制的复杂性远超营业税，增加了企业内部管理成本。一是相比实行简易计税的营业税，增值税在发票开具、纳税申报和会计核算等方面都更为复杂，使企业在财务管理方面需投入更多的人力和物力。如增值税需要针对销项税收、进项税收、进项税额转出、已交税金、转出未交增值税、转出多交增值税等内容在应交增值税明细科目下设立专栏进行单独核算，而应交营业税明细科目无须细分专栏。二是针对不同类型的老合同，目前企业可选择的过渡性政策较多，且直租业务和售后回租业务适用不同税目、税率，销售额的确认方式也存在差异，为实现企业利益最大化，企业需要在税收筹划方面投入更多精力。如企业需要精心测算，如何合理组合直租和售后回租业务，能使企业在应纳税额较高时更容易享受税收优惠政策，同时避免因应纳税额较高对当期现金流量的不利影响。三是企业运营费用涉及多个部门，为充分抵扣相应的进项税收，需要提高全体人员在日常业务中索取增值税发票的意识，不断提高进项税收的抵扣水平。如G租赁公司表示，全面“营改增”后，公司对于运营费用所对应的进项税额加强了管理，发布了《关于获取增值税专用发票的通知》，并对进项抵扣的充分率进行了月度监控，从而查漏补缺，不断提高抵扣率水平。

（四）案例分析

1. 直租业务“营改增”案例。

2017年1月1日，A融资租赁公司（一般纳税人）应B制造公司（一般纳税人）的要求，购进生产设备一台，取得增值税专用发票1张，发票注明价款1000万元，税额为170万元，预计可使用年限10年；以上款项由银行借款取得，假定贷款利息为200万元，每年支付20万元。

双方签订融资租赁合同的主要条款如下：（1）租赁期为10年；（2）从2017年起每年12月31日收取租金（含税）160万元；（3）承租期满时，设备归B制造公司所有；（4）租赁开始日为2017年1月1日。

各期增值税缴纳情况如表7-2所示。其中，销售额=（租金-利息支出）÷（1+17%）。2025年12月31日，按计征即退优惠政策计算的实际税负为130769.2÷[1600000÷（1+17%）]=9.56%，超过3%，可以申请退税130769.2-1600000÷（1+17%）×3%=89743.56元；2026年12月31日，按即征即退优惠政策计算的实际税负为203418.8÷[1600000÷（1+17%）]=14.88%，超过3%，可以申请退税203418.8-1600000÷（1+17%）×3%=162393.16元。

表7-2　直租模式下增值税缴纳情况　单位：元

日期	销售额	销项税额	进项抵扣	应纳税额	即征即退	实际纳税	留抵进项
2017/12/31	1196581	203418.8	203418.8	0	0	0	1496581.20
2018/12/31	1196581	203418.8	203418.8	0	0	0	1293162.40
2019/12/31	1196581	203418.8	203418.8	0	0	0	1089743.60
2020/12/31	1196581	203418.8	203418.8	0	0	0	886324.80
2021/12/31	1196581	203418.8	203418.8	0	0	0	682906.00
2022/12/31	1196581	203418.8	203418.8	0	0	0	479487.20

续表

日期	销售额	销项税额	进项抵扣	应纳税额	即征即退	实际纳税	留抵进项
2023/12/31	1196581	203418.8	203418.8	0	0	0	276068.40
2024/12/31	1196581	203418.8	203418.8	0	0	0	72649.60
2025/12/31	1196581	203418.8	72649.60	130769.2	89743.56	41025.64	0
2026/12/31	1196581	203418.8	0	203418.8	162393.16	41025.64	0
合计	11965812	2034188	1700000	334188	252136.72	82051.28	—

如果按原营业税政策，A 公司共应缴纳营业税（16000000 - 200000 - 11700000）×0.05 = 115000 元。本案例中，A 公司“营改增”后，降低了流转税收 32948.72 元。

2. 售后回租业务“营改增”案例。

以上案例采用售后回租方式，则增值税缴纳情况见表 7 - 3。首先，根据租金和设备本金情况计算出该租赁内含利率约为 6.14%，再利用该利率将每期租金分拆为本金和利息两部分，其中利息部分扣除利息支出为当期销售额，最后计算出当期应纳税额，并测算出是否享受即征即退优惠政策。售后回租模式下，扣除即征即退退税后，A 公司共缴纳增值税 93336.75 元，小于营业税政策下的 115000 元，减少了流转税收 21663.25 元。

表 7 - 3　　售后回租模式下增值税缴纳模式　　单位：元

日期	租金	本金	利息	销售额	应纳税额	即征即退	实际纳税
2017/12/31	1367521.37	753521.37	614000	414000	24840	6420	18420
2018/12/31	1367521.37	799787.58	567733.79	367733.79	22064.03	5032.01	17032.01
2019/12/31	1367521.37	848894.54	518626.83	318626.83	19117.61	3558.80	15558.80
2020/12/31	1367521.37	901016.66	466504.71	266504.71	15990.28	1995.14	13995.14
2021/12/31	1367521.37	956339.09	411182.28	211182.28	12670.94	335.47	12335.47
2022/12/31	1367521.37	1015058.31	352463.06	152463.06	9147.78	0	9147.78
2023/12/31	1367521.37	1077382.89	290138.48	90138.48	5408.31	0	5408.31
2024/12/31	1367521.37	1143534.20	223987.17	23987.17	1439.23	0	1439.23
2025/12/31	1367521.37	1213747.20	153774.17	-46225.83	0	0	0
2026/12/31	1367521.37	1290718.17	76803.20	-123196.80	0	0	0
合计	13675213.7	10000000	3675213.7	1675213.7	110678.18	17341.43	93336.75

第二节　财税政策实施中存在的问题

尽管“营改增”后融资租赁业整体税负未出现较大波动，但由于实施时间尚短，目前也存在部分企业短期内税负有所升高、即征即退优惠政策不能完全实现、利息支出的业务归属核实难度大、部分政策规定有待进一步明确等问题。此外，融资租赁业所得税及印花税政策等也有待进一步完善。

一、“营改增”政策实践中存在问题

（一）受多因素影响，部分企业短期内税负有所升高

一是业务类型以售后回租为主，且近几年未开展新的直租业务。售后回租业务中，购置租赁物款无相应的进项税收以供抵扣，而税率由原先的5%小幅增加至6%，且企业运营费用增加的进项税收又不足以抵消税率提高的影响，从而使得自身税负增加。如，某仅开展飞机售后回租业务的内资租赁公司，2017年第一季度缴纳增值税31.68万元，如按原营业税政策应为26.40万元。二是未能及时获得抵扣销售额的利息发票，影响当期销售额的抵扣。由于金融行业“营改增”系统完善时间较长、部分银行由总行集中开票、前期积压待开票业务较多、规模较大的银行开票量过高、银行内部开票申请程序复杂等原因，导致企业未能及时取得利息支出的发票，如某金融租赁有限公司反映其曾有数百万元利息发票延误长达半年之久，且目前仍有部分发票未能及时获取。三是部分企业未能及时适应“营改增”转型，税收筹划意识和水平不足，滨海新区某国税局在业务办理过程中发现部分企业进项税收发票管理不严，员工的进项税收发票获取意识不强，不能实现“应抵尽抵”，且未及时根据不同业务类型税收政策的差异进行税收筹划，导致应纳税额较高。如某金融租赁公司直租业务占比约20%，但留抵进项税收远低于同业水平，且至今未查明原因，2017年第一季度缴纳增值税9816.45万元，如按原营业税应缴纳9491万元。四是出于承租人利益需求考虑，选择税率较高的过渡性政策，如某金融租赁有限公司为了与承租人保持长期合作关系，选择对2016年4月30日前的售后回租合同[①]继续适用17%高税率，从而便于承租人继续抵扣租息进项税收。

（二）目前税负增加的企业较难享受实际税负超过3%部分的即征即退优惠政策

目前税负增加的企业主要为以售后回租业务为主且无直租业务留抵进项的企业。对于售后回租业务，在优惠政策中计算实际税负时，分母为全部价款（不含本金）和价外费用，即出租人从承租人那里获得的全部利息收入及价外费用。而在实际纳税时计税基础是在上述分母的基础上扣除企业自身的利息支出。经粗略测算，如果忽略金额相对较小的价外费用，融资租赁企业需利息收入约为利息支出的两倍以上[②]才可享受该优惠政策，而调查中发现，在自有资金占比很小且融资成本居高的情况下，大多数融资租赁公司的租赁利息收入仅为利息支出的1.1~1.2倍，因此目前很少有企业享受该优惠政策。

---

① 2016年4月30日前签订的售后回租老合同可选择适用6%税率或原17%税率，如选择沿用17%税率，承租人可以继续抵扣相应的进项税收。

② 按新合同和老合同均适用的6%税率计算。

被调查的10家企业中，4家企业税收有所增加，但均未享受该优惠政策。此外，即使企业能达到该政策3%的标准，实际税负超过3%的部分所对应的城建税、教育费附加及地方教育费附加等附加税[①]不能随增值税一并退还，也在一定程度上不利于企业税负的降低。

（三）利息支出的业务归属核实难度较大，造成税务机关管理难度上升

由于融资租赁企业不同业务类型适用不同税目和税率，如动产直租和售后回租分别适用17%和6%的税率，因此在抵扣利息支出确定销售额[②]时，需要准确划分各融资渠道利息支出的业务归属。但据滨海新区某国税局的业务人员反映，在实际操作中，大多数企业很难将资金来源与具体项目一一对应，即使企业自身能予以区分，税务机关也难以核实或核实过程烦琐，从而无法避免企业人为选择利息支出的业务归属以减少应纳税额的行为，如企业可能会选择将金额较大的利息支出用于抵扣适用17%税率的售后回租老合同或动产直租业务。

（四）部分政策规定有待进一步明确

一是对于保理、信托等新型融资方式的利息支出是否可以从销售额中扣除不明确，各地方的税务局只能自行掌握。如，滨海新区某国税局明确表示保理、信托等融资利息不能予以扣除，而另一个国税局的答复是在企业取得带“利息”字样发票的前提下，再具体情况具体分析。二是对于借款利息的利率上限没有规定，如对于公司从股东的借款利率高于同期贷款利率相关利息是否允许扣除不明确，从而存在偷逃税款的空间，而所得税政策对此有明确规定。三是计入销售额价外费用的范畴界定不明确，如对于签订融资租赁合同的同时收取的咨询顾问费，未明确是属于价外费用适用17%的税率还是按咨询服务税目适用6%的税率；对于承租人延期付款的罚息也未明确指出应纳入价外费用，导致有的企业直接冲减管理费用，少缴增值税款。

二、所得税政策实践中存在问题

（一）融资租入固定资产加速折旧约束条件较多，且不适用部分特定加速折旧政策

一方面，《财政部　国家税务总局关于促进企业技术进步有关财务税收问题的通知》（财工字〔1996〕41号）规定“国有、集体工业企业技术改造采用融资租赁方式租入的机器设备，折旧年限可以按租赁期限和国家规定的折旧年限孰短的原则确定，但最短折旧年限不短于3年”，该规定的适用条件是国有、集体工业企业技术改造设备，对新设企业融资租入设备可否享受该优惠没有提及，且国有、集体企业的限制将占企业性质主

① 目前，天津市城建税、教育费附加、地方教育费附加、防洪费的征收比例分别为7%、3%、2%、1%，计税基础为增值税、营业税与消费税之和。

② 融资租赁业务的销售额为：全部价款+价外费用－借款利息－发行债券利息－车辆购置税。

体的民营企业和外商投资企业排除在外了。此规定出台至今已超过20年，对企业性质的限定也是针对当时的企业类型构成，在市场经济飞速发展的背景下，外商投资企业和民营企业不断发展壮大，成为国家和地方经济发展的重要支柱，且集体企业的说法已悄然退出历史舞台，从税务部门了解的情况来看，目前较少有此类型的企业，因此这一政策虽然没有废除，但实际上已形同虚设。

另一方面，《财政部　国家税务总局关于完善固定资产加速折旧企业所得税政策的通知》（财税〔2014〕75号）和《财政部　国家税务总局关于进一步完善固定资产加速折旧企业所得税政策的通知》相继对“生物药品制造业，专用设备制造业，铁路、船舶、航空航天和其他运输设备制造业，计算机、通信和其他电子设备制造业，仪器仪表制造业，信息传输、软件和信息技术服务业”六个行业的企业及“轻工、纺织、机械、汽车”四个领域重点行业采取了固定资产加速折旧政策。如以上六大行业2014年1月1日后新购进（包括自行建造）固定资产，且投入使用当年主营业务收入占收入总额比例超过50%的，可以采取缩短折旧年限或使用加速折旧方法进行折旧。需要注意的是，以上六大行业和四大领域重点行业加速折旧的对象均特指“购进”的固定资产，根据国家税务总局的解释，“购进是指以货币购进的固定资产和自行建造的固定资产。融资租赁的固定资产不属于购进范畴，因此，不能适用本加速折旧政策”。

（二）融资租赁投资税收抵免规定有待完善

《企业所得税法》第三十四条规定“企业购置用于环境保护、节能节水、安全生产等专用设备的投资额，可以按一定比例实行税额抵免”，《企业所得税法实施条例》第一百条对该条的解释为“企业购置并实际使用《环境保护专用设备企业所得税优惠目录》《节能节水专用设备企业所得税优惠目录》和《安全生产专用设备企业所得税优惠目录》规定的环境保护、节能节水、安全生产等专用设备的，该专用设备的投资额的10%可以从企业当年的应纳税额中抵免；当年不足抵免的，可以在以后5个纳税年度结转抵免。享受前款规定的企业所得税优惠的企业，应当实际购置并自身实际投入使用前款规定的专用设备；企业购置上述专用设备在5年内转让、出租的，应当停止享受企业所得税优惠，并补缴已经抵免的企业所得税税款”。如某个企业购置了用于环境保护的专用设备1000万元，其投资额的10%即100万元可以抵免当年企业所得税的应纳税额，而且当年不足以抵免的，可以在以后5年内结转抵免。以上规定均有“购置”的前提条件，无形中将通过融资租赁方式获得上述设备的企业排除在外，从而影响了部分企业通过融资租赁方式获取相关设备的积极性。

为了将这项优惠政策惠及至融资租入以上设备的相关企业，《关于执行企业所得税优惠政策若干问题的通知》第十条规定，“实施条例第一百条规定的购置并实际使用的环境保护、节能节水和安全生产专用设备，包括承租方企业以融资租赁方式租入的、并在融资租赁合同中约定租赁期届满时租赁设备所有权转移给承租方企业，且符合规定条件的上述专用设备。凡融资租赁期届满后租赁设备所有权未转移至承租方企业的，承租方企业应停止享受抵免企业所得税优惠，并补缴已经抵免的企业所得税税款”。然而，即使租赁合同中未约定设备所有权期满归承租人所有，也不影响承租人在租赁期满获取设备所有权的权利，通常租赁物的留购价格为远低于市场价的名义价格，且从《会计准则》对融资租赁的定义来看，“实质上转移了与资产所有权有关的全部风险和报酬”与设备所有权已相差无几。

（三）除金融租赁企业外，其他租赁企业呆账准备金的计提无明确规定，且未担保余值减值准备不得在税前扣除

《财政部　国家税务总局关于金融企业贷款损失准备金企业所得税税前扣除政策的通知》（财税〔2012〕5号）明确了“政策性银行、商业银行、财务公司、城乡信用社和金融租赁公司等金融企业提取的贷款损失准备金税前扣除政策问题”，其中贷款资产包括应收融资租赁款，其贷款损失准备金的计算公式为“准予当年税前扣除的贷款损失准备金 = 本年末准予提取贷款损失准备金的贷款资产余额 × 1% − 截至上年末已在税前扣除的贷款损失准备金的余额”。金融企业按上述公式计算的数额如果为负数，则应当相应地调增当年的应纳税所得额。可见，中国《税法》允许金融租赁企业对应收融资租赁款计提呆账准备金，但对其他租赁企业，如商务部批准成立的外商投资租赁企业和内资试点租赁企业呆账准备金的计提无明确规定。金融租赁企业以外的出租人，即使在承租人未能按时向其缴纳租金的情况下，仍需按照应收融资租赁款全额缴纳税款，从而提高了出租人成本，不利于提升出租人对风险的抵抗能力。

此外，《企业所得税法》第十条第（七）项和《企业所得税法实施条例》第五十五条规定“不符合国务院财政、税务主管部门规定的各项资产减值准备、风险准备等准备金支出”不得在计算应纳税所得额时予以扣除，因此融资租赁企业未担保余值减值准备不得在税前扣除。

（四）逾期90天仍未收回的利息收入可抵扣应纳税所得额的规定同样只适用于金融租赁企业

《国家税务总局关于金融企业贷款利息收入确认问题的公告》（国家税务总局公告2010年第23号）规定，“金融企业已确认为利息收入的应收利息，逾期90天仍未收回，且会计上冲减了当期利息收入的，准予抵扣当期应纳税所得额；金融企业已冲减了利息收入的应收未收利息，以后年度收回时，应计入当期应纳税所得额计算纳税”。该规定同样只适用于金融租赁企业，其他类型融资租赁企业因不属于金融企业，而不适用该政策。

三、其他税收政策有待进一步明确

《财政部　国家税务总局关于飞机租赁企业有关印花税政策的通知》（财税〔2014〕

18号）规定，“自2014年1月1日起至2018年12月31日止，暂免征收飞机租赁企业购机环节购销合同印花税”。但其中对“飞机租赁企业”的界定不明确，如未明确是否特指飞机租赁的出租人，飞机售后回租业务的承租人是否属于以上“飞机租赁企业”无法确定。

四、融资租赁业财税优惠力度有待加大

目前中国没有出台融资租赁的专门税法，其他规定中特别针对融资租赁业的税收优惠也很少。以企业所得税来说，《企业所得税法》中有很多专门针对高新技术企业、创投企业等行业的税收优惠，如《企业所得税法》第二十八条规定，“符合条件的小型微利企业，减按20%的税率征收企业所得税。国家需要重点扶持的高新技术企业，减按15%的税率征收企业所得税”，再如《企业所得税法》第三十一条规定，“创业投资企业从事国家需要重点扶持和鼓励的创业投资，可以按投资额的一定比例抵扣应纳税所得额”。这些优惠政策体现了国家的产业引导方向，但目前并没有太多特别针对融资租赁业的所得税优惠政策。而就增值税来说，尽管“营改增”后有实际税负超过3%的部分实行即征即退优惠政策，但目前来看，较少有企业能达到该政策的实施条件，从而使其形同虚设。此外，目前虽然个别地区为扶持融资租赁行业发展，出台了地方性的税收优惠或财政补贴政策，但这一政策均有较强的时间限制和地域限制，且只能针对各税种地方财政归属部分进行补贴，相比全国性、相对稳定的税收优惠政策有一定的局限性。

然而，目前西方发达国家很多企业采取融资租赁方式配置生产设备等资产的重要原因之一就是，融资租赁行业大幅度的税收优惠。如一些国家在融资租赁发展初期，采取了专门领域投资的税收减免政策，承租人可以直接或间接分享该优惠政策带来的节税效益，即可通过同时降低出租人和承租人的投资成本，增加行业市场竞争活力。中国融资租赁业目前正面临着全行业恢复活力快速发展的关键时期，急需政府调整和规范与融资租赁相关的税收政策，适应行业发展的需要。

第三节　财税体制改革与实践国际经验借鉴

税率差别理论、债务替代理论、代理成本和破产成本理论是国外关于融资租赁业的财税政策三大基础理论。通过对比分析美国、日本、俄罗斯及德国这些发达国家的融资租赁财税政策，发现其共同特点是实行大规模的税收优惠政策，如优惠的所得税政策等，使融资租赁企业享受大量的税收减免。

一、国际融资租赁财税政策相关理论

（一）税率差别理论

税率差别理论认为，“融资租赁之所以存在的最主要原因是承租企业和融资租赁公司能从融资租赁资产那里得到不同程度的税收收益，在其他因素不变的情况下，这些利益越大，融资租赁就越吸引人”。这种理论的现实意义在于，“融资租赁资产的实际税收收益就是资产在折旧期内计提的折旧所带来的避税收益。高税负的企业从低税负的企业租入资产，由于融资租赁资产可以在税前计提折旧，因而高税负的企业就可以获得较大的税收收益，这样一来，承租企业得到了实质资产所有权折旧带来的税收收益。同时，承租企业会将融资租赁资产折旧所带来的税收收益以融资租赁费用的形式部分转让给融资租赁企业，这样融资租赁企业通过出租资产也充分获得了税收上的好处，在此基础上，融资租赁企业和承租企业都获得了融资租赁的税收收益”。因此，决定融资租赁存在价值的不是税收本身，而是不同企业实现税收收益能力的不同。这些不同可以归纳如下：“（1）企业间不同的税率。（2）企业过去和现在不同的应税所得水平。（3）可选择低额税带来的不同影响。”

该理论的研究者和研究成果主要有以下几方面：Finucane（1988）研究指出，“税收因素并不与一个企业的融资租赁水平显著相关”。Barclay 和 Smith（1995）研究指出，“承担高比率税收的企业更易采取融资租赁”。Sharpe 和 Nguyen（1995）则指出“所有者税收收益更低的企业较容易采用融资租赁”。此外，Lasfer 和 Levis（1998）的研究有显著的证据揭示，“相比与不存在融资租赁的企业，运用融资租赁的企业有着高的税费。对于小规模企业来说，税收因素并不是一个影响企业采用融资租赁的重要因素。与大企业不同的是，小企业在他们的会计账户里没有大比例的税负，也没有高额的应付税金。相反，小企业在采用融资租赁时更多考虑是成长机会，而作为成长机会的代理变量在大企业样本中影响并不显著”。

（二）债务替代理论

债务替代理论认为，“融资租赁是企业借款融资的一种替代形式，融资租赁和借款筹资是资金市场上两种不同的融资工具，对于企业来说，两者都是可以采取的融资方式。通常，企业需要的融资数额在事先总是经过研究明确的，企业融资租赁增加的结果总是借款筹资的减少”。

对于债务替代理论的研究，研究者的主要研究成果主要有：Myers，Dill 和 Bautista（1976），Franks 和 Hodges（1978）认为“融资租赁和长期负债是固定的、契约式的义务。融资租赁和借款债务都会减少企业的负债能力。通常，融资租赁增加的结果总是企业借款债务筹资的减少”。其他的一些研究也支持了融资租赁和借款融资是相互替代的观点。一系列的研究表明，“企业的融资租赁额越大的同时也存在着更多的借款债务融资”。如 Smith 和 Wakeman（1985）指出，“具有高负债能力的企业可能存在其他特征使得融资租赁也变得相对具有吸引力。特别是当企业的某些资产特性使得企业拥有更大的负债能力时，这些企业将会有可能比其他企业采用更多的租赁和借款进行融资”。Finucane（1988）通过运用 tobit 分析了 1981—1955 年的数据，得出“融资租赁和借款融资正相关，尤其在某些行业，如航空和零售业更多依赖于融资租赁。而且融资租赁比率（资本租赁于总资产之比）和抵押债券利率水平呈显著相关，债券利率越低则更多采用融资租赁”。

（三）代理成本和破产成本理论

代理成本和破产成本理论认为，代理成本和破产成本的存在是融资租赁存在的原因。代理关系广泛存在于现代社会经济活动中，代理关系可以定义为：有一人或数人（委托人）与另一个代表委托人进行工作的人（代理人）签订或明或暗的合同。在代理理论中，假设个人都为理性经济人，所以代理人不会总是以委托人的最大利益为自身行动的出发点。同样，当外部投资者给企业注入资金以后，两者就形成了委托—代理关系。外部投资者的目的是收回本金并获得比较稳定的报酬，企业筹资的目的是用它扩大经营，投入有风险的生产经营项目，两者的目标并不一致。虽然外部投资者知道借出资金是有风险的，并且已经把这种风险的相应报酬纳入考虑范围，体现在未来的报酬之中。但是，筹资合同一旦成为事实，资金到了企业，外部投资者就失去了控制权，企业可能为了自身利益而伤害外部投资者的利益。

如为了提高公司利润，向更多的外部投资者筹资，使原有借入资金的风险增加，从而损害原有外部投资者的利益。而融资租赁则比借款更容易避免这种问题。同时，如果承租企业或借款企业破产清算，出租企业的境况要比借款者好一些。融资租赁以承租设备本身作为担保物，一般不需要额外的担保或抵押，对财产的所有权确保了出租企业的安全，出租企业拥有被租赁资产的所有权，承租企业违约时，出租企业可收回租赁资产，损失较小。而借款者即使有资产作保证，在债务违约时，贷款人取得资产也较困难并且成本较高。融资公司的风险越高，资本提供者越愿意以融资租赁的方式提供资本。由于融资租赁方式有避免事前破产成本的好处，出租企业可以通过降低融资租赁支出的方式将其中部分好处转移给承租企业，这也是代理成本和破产成本理论认为融资租赁存在的原因。

研究代理成本和破产成本理论的主要成果有以下几方面：Krishnan 和 Moyer（1994）假定：“在拥有所有担保债务优点的同时，融资租赁相比其他的普通债务来说能够减少破产成本。在这种考虑之下，融资租赁将被更多的具有破产风险的企业所采用”。研究发现，“承租企业经营较低的未分配利润，高成长率，低周转率，高债务的资本结构，高经营风险和低 z 值评分”。研究证据显示，“当潜在的破产风险增加时，租赁融资也更具吸引力”。Lasfer 和 Levis（1998）认为，“对于上市和非上市中的中小企业来说，融资租赁是借款债务融资的替代手段。而对于大企业来说，融资租赁则是借款债务融资的一种补充。而且，就平均水平而言，存在融资租赁的企业比不存在融资租赁的企业更具有显著的获利特征。融资租赁对企业获利是有帮助的，且具有良好的筹资管理的企业更可能采用融资租赁”。

另外一个关于融资租赁影响决定性因素的理论集中于代理和契约成本方面。Smith 和 Wakeman（1985）对各种影响融资租赁、购买决策的敏感性因素进行了分析，结果表明，“税收政策在判断潜在承租企业和出租企业有重要作用，但在判断专有租赁并无重要作用，因为资产的专有性将会增加承租企业和出租企业之间的代理冲突”。他们预测“非专有资产更有可能发生融资租赁。样本中，企业更多对通用办公设备而非对专有产品和研发设备进行融资租赁”。他们也预测，“如果出租企业具有较大的市场影响力且在资产处置方面具有竞争优势，融资租赁发生的可能性更大”。

二、国外融资租赁财税政策的主要措施

（一）美国

融资租赁最开始在美国出现，经过几十年的逐步发展，目前美国已经成为全球最大的融资租赁业市场。美国税法将融资租赁分为两大类，即真实租赁和有条件销售。税务机关按照租赁业务属性的不同来确定税收适用的主体和税种。美国融资租赁业之所以走在世界前列，这不但因为该国家颁布制定了完善有效的法律条例，还因为政府制定了一系列切实可行的税收优惠政策，其中主要有投资税收抵免制度（*Investment Tax Credit*，ITC）。

投资税收抵免制度规定“投资者在资本设备投资的当年，可从企业的应纳税额中直接扣除投资金额一定百分比的税收，以鼓励投资，在购买某几种资产时，税法允许其成本的 10% 可以直接从这家企业的纳税负债中扣除”。这项财产，一般须符合下列条件：“应是折旧资产；使用寿命为 3 年或 3 年以上；用于制造、生产或提炼的有形资产或其他有形资产（房屋和构件除外）；财产是在享用减税的年份用于产生收益的，即财产被认为是在折旧开始的年份，或者在它可以使用的年份（两个年份中去较早的一个）开始使用的。”

如果财产在其应折旧年限终了前就出售了，那么投资减税额应根据实际年限（非原来估计年限）重新计算，多享用的减税额必须退回。主要规定如下：“折旧年限低于 3 年的设备减税 2%；折旧年限 3 ~ 5 年的设备减税 6%；折旧年限 5 年以上的设备减税 10%。”

享用这一税法必须符合一定条件。其中最主要的一条是“融资租赁企业和承租企业之间必须订有一份具有租赁特征的文字协议，以符合国内税务局税收处理规定”，其目的是“使融资租赁企业将被指定为设备所有人，从而授予融资租赁企业获得加速成本回

收、利息及投资税减免等税收收益的权利，使国内税务局在确定是否是真实租赁（True Lease）还是有条件的销售时无须考虑别的因素”。

由于融资租赁企业在税收上的多处受益，使他们对承租企业收取的租金也可相应降低，许多企业得到这些好处后，得以继续进行设备投资，进而促进美国经济的进一步发展。此外，美国对真实租赁业务免去所得税，所征收的资本利得税税率很低，对直接税也实施了税收优惠措施。

（二）日本

日本融资租赁业发展仅次于美国，现居世界第二位。但是日本对融资租赁的税务处理与国际会计准则和美国有显著差异，在日本，租赁业被划分为两种形式，即融资租赁以及经营性租赁。日本对融资租赁业主要税收政策为：“课征税率为30%的法人所得税，差额征收税率为5%的消费税、税率占资产估价1.4%的固定资产税”。为了有效刺激融资租赁业的快速向前迈进，日本成立了租赁产业部，其主要任务是对研究影响融资租赁业发展的因素，并制定切实有效的税收优惠政策，为融资租赁业的迅猛发展保驾护航。

日本的税收优惠政策主要是针对达到税收政策标准的企业，实行税额减免措施，进而减轻企业的负担，根据不同的适用条款，减税额度为租赁费用总额的4.2%～6%。

（三）俄罗斯

俄罗斯的融资租赁业和中国大概同时起步，但从整体来看，俄罗斯融资租赁业发展较为迅速，在全球融资租赁市场的地位节节攀升、租赁渗透率逐步增加。俄罗斯针对于融资租赁业制定的完善与详细的会计和税收方面的政策使其迅猛并可持续的发展。

该国家规定“在计提折旧方面，租赁资产的计提折旧是由租赁双方共同谈论确定的；关于直接税，融资租赁业可以以三倍加速折旧。在间接税方面，对融资租赁按照以差额来征收增值税”。除此之外，俄罗斯还对跨境融资租赁做了详细的税收规定，“入境租赁物可在34个月内分期支付关税，此外，租赁方有权使用租金的方式把关税转让给承租方”。

（四）德国

德国税制规定了节税租赁的标准：一是“租赁合同规定的租期不短于设备有效寿命的40%，又不超过90%”。二是“租赁合同规定承租企业有留购权，留购的价格或为公平价格或不低于按直线折旧法计算账面剩余价值”。

一项符合上述两个条件的租赁业务可被税务局认定为节税租赁即融资租赁，企业不仅在法律上拥有这项设备的所有权，而且在经济上享受所有权利益。融资租赁企业享受折旧所带来的延迟付税的好处，承租企业支付的租金，可当做费用从成本中列支。否则，将由承租企业作为经济利益上的所有权人，享受折旧等投资方面的税务优惠，且承租企业在会计处理时需把租赁设备资本化，即将租金总额的折现值当做资产列入资产负债表。

三、国外融资租赁业财税政策启示

（一）优惠的税收抵免政策

通过上文的对比不难发现，在融资租赁业发展的最初阶段，美国等发达国家为了加大企业对设备的投资需求和促进融资租赁业的迅猛发展，都针对融资租赁业制定了很优惠的税收政策，例如美国的投资税收抵免制度。这一税收制度使融资租赁公司只需要按照承租人的要求买进其需要的相关设备，然后租给承租人，在这个过程中，融资租赁公司作为设备的所有者，可以享受税收减免的优惠，产生了利润，但又不需要考虑设备用途和合理使用方式，因此，大量的金融机构和非金融机构都涉足租赁业，雄厚的资金支持推动了融资租赁业的蓬勃发展。

（二）优惠的所得税税收政策

用加速折旧的方式间接给设备投资以优惠。如美国的《投资抵税法》和英国实施的100%首年减税等，都有加速折旧的规定。优惠政策使投资购买设备的融资租赁企业可以享受大量的税收减免，使得许多金融机构对企业融资租赁趋之若鹜；与此同时，融资租赁企业可以把一部分好处转移到承租企业的头上。因此，大量企业出于节省总的投资额现值和增加资金流动性的原因，在租赁和购买之间选择了融资租赁。

第四节　深化财税体制改革与实践建议

为进一步促进融资租赁业发展，完善财税政策环境，需要尽快解决现阶段“营改增”进程中的后续问题，从加速折旧政策、投资抵免优惠等方面完善相关的所得税政策，并进一步加大融资租赁业财税优惠力度。

一、完善和解决“营改增”后续问题

（一）对企业加强税务指导，提高企业的税收筹划意识和水平

采取由税管员一对一指导和税政人员或注册税务师集中培训相结合的方式增强企业对税收政策的理解水平，提高其税收筹划意识，避免因自身管理不严而影响政策减税效果。同时，加强对优惠政策的宣传和指导，引导企业充分利用税收优惠政策合理降低企业税收负担。

（二）有效解决利息支出不能及时扣除的问题

由于目前银行内部控制一般都较完善和严密，可考虑短期内允许用来自银行的利息凭单作为差额扣除销售额的有效合法凭证，且银行和金融租赁公司间的利息收入免征增值税，在未取得增值税发票的情况下进行差额扣除，并不会造成税收风险。同时，由税务部门联合金融监管部门督促银行提高利息发票的开具效率，及时清理前期积压的待开

票业务，确保融资租赁企业在确认销售额时能及时抵扣相应的利息支出。

（三）完善即征即退优惠政策

在目前大多数融资租赁企业以售后回租业务为主的背景下，适当降低实际3%税负的比例，同时考虑即征即退部分相应的附税也可以一并退回。或者直接取消该优惠政策，采取降低融资租赁行业适用税率的方式，既能免去复杂的测算和审批手续，又能确保企业税负降低。

（四）对不能明确划分业务归属的利息支出按相关标准分摊后予以抵扣

据了解，部分企业对于利息支出难以划分业务归属的问题，经与税务部门协商，可以按照收入比例予以分配，但这一做法并无政策依据，且部分税务局要求企业在差额扣除时，利息支出应严格与具体业务一一对应。因此，对不能明确划分项目归属的利息支出，应明确采取先按收入或销售额比例进行分配再予以抵扣的方式，防止企业随意选择项目归属偷逃税款。

（五）对存在争议的政策规定予以明确

考虑现行融资租赁行业融资方式多样化的现状，明确将保理、信托、资产证券化等新型融资方式的利息支出纳入可抵扣范围，避免企业因无法抵扣而使融资方式受限，无形中制约了融资租赁企业的发展空间，特别是不利于融资困难的中小型企业的不断发展。规定向关联方或非金融企业借款利息支出的可抵扣利率上限，防止企业利用关联方借款增加可抵扣利息支出，降低增值税应纳税额。明确与融资租赁合同相关的咨询服务费和罚息应纳入融资租赁业务的销售额一并计税，以列举的方式明确价外费用的具体内容。

二、制定合理优惠的所得税税收政策

（一）完善加速折旧制度

一方面，取消《财政部　国家税务总局关于促进企业技术进步有关财务税收问题的通知》（财工字〔1996〕41号）中“国有、集体企业”的企业性质限制，将因技术改造采取融资租赁方式取得机器设备可以加速折旧的优惠政策扩大至所有企业，鼓励企业及时淘汰落后、过时设备，引入新型机器设备，提高生产效率。另一方面，将《财政部　国家税务总局关于完善固定资产加速折旧企业所得税政策的通知》（财税〔2014〕75号）和《财政部　国家税务总局关于进一步完善固定资产加速折旧企业所得税政策的通知》等规定中对特定行业购置固定资产允许加速折旧的适用范围，将“购置”的内涵扩大至包括通过融资租赁方式取得。因为从融资租赁的实质来看，融资租赁直租相当于融资和购置两个环节的集合，出租人在购置租赁物时完全是根据承租人的需求，一般融资租赁初期就能合理判断承租人会于租赁期满时获取租赁资产的所有权，且从租赁资产在承租方计提折旧来看，《税法》也认为融资租入固定资产和自行购置的固定资产在本质上是一致的。

（二）完善投资抵免政策

对于企业以融资租赁方式取得“环境保护、节能节水和安全生产专用设备”的投资额可以以一定比例抵免所得税的规定，建议取消“在融资租赁合同中约定租赁期届满时租赁设备所有权转移给承租方企业”的限制条件，简化审批手续，合理假定租赁期届满承租人都会取得设备所有权，如果期满并未实际取得所有权，需要补缴已经抵免的企业所得税款。

（三）将只适用于金融租赁公司的优惠政策扩大至所有具有资质的融资租赁企业

由于金融租赁公司属于非银行金融机构，所以其可以享受金融机构相应的税收优惠政策，但经商务部审批设立的外商投资融资租赁企业和内资试点融资租赁企业同样具有经营融资租赁业务的资质，却不能与金融租赁公司适用同一税收政策，造成一个行业两种税收制度。为了适应融资租赁行业的快速发展，建议尽快出台专门适用于融资租赁行业的相关税收政策，明确减值准备计提及逾期未收回利息收入等业务的处理方式，或者将现行只适用于金融租赁公司的税收优惠政策扩大至所有具有资质的融资租赁企业。

三、完善融资租赁业财税优惠政策

（一）扩大财税优惠力度

中国融资租赁行业起步较晚，税收作为促进融资租赁行业发展的四大支柱之一，其相关优惠政策势必对中国融资租赁行业的不断完善起到至关重要的作用。因此，有必要从出租人和承租人两个方面着手，系统性地提高中国融资租赁行业的税收优惠力度。从出租人来说，适当降低流转环节适用税率，扩大所得税税收可抵扣范围；从承租人来说，扩大投资税收抵免适用范围，鼓励其通过融资租赁方式进行技术改造和设备购置，发挥融资租赁支持实体经济发展的作用。

（二）促进财税政策与其他政策的协调配合

如加大政府采购支持力度，鼓励各级政府在提供公共服务、推进基础设施建设和运营中采用融资租赁方式；对通过融资租赁方式获得农机的实际使用者，给予一定的农机购置补贴；由地方政府通过贴息、奖励、风险补偿等方式，鼓励融资租赁企业加大对小微企业的支持力度，解决其融资难的问题。

第八章 融资租赁业风险分类与监管

伴随着融资租赁业的快速发展，其风险问题也日渐显现，如何进一步完善风险防范体系成为促进行业健康发展的关键问题之一。融资租赁是一项复杂的系统工程，一方面，融资租赁业务涉及面广，包括金融、国际贸易、法律、保险、物资供应以及企业经营管理等各个方面；另一方面，融资租赁业务具有一次性投资额大、租赁周期长、投资回收期不可预测因素较多等特点。因此，作为一种新型的融资工具，融资租赁风险是融资租赁业务本身特点以及外部经济因素共同作用的结果。本章先介绍中国融资租赁风险的分类与监管现状，从中发现中国融资租赁业在风险防范中存在的问题，然后总结梳理美国、日本、德国等租赁业较为发达地区在风险防范方面的相关经验，最后为中国融资租赁业的风险监管提出相应的政策建议。

第一节 租赁风险分类与监管现状

一、融资租赁风险分类现状

按照风险影响对象的不同，可将融资租赁业的风险划分为两大类，分别为融资租赁业自身面临的风险以及融资租赁业产生的外溢性风险。

（一）融资租赁业自身面临的风险

按照风险来源的不同，可将融资租赁业面临的风险分为宏观风险、中观风险和微观风险。微观风险是指由于融资租赁公司经营管理不当或者特定交易对手失信等给融资租赁公司带来一定损失的风险。而中观风险是指融资租赁在行业层面面临的风险。宏观风险是指由于国家经济金融环境发生变化而产生的风险。中观行业层面和宏观经济金融层面的风险最终会通过不同渠道以微观风险的形式体现出来。

1. 宏观风险。宏观风险是融资租赁企业由于宏观经济金融层面因素而引致的风险，可将其分为经济风险和金融风险两大类，这两类风险或通过行业作用于企业，或直接作用于企业。

经济风险，是指宏观经济形势波动导致各行业景气度下降的风险，它通过租赁企业背景行业的风险影响企业。在当前金融市场环境中，融资租赁一个很重要的作用是作为银行贷款的补充，在一定程度上缓解中小企业融资难的问题。在经济景气时期，中小企业资金需求旺盛，融资租赁公司承受风险的能力和意愿也相应较高，可能与资质不佳的中小企业之间产生业务往来。但在经济不景气时期，由于中小企业抵御市场风险的能力较弱，则易爆发集中违约事件。

金融风险，是指宏观金融条件发生变化而对融资租赁企业带来的风险，如融资成本加大、相关敞口发生浮亏等风险。这类风险包含数量和价格两个维度。从数量的维度看，中国存在某种形式的融资金额限制，如2010年前贷款总量规模的窗口指导，又如2017年对于委外资金的清理和增量的限制，这可能造成行业主体在某一阶段融资困难。从价格的角度看，是指由于货币价格发生变化而导致融资租赁企业面临风险，其中最常见的是利率风险和汇率风险。利率风险，它是指金融市场上因利率变化而导致融资租赁公司遭受损失的可能性，主要表现在两个方面：一是从出租人对租金的计算方法可以看出，利率是融资租赁业务租金构成的一个重要因素。融资租赁公司在进行决策时，是将融资租赁资产的现值与购买成本进行比较。由于租金是根据固定利率计算的，所以当市场利率上升时，融资租赁资产的价值就会下降，出租方的利润随之下降，甚至当融资租赁资产的价值低于购买成本时，出租方会发生亏损；反之当市场利率下降时，出租方的利润将会增加。二是融资租赁企业项目投资与筹资结构不匹配导致的利率风险，一般情况下，融资租赁企业资产方的租赁利率相对固定且期限较长，而负债方的借款利率期限往往较短，且随市场波动，如果市场上利率波动幅度越大，则租赁公司面临的利率风险相应增加。总体来看，租赁公司主要从银行等金融机构借款构成负债，从承租方收取租金形成资产，在资产与负债期限不匹配的情况下，容易发生利率风险。汇率风险，它是指融资租赁公司在持有或运用外汇过程中，由于汇率变化而遭受损失的可能性。融资租赁公司涉及外汇业务主要有三个方面，一是在筹资过程中从境外或境内借入外汇，二是以外币结算购买租赁设备，三是收取外币租金。在融资租赁公司筹资、跨境购买设备、开展融资租赁业务过程中，如果本币贬值就会导致融资租赁公司产生汇兑损失，导致成本增加，特别是期限较长的租赁项目，如在租赁期限内出现较大的汇率波动，租赁公司将面临较大的汇率风险。例如，融资租赁公司向国外的承租人出租设备，以外币收取租金，若外币突然贬值，融资租赁公司将会面临经济损失。再如向第三国金融机构借款时的外汇交易价格较低，但到期用人民币购汇偿还时外币大幅度升值，融资租赁公司将会面临巨大的汇率风险，如果公司将这一部分负担直接转嫁给承租方，将会增加承租方的还款压力，增加了信用风险。随着中国汇率市场化进程不断加深，人民币对世界主要货币双向波动趋势加大，融资租赁公司面临的汇率风险也将日益明显。

2. 中观风险。中观风险是融资租赁企业由于行业层面因素而引致的风险，可将其分为背景行业风险及租赁行业风险两大类。

背景行业风险，是指融资租赁企业由于主要承租人所在行业经营情况波动而承受的风险。融资租赁出租人由于自身规模和能力有限，不可能从事所有行业的资产租赁活动，因此必须对开展融资租赁业务的行业有所选择。当出租人选定的行业不能发挥自己的优势、选定的行业没有成长性不能带来预期效益，或者选定的行业因各种因素进入行业低潮期时，都会使出租人的经营和收益遭受损失。如由于国际贸易增速大幅下滑，航运及造船行业整体陷入困境和萧条，租赁船舶业面临较大的减值概率，承租人如期支付租金也将面临较大压力，这使得以船舶为主要租赁物的融资租赁公司面临较大风险。

租赁行业风险，是指融资租赁行业自身面临的监管环境、融资环境等发生变化使得行业经营受到一定影响的风险。它主要体现为融资条件变化、税收环境变化以及监管政策的变化。融资条件的变化导致行业融资风险，如若银行监管部门将银行对金融租赁公司的贷款由按同业贷款规定资本耗用量变为按照工商业贷款规定资本耗用量，将产生明显的紧缩效应，降低租赁公司的融资能力，而金融租赁公司将不得不寻找新的资金渠道，这将导致其面临利率的市场风险乃至流动性风险。税收环境的变化可能导致盈利下降，如 2013 年颁布的《营业税改征增值税试点实施办法》，此实施办法出台后，对融资租赁公司实施“营改增”，即融资租赁公司由此前的营业税差额纳税改为按照增值税全额纳税。虽然国家实施营改增税务改革的本义在于降低企业的整体税负，但是因为营业税纳税基数要比增值税纳税基数偏低，所以改革后融资租赁公司的整体税负有所增加，这体现为企业抗风险能力的下降。监管政策变化引致的风险则较为多样，如经营性租赁收取外币租金试点政策若到期不续，企业可能面临币种错配产生的汇率市场风险；又如外资融资租赁企业最高的资金杠杆若由 10 倍大幅下降，可能使企业产生利率市场风险乃至流动性风险。

3. 微观风险。融资租赁是一种集融资与融物于一体的业务操作模式，具有较强的金融属性，这使得融资租赁企业与商业银行面临的风险高度相似，因此可参考商业银行面临的风险类型对融资租赁企业面临的主要风险进行分类。《巴塞尔协议》作为全球银行监管的重要准则和标准，主要对三大类风险提出了资本要求，分别是信用风险、市场风险以及操作风险。中国的金融监管实践将主要的风险类型进一步拓展，2005 年由中国银行业监督管理委员会下发的《商业银行风险监管核心指标》明确了信用、市场、流动性和操作四大类风险指标是衡量商业银行风险水平的核心指标。对于同样具有高融资性、高负债、高业务风险属性的融资租赁企业来说，信用风险、市场风险、流动性风险和操作风险四大主要风险也能较好地描述其面临的主要风险种类，其中信用风险、流动性风险和操作风险为微观风险，市场风险为宏观风险，上文已作解释。

融资租赁企业信用风险，是指融资租赁公司承租人未能及时履行还款义务而使融资本息或租赁物遭受损失的可能性。信用风险主要有以下几类：（1）经营困难，还租能力较差。这也是最主要的信用风险类型，当前信用风险主要涉及以下两类主体：一是受经济周期影响较大的行业，如钢铁、煤炭等。二是一些中小企业及民营企业。另外，这类违约主要呈现以下特点：首先是突发性强，企业在违约前一般已出现盈利能力下降、资金链紧张的情况，当出现销售回款未按预期回笼或银行倒贷未及时完成时，即发生现金流断裂，并快速引发全面违约；其次是违约企业所属行业较为集中，受行业影响较大；最后是多数违约企业还款意愿良好，并尽力维持生产及偿还利息，但限于行业低迷及银行抽贷影响，还本能力不足。（2）有实力还租，但还款意愿差。指承租人虽仍具备还租能力，但由于经营出现问题，主观上不愿意继续按时还租，存在故意拖欠的现象。（3）恶意欺诈，如暗自转卖、二次抵押等。指承租人在租赁期间，将租赁物或者担保物私自抵押给银行或其他信贷机构进行融资，或者将租赁物直接进行出售等。

融资租赁企业流动性风险，是指企业虽然有清偿能力，但无法及时获得充足资金或无法以合理成本及时获得充足资金以应对资产增长或支付到期的风险。如融资租赁公司短期负债过多，而流动性资产不足或再融资能力存在不确定性，导致付短期负债到期无法按时偿还。以天津市 9 家金融租赁公司为例，从 2015 年至 2016 年 10 月底，样本金融租赁公司新增融资和租赁项目情况如下：一年以下的融资占总融资的 95.47%，而一年以下的租赁项目仅占总项目的 4.31%；三年及以上的租赁项目占总项目 80.79%，而与此期限相对应的融资仅占总融资的 0.54%。从金额上看，三年及以上的融资金额也远小于租赁项目金额。截至 2016 年 10 月底，各金融租赁公司存量租赁项目的加权平均剩余期限为 2.86～6.78 年，而负债的加权平均剩余期限为 0.47～1.31 年。截至 2016 年 10 月底，样本金融租赁公司中 3 个月内、1 年内的流动性缺口率均为负的有 6 家。由以上数据可知，融资租赁公司资产负债的期限错配问题较为突出，由此产生的流动性风险不容忽视。

融资租赁企业的操作风险的定义可参考巴塞尔银行监管委员会对操作风险的定义。巴塞尔银行监管委员会认为操作风险是指由于不完善的或有问题的内部操作过程、人员、系统或外部事件而导致的直接或间接损失的风险。把操作风险这一概念适用于融资租赁公司则是指由于内部管理不完善、公司从业人员专业知识不足、操作能力不足或者系统发生故障等原因导致融资租赁公司产生直接或间接的损失的风险。相较于其他风险，操作风险有以下特点：从发生原因来看，操作风险来自公司的业务操作，属于可控的内生性风险；从覆盖范围来看，操作风险覆盖了公司经营管理的各个方面，既包括日常业务流程的操作，也包括发生概率较低但危害性极大的自然灾害、人员不尽责等；从所涉及的部门来看，几乎涉及公司内的所有部门。

（二）融资租赁业外溢性风险

融资租赁业外溢性风险是指融资租赁行业风险向其他行业，如其他金融机构或实体经济传导的风险，从而形成地区性或系统性的金融风险。

这里从传统融资租赁业务和融资租赁创新两个方面来进行分析。

1. 传统融资租赁业的外溢性风险。

（1）对金融行业的外溢性风险。从上文的流动性分析中可知，在融资租赁公司特别是金融租赁公司的融资来源中，银行贷款占绝大部分，因此，融资租赁发生经营风险，最有可能传导到银行机构中。但是在银行业资产中，发放给融资租赁却只占很有限的一部分，本书选取十家上市银行有关数据作为样本，研究租赁业贷款占银行总贷款的比例及租赁业贷款质量情况，由于银行年报中基本以“租赁和商务服务业”为统计口径，因此只能选取该口径数据，具体情况如表 8－1 所示。

表 8－1　　银行贷款中租赁和商务服务业贷款情况①

	租赁和商务服务业贷款占总贷款比重	租赁和商务服务业不良贷款率	银行总不良贷款率
工商银行	10.7%	0.67%	2.2%
农业银行	10.3%	0.68%	3.52%
建设银行	6.38%（其中租赁业占 0.78%，商务服务业占 5.6%）	0.61%（其中租赁业不良率为 0.13%，商务服务业不良率为 0.68%）	1.52%
浦发银行	8.83%	0.15%	2.39%
招商银行	3.14%	0.13%	2.92%
兴业银行	6.86%	0.45%	1.65%
华夏银行	12.74%	—	—
光大银行	8.88%	0.08%	1.6%
民生银行	8.12%	0.41%	1.68%
北京银行	10%	—	—

由表 8－1 可知，租赁和商业服务贷款总额在银行贷款中占比较不高，少则在 5% 附近，多则在 10% 附近，且不良率较低，基本在 0.5%，明显低于银行总的不良贷款率水平。因此当融资租赁公司发生风险时，其对银行的影响有限。

（2）异常的跨境资金流动风险。当前中国融资租赁公司设备购买来源以境外居多，境外举债也是主要的资金融通渠道之一，这使得融资租赁行业跨境资金规模在地区跨境资金总额中占比较高。因此，若融资租赁行业整体存在较大的利率、汇率风险敞口，当利率、汇率剧烈变动时，可能造成行业急剧的头寸调整，进而使得地区跨境资金规模产生较大波动。2015 年之前，在人民币对美元汇率较为坚挺时期，随着融资租赁行业租赁项目的规模日益扩大，融资租赁公司境外融资规模呈现成倍增长趋势。数据显示，2015 年 1—12 月滨海新区外资融资租赁公司的外债总流入占当年滨海新区外商投资企业外债流入的 79.63%，占当年滨海新区外商投资企业国际收支跨境总流入的 24.48%。但在

① 数据来源：各银行 2016 年公司年报。

2016 年之后，受人民币对美元汇率贬值及国际资本向发达国家特别是向美国回流影响，滨海新区融资租赁行业因境外投资及借债减少收入快速回落，2016 年跨境收入较 2015 年下降 39.3%；跨境支出受归还外债及购买飞机推动持续增长，2016 年支出达近年最高，跨境收支逆差超出 2013—2015 年累计总额 36.3 亿美元，占新区总逆差的 32.8%。2017 年，融资租赁行业跨境收支延续 2016 年态势，持续呈现较大逆差，1—4 月逆差占新区总逆差比例达 27.4%，融资租赁行业跨境收支失衡情况日益明显。此外，较大的境内外利差汇差空间，是外商融资租赁企业大量成立的主要因素，也是其利润的重要来源，并推高资本项下外汇资金流入金额，而当前国际经济金融形势异常复杂，尤其伴随美国 QE 退出而日渐产生的发达国家加息预期和人民币汇率双向波动趋势，可能缩小或改变当前境内外利差汇差形势，冲击外商融资租赁行业盈利水平，或引发行业风险，对区域国际收支平衡产生不利影响。

2. 融资租赁业创新带来的外溢性风险。

融资租赁公司业务普遍具有长期性，因此对于融资租赁公司来说如何盘活存量资产获得融资是经营管理的重要内容。特别是近年来随着互联网技术的不断发展，使得融资租赁行业在业务创新的同时加入了互联网技术的应用，使得业务打破了地域的限制，业务量急剧攀升。但也容易导致融资租赁业务的风险在不同市场主体间传播，从而放大风险，这其中最典型的案例就是 2016 年的“e 租宝事件”。在对外宣传上，e 租宝平台称自己是“互联网金融 + 融资租赁”“融资与融物”相结合的典范，采用所谓的 A2P（Asset to Peer）模式，实现融资租赁物权的转让，然而实际经营模式并非如此，下面我们将对其进行具体分析。

e 租宝平台的 A2P 模式为：首先承租人与融资租赁公司达成业务合作，承租人与融资租赁公司签订融资租赁合同，然后，融资租赁公司向 e 租宝提出融资租赁债权转让申请，e 租宝对转让债权的风险进行审核后，将该债权与其他融资租赁债权结合起来，设计出不同收益率的产品，在其网贷平台上发布，投资者在平台上对这些产品进行投资，从而融资租赁公司将债权转让给投资者，后期，承租人通过 e 租宝平台向投资者定期支付租金，租金支付完成后，租赁设备的所有权归承租人所有。为了保证投资者利益，会有融资性担保公司对转让项目债权承担连带保证担保，融资租赁公司对转让项目也承担连带担保责任，保理公司承诺当承租人还款违约时，对转让项目中的债权无条件赎回，通过以上的增信措施，投资者的投资风险几乎为零。

但实际上，e 租宝平台的操作并非如此。一是虚构融资租赁项目，据新华社报道，e 租宝上 95% 的项目均为虚构，e 租宝平台通过收购企业或注册空壳公司，制造虚假项目在平台上发售，此外，为推高平台人气，还存在“自融自投”现象，一部分投资人也是伪造的。二是虚假担保，e 租宝所承诺的融资担保公司和保理公司均是其关联公司，且存在一定程度的超额担保现象，即担保公司的担保额远超其实际可以承担的最高担保额度。2016 年 1 月，警方通报 e 租宝非法集资案，一年半非法吸收 500 亿元，总共涉及用户 ID 901294 个。

由 e 租宝整个事件可知，其平台宣传的 A2P 模式本质上并无问题，既有利于融资租赁资产的盘活，也为投资者提供了多样的投资方式，但是其在具体实施环节，虚构租赁资产、虚假担保、夸大宣传使得事情发生本质变化，演变成一起影响恶劣、损害面广的非法集资案件。因此，当对融资租赁业务进行金融创新时，其风险的产生和传播已经不仅限于其本身产生的各类微观风险，更多的是与其他新兴事物相结合衍生出的各类风险，甚至产生系统性风险，危害金融稳定。

表 8－2　　融资租赁风险分类

大类风险	一类风险	二类风险	风险释义
融资租赁业自身面临的风险	宏观风险	经济风险	指宏观经济形势波动导致各行业景气度下降的风险，它通过租赁企业背景行业的风险影响企业
		金融风险	指宏观金融条件发生变化而对融资租赁企业带来的风险，如融资成本加大、相关敞口发生浮亏等风险
	中观风险	背景行业风险	指融资租赁企业由于主要承租人所在行业经营情况波动而承受的风险
		租赁行业风险	指融资租赁行业自身面临的监管环境、融资环境等发生变化使得行业经营受到一定影响的风险
	微观风险	信用风险	指融资租赁公司承租人未能及时履行还款义务而使融资本息或租赁物遭受损失的可能性
		流动性风险	指企业虽然有清偿能力，但无法及时获得充足资金或无法以合理成本及时获得充足资金以应对资产增长或支付到期的风险
		操作风险	指由于内部管理不完善、公司从业人员专业知识不足、操作能力不足或者系统发生故障等原因导致融资租赁公司产生直接或间接的损失的风险
融资租赁业外溢性风险	传统融资租赁业的外溢性风险	对金融行业的外溢性风险	在融资租赁公司特别是金融租赁公司的融资来源中，银行贷款占绝大部分。因此，融资租赁发生经营风险，最有可能传导到银行机构中
		异常的跨境资金流动风险	目前中国融资租赁公司设备购买来源以境外居多，境外举债也是主要的资金融通渠道之一，这使得融资租赁行业跨境资金规模在地区跨境资金总额中占比较高。因此，若融资租赁行业整体存在较大的利率、汇率风险敞口，当利率、汇率剧烈变动时，可能造成行业急剧的头寸调整，进而使得地区跨境资金规模产生较大波动

续表

大类风险	一类风险	二类风险	风险释义
融资租赁业外溢性风险	融资租赁业创新带来的外溢性风险		融资租赁公司业务普遍具有长期性，因此对于融资租赁公司来说如何盘活存量资产获得融资是经营管理的重要内容，特别是近年来随着互联网技术的不断发展，使得融资租赁行业在业务创新的同时加入了互联网技术的应用，业务打破了地域的限制，业务量急剧攀升。但也容易导致融资租赁业务的风险在不同市场主体间传播，从而放大风险

二、融资租赁风险监管现状

在中国，融资租赁业呈现“一个市场，两种监管体系，三类机构”的特点，一个市场指融资租赁市场，两种监管体系分别为金融租赁监管体系和融资租赁监管体系，三类机构分别为金融租赁公司、内资试点融资租赁公司和外资融资租赁公司。此外，行业自律及融资租赁自身建立的风控体系在融资租赁业的风险防范中也发挥了重要作用。

（一）监管部门的监管

中国的融资租赁行业主要的监管部门包括商务部、中国人民银行及中国银行业监督管理委员会。中国人民银行和中国银行业监督管理委员会负责监管金融租赁公司，参照监管银行的一整套体系对金融租赁公司实施监管。2014 年 3 月，中国银行业监督管理委员会颁布了《金融租赁公司管理办法》，并基于此及其他监管银行的相关规定对金融租赁公司实施审慎性监管。中国人民银行对金融租赁公司的管理未出台专门的规定，但在一些规范性文件的部分条款中会对金融租赁公司做专门的规定，其具体管理主要包括存款准备金管理、MPA 宏观审慎管理及日常风险监测等。商务部负责监管内资试点和外资融资租赁公司，并于 2013 年 9 月颁布了《融资租赁企业监督管理办法》。此外，商务部在 2014 年 12 月建立了全国融资租赁企业管理信息系统，该系统作为租赁物登记公示和查询平台，为内资试点和外资融资租赁公司及相关企业、组织和个人提供了公共信息、租赁物登记公示查询、交流合作等服务，也为监管部门进一步掌握融资租赁公司经营管理情况、盈利情况、资产负债情况提供有力的抓手。由当前监管部门的监管情况可以得知，目前融资租赁行业采取分头监管的模式，分别依据各自出台的管理办法对融资租赁行业的风险防范进行监管。在风险防范内容上，二者有类似之处，如均对事前风险评估、关联交易风险防范、规避权属纠纷、客户集中度风险防范、信息披露等提出具体要求，但是在监管的标准上略有不同，具体情况如表 8－3 所示。

表 8－3　《融资租赁企业监督管理办法》和《金融租赁公司管理办法》中的风险监管内容

具体内容＼法规	《融资租赁企业监督管理办法》	《金融租赁公司管理办法》
风险防范总体要求	融资租赁企业应当建立完善的内部风险控制体系，形成良好的风险资产分类管理制度、承租人信用评估制度、事后追偿和处置制度以及风险预警机制等	金融租赁公司应当根据其组织架构、业务规模和复杂程度建立全面的风险管理体系，对信用风险、流动性风险、市场风险、操作风险等各类风险进行有效的识别、计量、监测和控制，同时还应当及时识别和管理与融资租赁业务相关的特定风险
事前风险评估	为控制和降低风险，融资租赁企业应当对融资租赁项目进行认真调查，充分考虑和评估承租人持续支付租金的能力，采取多种方式降低违约风险，并加强对融资租赁项目的检查及后期管理	金融租赁公司应当建立健全租赁物价值评估和定价体系，根据租赁物的价值、其他成本和合理利润等确定租金水平
关联交易风险	融资租赁企业应当建立关联交易管理制度。在向关联生产企业采购设备时，有关设备的结算价格不得明显低于该生产企业向任何第三方销售的价格或同等批量设备的价格	金融租赁公司应当建立严格的关联交易管理制度，其关联交易应当按照商业原则，以不优于非关联方同类交易的条件进行
规避权属纠纷	融资租赁企业须依法办理相关登记手续	租赁物属于国家法律法规规定所有权转移必须到登记部门进行登记的财产类别，金融租赁公司应当进行相关登记。租赁物不属于需要登记的财产类别，金融租赁公司应当采取有效措施保障对租赁物的合法权益
客户集中度风险	融资租赁企业应加强对重点承租人的管理，控制单一承租人及承租人为关联方的业务比例，注意防范和分散经营风险	融资租赁公司应当建立健全集中度风险管理体系，有效防范和分散经营风险
风险防范	无	金融租赁公司应实行风险资产五级分类制度，并按照有关规定制定呆账准备制度，及时足额计提呆账准备，未提足呆账准备的，不得进行利润分配
信息披露	融资租赁企业应当按照中华人民共和国商务部的要求使用全国融资租赁企业管理信息系统，及时如实填报有关数据	金融租赁公司应按照相关会计准则编制并向中国银行业监督管理委员会定期报送资产负债表、损益表等其他要求的报表，在每个会计年度结束后 4 个月报送前一个会计年度的关联交易情况及年度审计报告

一是具体监管手段上略有差异。商务部主要利用“全国融资租赁企业管理信息系统”在业务活动、内部控制和风险状况等方面实现对融资租赁企业的信息化监管，融资租赁企业通过在系统上如实填报有关数据来实现信息披露。而中国人民银行及中国银行业监督管理委员会对金融租赁公司的监管主要通过金融租赁公司定期向监管部门报送相关报表来实现。

二是具体监管标准不同。与商务部的监管相比，中国银行业监督管理委员会的监管要求更细化、更具有审慎性，它借鉴了对银行业的监管方法，如要求金融租赁公司对资产进行五级分类、计提风险准备等，还制定了一系列的监管指标，如不良资产率、单一客户融资集中度、单一集团客户融资集中度、单一客户关联度等。而融资租赁公司的监管指标更简单，主要是一般的财务性指标，对其的监督管理更近似于对企业的管理，因此实际上金融租赁公司面临的监管更加严格。

（二）行业协会的自律管理

为促进行业发展，也为更好地实施自律管理，中国融资租赁业成立了各类的融资租赁行业协会，按照涵盖地区的不同，可将协会分为全国型和地方型两种。其中，全国型协会的代表有中国融资租赁企业协会、中国外商投资企业协会租赁业工作委员会和中国银行业协会金融租赁专业委员会；地方型协会的代表有天津市租赁行业协会、济南融资租赁暨保理协会、上海融资租赁行业协会等。这些行业协会对规范行业发展、提升融资租赁公司风险防范能力方面发挥了重要作用，其主要的风险防范措施主要包括以下几个方面：一是推动并参与融资租赁相关法律、会计准则、税务及监管等政策的建立和完善，促进行业规范化发展；二是制定行业内争议处理的规章和程序，对会员之间、会员与非会员之间或者会员与承租方就行业经营活动产生的争议事项进行协调，制定行业自律规章创立公平竞争环境；三是通过举办培训、促进交流等加强会员风险防范意识，促进行业整体风险管理能力提升。

（三）企业自身的风险防范

为防范风险，融资租赁企业自身也普遍采取了一定的风险防范措施，但由于企业规模不同、成立背景不同，各企业的风险防范水平存在较大差异。金融租赁公司和大型的融资租赁公司的风险防控体系比较完备，而小型的融资租赁公司管理由于规模较小，人员有限，甚至未建立专门的风险管理部门。从现有的风险防控情况来看，融资租赁公司主要从完善内部制度、尽职调查、风险评估、项目审批、租赁期管理等方面来进行风险管理。

完善内控制度，形成多维的风险防控体系。在管理上对租赁物、承租人和租金三方面分别制定细化的管理方法；在评估上从租赁物质量、承租人履约能力、保障措施强度三个维度评定租赁项目风险等级；在内部风险控制上，细化业务操作流程及管理办法。

多渠道获取承租人相关信息，做好事前的尽职调查。可参考的信息包括公开信息、企业内部信息及第三方信息。公开信息主要有：工商局网站以及调档资料、最高人民法院执行人信息、动产融资统一登记系统、政府网站、上海证券交易所和深圳证券交易所等公开信息。企业内部信息主要来自企业提供的资料，如企业基础资料、财务报表、纳税申报表、银行流水等。第三方信息包括第三方机构出具的审计报告、评级报告、企业征信报告以及行业研究报告等。其中，企业征信报告是重要的信息来源，但是由于企业征信系统的接入对企业的数据系统要求较高，目前仅有少数融资租赁公司接入企业征信系统。而大部分银行系金融租赁公司依托母行的优势，依托母行的风控系统，获取承租人的信用信息。

定性分析与定量分析相结合，评估融资租赁业务风险。对承租人的股权结构、人员构成、行业背景、经营现状、发展规划、合同文本进行定性分析，审查项目相关主体资格和法律关系，审查租赁物的合法合规性、变现能力、保值能力及租后管理难易程度。对承租人财务状况及现金流覆盖进行定量分析，判断其还款能力强弱。结合综合分析结果，确定一种或多种担保方式，通过采取账户监管、收费权质押、特许经营权质押、股权质押等方式，锁定还款来源，保障租金安全。

严格审批程序。在项目审批上，实行租赁业务专业评审委员会和审批专员相结合的审批制度。通过专业评审委员会的集体决议后，上报公司有权限领导审批，若超过相关领导权限，则逐级上报，切实降低项目风险。

以租后检查和余值评估为重点，强化租后管理。租后管理是融资租赁风险管理的重要环节，是保障租赁物安全、租金顺利回收的关键。在实践中，融资租赁公司通过定期和不定期的现场检查来开展对租赁物的监督检查，以确保承租人按照合同规定履行对租赁物的日常维护义务，不存在二次转让等违约行为。同时，结合租赁资产的运行状态、资产损耗、市场估值等情况对租赁资产余值及其风险情况进行综合评估，并将相关报告报送风险管理部。

第二节　租赁风险分类与监管存在的问题

尽管中国融资租赁业在监管层面、行业层面及公司层面均采取了相应措施来防范行业风险，但行业仍面临风险认识不全面、监管方式较初级、监管体制待完善等问题。

一、对租赁风险的认识不全面，有待深化

目前，无论是监管部门、行业协会还是专家学者，对于租赁风险的研究多局限在信用风险、流动性风险及市场风险等微观性风险上，鲜少涉及中观风险和宏观风险，对于融资租赁行业的外溢性风险研究更是少之又少，对融资租赁风险缺乏全面且深入的认识和评估。

从监管部门来看，商务部对融资租赁业的监管基本类似于对企业的监管，忽略了融资租赁的金融属性，主要是防范微观风险且并不全面，如关联交易风险、客户集中度风险等，对市场风险、流动性风险的防范都缺乏具体的规定。中国人民银行及中国银行业监督管理委员会对金融租赁公司的监管相对严格，基于银行的监管经验，其对微观风险的监管要更加到位，但依然缺乏对外溢性风险、宏观风险、行业风险的监管。

从融资租赁行业协会来看，其虽然建立一定的行业自律，但实际上更多的是发挥其服务功能，在行业宣传、人才培训、经验交流、数据统计等方面发挥着较大的作用，在融资租赁行业风险认识和防控方面发挥的作用较小，且行业协会对融资租赁企业的约束力有限。在风险防范的种类上也较为单一，重点是处理会员之间或者会员与承租人之间的合约纠纷，即信用风险。

从融资租赁企业自身来看，不同的租赁企业对于风险的关注和认识略有差异，但普遍更关注承租人违约风险、自身流动性风险等微观风险管理，对行业风险等中观风险和宏观风险的认识不足，并且忽略对行业外溢性风险的防范。从融资租赁企业的具体风险防范措施也可以发现，融资租赁企业的风险防范基本是围绕具体项目展开，包括事前风险防范、风险评估、项目准入等，归根到底是防范承租人违约以及违约发生后的风险补偿，对宏观经济环境及行业发展的分析判断、评估明显不足，且缺乏具体的防范措施。

二、监管体制的构建有待完善

（一）风险监管架构有待完善

1. 监管部门在监管的全面性和协同性方面有待完善。中国融资租赁行业风险目前处于分头监管的状态，对融资租赁企业的风险监管其实是由各监管部门依据自身行政职能的划分而交叉开展的，在监管的全面性和协同性方面仍有待完善。金融租赁公司风险监管的覆盖范围较为全面，既接受人民银行开展的宏观审慎管理还接受中国银行业监督管理委员会的微观审慎管理。但对于融资租赁公司而言，监管较为宽松，《融资租赁企业监督管理办法》并未对融资租赁企业的风险管理体系的建立做具体要求，在宏观审慎管理、微观审慎管理等方面缺乏监管部门的防控和问责。

现有的分头监管一方面造成统一业务的市场主体所受到的监管标准不一，有失公平。另一方面，分头监管容易造成空白监管或者重复监管，还增加了监管协调成本，例如多头登记本质上就源于分头监管。然而，改变分业这一现状也存在较大的困难，难以确定统一的监管部门和制定适应各类主体的监管规则。对金融租赁公司来说，部分银行系金融租赁公司通过母行优势与银行、基金、信托公司等加强项目合作，获得融资支持，同时在不断加强金融衍生工具的开发与运用，与银行有千丝万缕的关系，且其金融属性更强，因此将它交由中华人民共和国商务部监管并不适宜。而融资租赁公司数量庞大，发展参差不齐，许多中小型融资租赁公司必然难以满足中国银行业监督管理委员会严格的金融监管要求，此外也加大了中国银行业监督管理委员会的监管负担，因此实现统一监管，还需要一个较长的过渡期。

2. 行业自律组织未能充分发挥监管作用。目前，金融租赁公司、内资商业租赁公司及外资商业租赁公司都有自己的自律组织，各地方也建立了地区性的自律组织，各自律组织在风险管理上的主要职责大致相同，但具体手段、具体的要求存在差异，缺乏统一的行业规则。另外由于各自平等，无隶属关系，制定统一规则的难度较大。为此，中国在2014年成立了一个全国性的融资租赁行业协会，但是作为融资租赁行业唯一的全国性自律组织，该协会成立时间太短，有关融资租赁行业监管的一些规章制度还需要继续完善，有待时间与现实的检验和考证。因此，可以说中国融资租赁行业的内部自律性监管在短期内恐怕仍无法有效发挥作用。

3. 企业自身风险管理机制不健全。一是公司治理结构不健全，近年来融资租赁发展迅速，融资租赁公司数量快速增长，但大多数公司治理结构不健全，董事会、监事会、经营管理层之间的制衡机制未真正建立；二是内控制度建设不完备，业务开拓与内部制度建设不同步，特别是在新业务、关键岗位和关键环节的监督管理上存在疏漏；三是面对国际市场复苏缓慢和国内市场供给侧改革不断深入、“营改增”试点全面推开、新的会计准则对租赁业务模式的重新定义以及同业竞争日益加剧等客观情况，融资租赁公司风险管理体系急需随着形势的变化而不断完善。

（二）风险监管内容不全面

由于对风险的认识存在不足，监管部门、行业协会及融资租赁企业在融资租赁风险监管内容上也存在不足。监管部门对融资租赁企业的风险监管是基于自身履职开展的，监管内容不具全面性及针对性。一是全面性不足。以中国银行业监督管理委员会和商务部为例，二者对金融租赁企业和商业性租赁企业的风险监管有类似之处，均更侧重于微观风险的监管，如均对事前风险评估、关联交易风险防范、规避权属纠纷、客户集中度风险防范、信息披露等提出具体要求，但是对行业外溢性风险未采取有效的防范措施，因此未能及时避免e租宝事件的发生。同样，融资租赁行业协会的自律监管也是如此，其对风险的监管更多的是对合约纠纷进行调解。对金融租赁公司而言，由于面临更严格的金融监管，且依托母行的优势，其风控体系较为完善，但对融资租赁企业来说风险防范水平则参差不齐，受自身商业属性影响，对风险的防范也仅限于自身财务风险、信用风险等方面。二是针对性不足。中国人民银行、中国银行业监督管理委员会等虽对金融租赁公司分别实施宏观审慎及微观审慎监管，但均是参照对银行的监管方式及监管体系，但融资租赁业务与银行存贷款业务毕竟存在本质差异，需要建立专门的风险监管方法，直接参照对银行的监管，存在一定的不适性，存在监管不到位及过度监管的问题，不利于金融租赁公司的发展。

（三）风险监管方法较为初级

在具体监管手段上，主要依赖融资租赁企业的数据报送。商务部门主要利用全国融资租赁企业管理信息系统在业务活动、内部控制和风险状况等方面实现对融资租赁企业的信息化监管，融资租赁企业通过在系统上如实填报有关数据来实现信息披露。而人民银行和中国银行业监督管理委员会对金融租赁公司的监管通过金融租赁公司定期报送相关报表实现信息披露。这种依赖被监管者数据报送来进行风险监测存在较大的道德风险。

在具体监管指标的设置上，缺乏融资租赁的行业特色。对金融租赁企业的监管借鉴了对银行业的监管方法，如要求金融租赁公司对资产进行五级分类、计提风险准备等，还制定了一系列的监管指标，如不良资产率、单一客户融资集中度、单一集团客户融资集中度、单一客户关联度等，融资租赁公司的监管指标主要是一般的财务性指标，指标体系过于简单，既未覆盖所有的风险类型，也缺乏融资租赁业的行业特性。

在监管标准上，对金融租赁公司的监管标准是在银行的监管标准上做细微调整，对融资租赁的监管更近似于对一般企业的要求。监管标准不统一，未在风险识别、预警、评估上形成行业标准。

第三节　租赁风险分类与监管国际经验借鉴

20 世纪 50 年代，融资租赁业起源于美国，经过几十年的发展，美国、西欧、日本、韩国等国家和地区在融资租赁风险监管、经营管理方面积累了丰富的经验。另外，融资租赁业务本质上是通过融物的形式实现融资目的，属于类金融业务，因此国际上对金融机构实施监管的主要理念和方法对中国融资租赁业的监管而言也具备一定的借鉴意义。基于以上考虑，本节先从一般意义上金融监管的角度梳理国际上主要的金融监管理念和方法，再结合各国融资租赁业监管实际，汇总整理各国在融资租赁业风险监管方面的具体做法，进而对中国融资租赁业的风险监管提供参考。

一、主要的金融监管理念和实践

按照防范风险的类别的不同，可以将金融监管划分为微观审慎监管和宏观审慎监管，微观审慎监管是对单个金融机构的监管，而宏观审慎监管是对金融体系系统性金融风险的监管。按照监管方式的不同可以将金融监管划分为机构监管和功能性监管，机构监管是指金融机构“由生到死”的全过程都必须由专门对应的监管机构实施全程监管，功能性监管则是打破金融机构的个体概念，由其具体开展的业务决定其具体的监管机构，一个金融机构可能对应多个监管机构。

（一）微观审慎监管和宏观审慎监管

在2008年国际金融危机的爆发前，传统的金融监管理论认为，金融系统整体的风险来源于金融机构个体风险，只要保证金融机构个体的安全稳健，就能实现整体的金融稳定，从而避免金融危机的产生。因此，依据传统金融监管理论而搭建起来的全球金融监管框架——《巴塞尔协议Ⅰ》和《巴塞尔协议Ⅱ》的监管重点为单个金融机构的风险防范。但是随着经济金融全球化的发展，金融格局发生深刻变化，金融机构间的趋同操作、关联交易使得系统风险和个体风险并非保持线性相关。金融机构个体审慎并不能带来整体审慎。2008年国际金融危机的爆发使得各国金融监管机构真正的重新审视了以微观审慎监管为主的传统金融监管理论，在传统金融监管中融入宏观审慎思维成为大家的共识。

宏观审慎管理的监管对象为整个金融系统，通过宏观压力测试、早期预警等来研究金融系统与宏观经济之间以及金融系统内部各主体之间的相互作用。通过评估金融系统的脆弱性，了解金融风险在不同行业、不同区域、不同机构间的传导机制，有针对性地采取监管手段，达到维护金融稳定，实现经济平稳发展的目的。宏观审慎监管主要防范两个维度的金融风险，分别为跨行业维度和跨时间维度。通过识别系统性重要金融机构的金融风险类别及其分布情况，控制金融机构间的关联性来防范风险的跨部门、跨行业传播。通过控制金融机构顺周期性来降低风险的跨时间维度积累的风险。例如在经济上行阶段，储备资本，降低信贷规模，而在经济下行期，降低金融机构资本储备，释放上行阶段储备的资本，增加对实体经济的信贷支持。从而一定程度缓解金融监管部门单纯关注单个金融机构资产安全性和经营稳健性而带来的社会信用收缩、加剧经济危机的问题。

金融危机以后，巴塞尔委员会对监管标准进行了调整，将微观审慎监管和宏观审慎监管结合起来，制定一系列文件组成了《巴塞尔协议Ⅲ》,《巴塞尔协议Ⅲ》主要包括以下几点，一是对《巴塞尔协议Ⅱ》的三大支柱（最低资本要求、监督检查、市场约束）进行了重新定义或进一步要求，如重新定义了资本构成，提高了资本框架的风险覆盖范围，尤其是对表外工具风险及金融衍生产品的交易对手风险覆盖；提高了最低资本要求比率、引入了杠杆率；提出了17项流动性风险管理原则、更加重视压力测试以及各国之间的监管协调；提高信息披露要求，增加了对交易账户、表外交易工具、内部风险评估方法等风险和信息的披露。二是加强流动性管理，从短期和长期提出了两项流动性比率标准，分别为流动性覆盖比率和净稳定融资比例。三是提出建立资本留存缓冲和逆周期资本缓冲，在资本要求中考虑了宏观金融环境对金融机构的影响。

基于最新金融监管理论的《巴塞尔协议Ⅲ》弥补了传统金融监管只专注于防范单个金融机构风险的不足，在进一步强化单个机构风险监管的同时更加重视对系统性风险的防范。微观审慎和宏观审慎相结合的监管理念对融资租赁业的监管同样适用，尽管融资租赁公司之间的关联性不同于银行等金融机构明显，但是其在经营过程中同样存在趋同化、关联性的交易，也共同面临市场风险、政策风险、法律风险等宏观风险。因此，中国在对融资租赁业进行监管的同时，既要重视对单家融资租赁公司进行微观审慎性监管，又要站在地区、行业的角度防范整体性风险，实施宏观审慎监管。

（二）机构监管和功能监管

1995 年，英国学者迈克尔·泰勒在“双峰监管”理论中提出了行为监管。泰勒认为在金融监管中存在两个并行的目标，一是审慎监管目标，即上文所述的防范单个金融机构风险的微观审慎监管和防范系统性金融风险维护金融稳定的宏观审慎监管；二是行为监管目标，指的是为提高金融效率而采取的监管，包括提高金融市场透明度、诚信建设、金融消费者权益保护、促进公平竞争和减少金融犯罪五个方面。泰勒的“双峰监管”理论主张由专门的监管部门对单家机构实施全程的审慎监管，他的这一理论对澳大利亚、英国等国家的金融实践产生重要影响。1998 年，澳大利亚成立金融审慎监管局，负责对吸收存款的机构、保险公司等实施审慎监管，由澳大利亚证券与投资委员会承担金融消费者保护职责。2011 年英国成立金融行为监管局，负责监管银行、保险以及证券。

功能监管的概念首次出现在美国学者罗伯特·默顿1993 年的一篇论文中，他认为在金融创新不断发展的过程中，金融机构的金融产品和服务在不断变化，会不断突破原有金融监管部门对其监管的边界，因此主张对发挥金融功能相同的机构、开展类似金融活动的机构进行相对一致的金融监管，防范金融监管套利。默顿的功能监管理论在美国的监管中得以体现，并且在一定程度上推动了美国金融体系的混业经营。1999 年美国参众两院通过了《金融服务现代化法》，废除了 1933 年制定的《格拉斯—斯蒂格尔法》，彻底结束了银行、证券、保险分业经营的局面。在法案中，对监管对象的界定由具体机构转为金融服务，银行、证券、保险等业务分别受各功能监管当局监管，联储对金融控股公司实施并表监管，而不直接对其附属的银行、证券和保险法人实施监管，这种模式也被称为“伞形 + 功能性监管模式”。

中国融资租赁行业目前根据公司的准入机构不同分别受到不同机构的监管，其监管标准也存在较大差异，一定程度上不符合公平竞争的原则。从理论上看，无论从机构监管角度还是功能监管的角度出发，均应对融资租赁行业监管机构、监管标准进行统一，否则容易出现监管套利、监管不足、过度监管等风险。

二、融资租赁业风险监管的实践

从融资租赁行业监管的国际经验来看，鉴于成熟的市场机制以及健全的法律体系，国外对融资租赁行业的监管普遍较宽松，以下以融资租赁业较为发达的美国、日本、德国、韩国为例，介绍这些国家在融资租赁业风险防范上的主要实践。

（一）美国

无专门的监管部门。监管部门美国对租赁业的监管较为宽松，没有专门的监管、不设专门的法律，只是业务涉及的相关领域由各部门自行监管，将融资租赁公司视同普通企业同等对待。与中国类似的是在美国，具备银行背景的融资租赁公司也要受到银行监管部门的监管，这主要是为了保护存款人利益。

行业组织实施行业自律。虽然美国融资租赁业没有专门的政府部门进行监管和干预，但行业协会和第三方机构对行业规范发挥了重要作用。美国设备融资租赁协会（ELFA）是行业信息规则的主要制定者，同时保持与联邦政府以及州政府之间的联系，参与相关法律法规及会计事项的确定，借助举办论坛、开展调研等促进企业间的交流与合作。

融资租赁企业积极采取措施防范风险。一是积极运用保险与担保。租赁企业在租赁过程中也会对价值较高的租赁商品也会进行投保，或者要求承租人购买与租赁期限相应的租赁商品保险等。二是建立托拉斯信贷制度，即采用联合租赁的方式，由若干出租人组成托拉斯代理公司，共同筹资购买设备，然后出租给承租人使用，出租人共同承担租赁业务的风险与共享收益，从而降低单一出租人在出租大型设备时面临的风险。三是建立完善的信用评估体系，出租人可较为全面地掌握承租人的信用情况。四是建立坏账政策和保证金制度。美国租赁业规定逾期 3 个月就计为坏账，坏账比例一般控制在 0.75%之内，同时，承租人需根据其自身的信用评估等级缴纳不同额度的保证金，以降低出租人风险。五是在租赁公司和供应商之间建立回购制度。美国 80% 的租赁项目都是通过供应商推荐给租赁公司的，且租赁公司与供应商之间都有回购协议，从而进一步降低租赁公司的运营风险。

（二）德国

与美国类似，德国也仅是对融资租赁业进行适度监管。融资租赁公司分为厂商系、银行系及独立融资租赁公司。其中，对银行系融资租赁公司以及厂商系融资租赁公司中具有银行背景的公司实施较为严格的监管，通过对母行实施严格监管实现对融资租赁公司的监管。而对于没有银行背景的融资租赁公司，不采取任何监管措施，主要由市场进行调控。银行系融资租赁公司的监管机构包括金融监管局及中央银行。金融监管局负责相关业务的审批及营业许可、人员的培训及后期教育等，通过追查欺诈者、反洗钱等维护市场环境。融资租赁公司需按规定提交相关的业务信息，以便金融监管局进行监管。中央银行主要通过审核企业的业务报告进行风险监测，并提供指导服务。

（三）日本

为了促进行业发展，日本对融资租赁业的监管也较为宽松，只是对于银行系的融资租赁公司与其母公司一起受到监管部门的监管。为了防范行业风险，日本在 1973 年行业起步阶段就建立起了较为完善的政策性保险制度，实施强制保险。当承租人破产时，由政策性保险公司负责对出租人进行一定的赔偿。

（四）韩国

与上述国家相比，韩国对融资租赁业的监管较为严格。一是建立了融资租赁业的专项法律及规范文件，如《租赁业法》《韩国租赁业务条例》《韩国租赁业务条例规则》《韩国资料业务条例实施令》等，规范了融资租赁业的发展，降低了法律风险。二是限定了公司经营范围。对公司经营的业务领域及融资方式进行限制，不允许吸收公众存款，并且要求每月报送公司的经营情况报告，提供财务报表、账簿等材料，且监管机构可以随时查阅公司的财务报告等，了解公司的财务状况。三是建立了严厉的处罚措施，如公司违规开展业务或进行融资的需视情况缴纳不同等级的罚款，未按规定递交材料的将受到500万韩元以下的罚款，违反法律规定的，将受到有期徒刑及罚款形式的刑法处罚。

由上述实践可知，这些国家对融资租赁业的监管均较为宽松，普遍将非银行系融资租赁公司视同普通企业来管理，将银行系融资租赁公司作为银行业务的一部分，通过监管母行来进行间接管理。尽管这些国家对融资租赁的风险管理较为宽松，但对风险的防范并未放松，像美国和日本较早就建立了完善的政策性保险制度，更多地通过市场化的手段来防范风险。

第四节　强化租赁风险分类与监管建议

一、监管部门加强沟通协调，提高监管的全面性、统一性

（一）出台专项法律，完善融资租赁业的配套法律制度

当前，融资租赁业风险管理面临的系列问题，如认识不全面、监管不统一、监管方法落后等归根到底是由于缺少规范金融租赁公司的配套法律制度，融资租赁亟须立法规范。为此，监管部门可先在监管方面制定融资租赁业统一的监管办法，以现有的机构监管为基础，融入功能监管，在监管规则、物权保障、行业标准等方面做到有法可依，解决监管标准不统一、监管内容不全面的问题。待条件成熟后，进一步提高立法层级，出台《融资租赁法》，积极推动融资租赁业的立法建设，推进监管机构的统一。以法律的形式确定融资租赁行业的监管部门，规定融资租赁行业监管的市场准入机制和经营监管机制，同时明确融资租赁业统一的全国性自律组织。

（二）建立协调机制，形成监管合力

中国银行业监督管理委员会、商务部等融资租赁相关的监管部门应共同建立联席会议机制，就融资租赁行业相关的行业准入、风险监管、平台搭建等方面内容进行沟通，尽量减少同一行业不同主体在行业准入、风险监管方面的差异性，为日后的统一监管奠

定基础。在日常监测上加强协作，实现风险信息共享，以更好地掌握行业面临的整体风险。最后，在风险排查上加强协作。例如网贷平台的融资租赁产品风险，其涉及的主体众多，应该整合监管力量，避免监管缺位的现象。

（三）做好融资租赁公司风险监测，防范金融稳定风险

一是做好日常的数据监测。建立现场和非现场的数据核查制，切实提高融资租赁公司及金融租赁公司日常数据报送的质量。针对企业所报送的数据，利用财务数据间的勾稽关系、近几年的数据报送情况进行非现场的全面核查，针对异常变动数据及时与企业确认，并随机抽查部分企业进行现场检查，进一步提高数据监测的效果。此外，建立重点数据指标数据库，及时掌握辖内融资租赁公司经营状况、风险状况等，特别是重点融资租赁公司要加强监测，关注其关键指标的变动。

二是继续加大融资租赁行业的风险排查，确保融资租赁业回归服务实体经济的本源。应特别关注融资租赁公司与互联网金融、网贷平台、第三方财富管理公司合作中产生的风险，强化网贷平台的信息中介定位，防范 P2P 网贷平台融资租赁产品资金自融风险，警惕融资租赁行业非法集资风险。通过企业自查、信息化监管、现场检查和人员约谈相结合的方式，围绕对企业基本信息、业务开展情况、境内外融资等主要内容，对重点企业、平台进行全面的风险排查，切实防范网络平台虚构交易、虚假宣传、超杠杆经营、虚假宣传、以融资租赁为名义实际从事资金融通业务甚至变相发放贷款吸收存款等风险。

二、行业协会强化风险管理职能，促进行业风险意识及风险防范能力的提高

（一）发挥研究优势，构建融资租赁行业综合评价体系

发挥贴近融资租赁企业的优势，强化对租赁理论、政策、法规、行业发展的研究，针对中国融资租赁行业存在的诸多问题，特别是强化对融资租赁业宏观风险、中观风险的研究，在全面分析研究的基础上，借鉴其他行业的评价体系，构建专属融资租赁行业的评价方法和考核标准，为监管部门的监督管理、融资租赁企业的风险防范提供参考。

（二）强化风险教育和政策指导，提高企业的风险意识

通过举办研讨会、定期走访、风险提示等形式，对融资租赁公司进行深入的风险教育和政策指导，提高管理人员及从业人员的风险意识。通过举办专业培训会、设立网站、编辑出版会刊及其他专业材料的方式，为政府、监管机构、融资租赁企业提供信息服务，提升风险管理水平。

（三）促进行业协会间的交流与合作，共同参与制定统一的行业规则

在做好本地区租赁企业日常风险监测、分析和预警工作的同时，加强行业协会间的交流与合作，做好信息共享，防范跨地区的融资租赁风险。共同研究制定行业自律规则

和职业道德规范，消除地区差异，规范会员行为，坚持职业道德标准，推动行业诚信建设，维护公平竞争的市场环境。

三、融资租赁企业完善内控管理，建立风险识别和控制体系

（一）完善相关管理规章制度

融资租赁公司的风险防范应重点从建立和完善公司各项管理制度入手，逐步完善风险控制和预警体系，有效预防各类风险。建立完善的业务操作流程、岗位职责，形成前台、中台、后台相互制约、相互监督的管理体系，对业务拓展、尽职调查、项目审查、项目评议、租后管理、财务核算等环节均实行双人操作，加强相互监督。完善公司治理结构，建立相应的股东会、董事会和监事会议事规则，根据项目金额和性质建立分级授权审批制度。另外，应建立前台、中台、后台定期轮岗制度，绩效薪酬的发放与项目执行期限和执行情况挂钩，避免绩效前多后少可能造成的短期行为，强化前台业务部门的风险意识。建立完备的公司审计制度，实行内部审计和外部审计相结合，公司审计部门直接向股东会负责并及时报告。

（二）建立融资租赁业务风险管理系统，完善风险预警机制

建立健全自身的风险管理系统，涵盖尽职调查、商务谈判、资料收集、项目审查、项目评议、项目批复、项目操作、租后管理、资产分类、租金回收、风险预警、资产管理和处置、财务核算、公司审计等模块，形成对租赁业务风险的全覆盖和全流程控制。建立风险预警机制，通过适时更新租赁项目和承租企业的定性、定量指标和数据，及时收集与分析有关融资租赁风险评定的重要信息和融资租赁企业内部业务运作信息，使融资租赁企业在风险动态控制中始终保持健康状态运营。

（三）丰富事前、事中、事后的风险防控手段，最大化防范和降低风险损失

在风险的事前防范上，提高事前尽职调查的质量，在完成相应资料的收集工作后应通过第三方机构对资料的真实性进行印证。此外，除通过收取保证金、增加担保、抵押等措施保障自身权益外，还应通过购买保险等措施进一步降低租赁物损坏、承租人违约可能带来的损失。在风险事中跟踪上，应对客户的经营状况进行严格及有效的跟踪，随时对客户公司发生的不利变化做好应对准备。例如，可通过定期走访调查、有针对性地收集客户营业数据、掌握客户对租赁物的实际使用情况等来及时发现客户在租赁项目开展过程中发生的不利变动。在风险的事后应对上，一是针对不同的风险类型制定不同的风险应急预案，如针对信用风险的不良资产处置的应急预案、针对流动性风险的紧急资金补助的应急预案等，并且根据业务情况及时对应急预案进行修订，一旦发生相关风险，及时启动应急预案。二是当风险发生时，特别是当风险处置涉及主体较多、影响范围较大时，应及时向主要的监管部门汇报，由监管部门统一制定风险处置措施。

（四）提高业务人员的专业素养和风险防范意识

在风险管理过程中，风险管理的水平很大程度上取决于管理人员及业务人员的风险意识和风险管理素质。因此，加强融资租赁风险管理，要从提高风险防范意识、增强责任约束等多方面入手，打造优秀的风险管理团队。首先，融资租赁公司应加强对从业人员的专业培训，提高从业人员的专业技能，大力培养金融、会计、法律、飞机制造等行业相关方面的专业人才，在提高从业人员专业技术水平的同时增强从业人员的风险识别能力。其次，融资租赁公司在选拔员工时，还要重视被选拔员工的职业素质，应恪守职业道德。最后，要不断完善从业人员的考核机制和激励机制，对于业绩突出的项目组和相关人员可以给予提拔晋升、发放奖金或股份奖励，来调动员工的积极性；而对于造成融资租赁项目失败的相关人员，应给予批评、警告、停发工资或奖金，如果相关人员是为了自身利益而给公司造成损失的，情节严重应给予除名并移交司法机关审理。通过不断优化企业文化，来树立员工对企业的忠诚度，防止因内部人员因素造成的风险。

第九章　融资租赁业配套服务体系建设与完善

国内外区域经济和产业发展的实践证明，任何一个区域性产业都不可能孤立发展，在某一地域发达的优势产业背后必定有发达完善的相应配套体系作为支撑。近年来，中国融资租赁业发展环境已经有了较大程度的提升，以天津融资租赁发展为代表，相关融资租赁配套服务体系建设初见成效。

第一节　配套服务体系建设发展现状

融资租赁业发展所需的配套环境是一个立体化、多元化的系统，涵盖了监管、税收、会计、法律、政策、人才、中介服务、专业化平台搭建等方面的内容。中国融资租赁配套服务已经取得了一定的成绩，尤其是天津作为全国融资租赁重要聚集区，各项配套服务取得的成绩和亮点较为突出。

一、全面、正确理解融资租赁配套服务体系

（一）融资租赁配套服务体系的内涵和主要内容

与融资租赁关联性较强的配套服务要素主要包括法律法规保障、会计准则界定、税收政策、监管制度适度四个方面。其中法律保障能够确保租赁业务正常开展，《会计准则》能够准确界定经营活动是否属于融资租赁的法律保护范围，税收优惠使得区域发展租赁业更具备成本优势和吸引力，完备的监管制度能够引导租赁业有序发展，维护金融市场秩序。结合中国及天津融资租赁业务发展特点，除国际上通行的法律、会计、税务、监管配套服务外，还包括：一是相关政策及规定，包含国家及各省市，为引导融资租赁业务持续、健康发展出台的一系列扶持政策。二是融资相关金融环境，包括融资渠道的拓展、融资成本的高低、外汇管制政策等。三是中介服务机构，主要包括行业协会、中介机构、研究机构、产业合作联盟等，以及保险、评估、咨询、代理、报关、仲裁等方面的配套服务。四是租赁人才队伍建设。主要包括人才的引进、培养、培训和激励政策等方面的内容。五是行业标准和行业统计制度。是否具备统一、规范、全面的融资租赁业统计制度和评价指标体系。

（二）完善融资租赁配套服务体系的意义和作用

融资租赁具备逆周期的发展特性，近年来始终保持着较高的增长态势。完善融资租赁配套服务体系，运用融资租赁手段，能够更好地服务实体经济发展，落实京津冀协同、“一带一路”等国家战略和倡议。通过不断吸引一批大项目、好项目入驻，带动上下游产业要素集聚，有效带动天津传统产业转型升级，巩固融资租赁在全国的领先优势地位，进而加快天津租赁业国际化步伐，提高在全球租赁业的市场竞争力和话语权。有助于带动整个中国租赁业逐步迈入健康、良性、可持续发展的轨道。

二、国内及天津融资租赁配套服务体系建设现状

从全国融资租赁配套服务体系建设情况看，2017 年 8 月，商务部发布《中国融资租赁业发展报告（2016—2017)》，提出融资租赁行业规模平稳较快增长，聚集效应进一步扩大；业务领域纵深拓展，在飞机、航运等传统行业逐年增长的同时，将向医疗卫生、清洁能源等板块迅速延伸。企业、协会、政府等多方协同，加强人才培养、配套服务和行业自律，通过多种手段强化行业风险防控能力，强化事中事后监管，促进融资租赁行业健康发展。以上海融资租赁配套服务建设为例，上海已经成为全国融资租赁发展集聚地。截至 2016 年底，上海共有各类融资租赁企业 2089 家，占全国企业数量总数的近 30%，资产规模已超过 1.2 万亿元，约占全国总量的 23%。除不断创新融资租赁业务模式外，还在优化融资租赁发展环境方面积极探索尝试，例如率先开展了融资租赁经纪服务试点业务，成立全国首家融资租赁经纪公司。率先成立租赁行业调解中心，探索解决租赁经济纠纷的法律救济新途径，完善融资租赁发展的法律环境。率先实施洋山保税港区“保税船舶登记”试点，上海成为全国首个开展“保税船舶登记”的试点区域，进一步推动跨境船舶租赁等创新业务发展。加强上海融资租赁全行业监管。制定了融资租赁业统计制度。完善内资融资租赁试点管理。上海市商务委员会出台了《关于加强本市内资融资租赁试点管理工作的通知》，进一步规范了内资试点企业统计制度和重要事项变更备案制度，建立了内资融资租赁试点企业信息库。加强公共服务和专业服务。研究建设融资租赁公共服务平台，实现政策发布、信息查询、统计分析、专业服务、资产交易等功能。此外，2016 年 8 月，上海市人民政府办公厅发布的《关于加快本市融资租赁业发展实施意见》中提出，完善公共服务，强化风险防范和监管工作。重点围绕加强融资租赁事中事后监管、发挥行业协会自律服务作用、加强人才队伍建设以及逐步建立统一、规范、全面的融资租赁业统计制度和评价指标体系等方面，加快推进落实具体措施。

就天津而言，目前在融资租赁业配套服务体系建设上已经进行了积极探索和尝试，并取得了初步成效，形成了融资租赁业的集中集聚高地、先行先试政策高地、环境制度保障高地和产品服务创新高地。尤其东疆保税港区作为天津融资租赁发展主战场，在融

资租赁各项配套服务体系建设上成效和亮点颇为显著。

（一）各类扶持政策陆续出台

1. 国家层面支持政策。2011 年 5 月，国务院批复的《天津北方国际航运中心核心功能区建设方案》（国函〔2011〕51 号）中提出，“要求东疆先试先行，全面做好租赁业改革创新试点”。第四条特别提到为探索租赁业务创新试点，包括项目子公司管控模式、飞机租赁新模式操作、外债规模和飞机引进指标、融资租赁出口退税、船舶和设备租赁内容。2014 年底，国务院批复天津自贸试验区总体方案，租赁业成为天津自贸试验区金融改革的最大特色和亮点，东疆保税港区作为天津试验自贸试验区发展租赁业的核心片区，重点围绕“率先推进租赁业政策制度创新，形成与国际接轨的租赁业发展环境，加快建设国家租赁创新示范区”发力。

国家各部委也陆续出台相关措施，从机构和业务监管、税收、跨境投融资等方面支持天津租赁业集聚发展。2010 年 1 月，银监会印发了《关于金融租赁公司在境内保税地区设立项目公司开展融资租赁业务有关问题的通知》，其中提到“允许金融租赁公司在保税区设立单机单船项目公司（SPV）”，SPV 这一模式创新可以有效隔离母公司经营风险，降低税收负担。2012 年 7 月，财政部、海关总署、国家税务总局为更好地支持出口租赁业务发展，联合印发了《关于在天津东疆保税港区试行融资租赁货物出口退税政策的通知》（财税〔2012〕66 号），对政策内容、适用范围以及退税细则做了详细说明。2013 年 5 月，财政部、国家税务总局印发《关于在全国开展交通运输业和部分现代服务业营业税改征增值税试点税收政策的通知》，批准在天津市实行融资租赁增值税抵扣政策。2015 年 5 月，海关总署发布《关于支持和促进中国（天津）自由贸易试验区建设发展的若干措施》，提到支持天津市开展保税租赁业务试点，对租赁资产试行“入区退税、进区保税”政策，并率先在天津市开展租赁物异地委托监管。2015 年 7 月，商务部办公厅《关于融资租赁行业推广中国（上海）自由贸易试验区可复制改革试点经验的通知》中提出，支持天津市在自贸试验区内自主审批设立内资试点融资租赁公司和外商投资融资租赁公司，允许融资租赁公司兼营保理业务。2015 年 12 月，中国人民银行印发《关于金融支持中国（天津）自由贸易试验区建设的指导意见》（业内简称津版金改 30 条），将融资租赁作为重点，提出了 5 条 12 项支持租赁业发展的创新举措，在跨境投融资和资金运营管理方面给予了政策支持，其中多项为独家试点。目前资本金意愿结汇、外债意愿结汇、跨境融资宏观审慎管理、收取外币租金、跨境资金集中运营管理等创新政策陆续在自贸试验区落地实施。

2. 地方层面支持政策。2015 年 1 月，天津市人民政府办公厅发布《关于促进我市租赁业发展的意见》和《关于加快我市融资租赁业发展的实施意见》，这两个文件的出台意义重大。从具体内容看，从租赁公司设立、租赁合同权属登记、物权保护、多渠道融资、市场培育、业务创新、财税优惠和提高行政审批效率等方面明确了支持租赁业发展的政策制度。天津市金融局等部门也纷纷出台政策，例如，在《关于做好融资租赁登记和查询工作的通知》中提出，“在天津市范围内率先确立租赁登记对抗制度，有效避免租赁物权属纠纷”。天津市财政局等部门出台了《天津市促进现代服务业发展财税优惠政策》，租赁业作为天津现代服务业发展的重要组成部分，提到“给予租赁机构设立奖励、营业税所得税减免、办公用房补贴、高级管理人员个人所得税补贴等财税支持”。天津市国税局、天津市地税局出台配套措施，解决了融资租赁增值税差额纳税、售后回租契税免除和增值税开票、增值税超额返还等问题。中国人民银行天津分行在外汇管理、借用外债资金和跨境租赁资产应收账款保理等方面给予了有力支持。在各项政策的密集出台和政府高度重视下，以东疆保税港区为主要承载地的天津融资租赁发展规模不断壮大，企业集聚效应不断显现，各类业务创新模式不断推出。

在推动融资租赁业发展工作机制上，天津市通过集聚多方力量，形成支持租赁业发展合力，目前已经建立了由分管市领导牵头负责，13 个单位共同参与组成的推动融资租赁业发展联席会议制度。2016 年 10 月，天津市发展改革委、天津市金融工作局联合发布《天津市融资租赁业发展“十三五”规划》（以下简称《规划》），文件中明确提出了“十三五”期间租赁业改革发展的主要任务和工作措施，例如加快建设国家租赁创新示范区，发挥辐射带动作用。构建多元化的租赁机构体系，增强集中集聚效应。推动管理经营创新，优化行业发展模式。推动产品服务创新，加大服务实体经济力度。推动融资租赁业国际化发展，服务对外开放战略。拓宽租赁公司融资渠道，支持企业可持续发展。积极争取先行先试政策，支持行业创新发展。加强行业基础设施建设，提高配套服务水平。健全风险防控体系，促进行业健康发展。同时，《规划》还提出，到 2020 年底，力争天津市租赁业（含金融租赁公司和内、外资融资租赁公司）总资产突破 1.4 万亿元，租赁资产突破 1.2 万亿元。“十三五”时期，天津市租赁公司总资产和租赁资产年均增速保持在 15% 以上，金融租赁公司（含专业子公司）力争达到 15 家，总资产超 100 亿元的租赁公司超过 25 家。《规划》的出台为加快国家租赁创新示范区建设，提供了明晰的时间表、路线图和任务单。

（二）配套司法法制环境不断改善

1. 司法领域组织架构不断完善。目前，天津融资租赁法治环境不断完善，在提升法制服务能力、满足企业司法需求等方面先行先试，天津自贸试验区法庭、天津自贸试验区检察室已经落地东疆保税港区。2015 年 12 月，天津市滨海新区人民法院中国（天津）自由贸易试验区法庭（以下简称自贸法庭）挂牌成立，并于 2016 年 1 月正式启用。自贸法庭是集民商事、行政、刑事、知识产权审判等于一体的综合性法庭，选派熟悉金融、财会、航运、保险等相关领域知识的专家型复合法律人才担当自贸试验区审判重任，并建立专业化的陪审员队伍，依据“有案必立”“中外当事人法律面前一律平等”等原则，为自贸试验区构建法治化的营商环境，客观上为融资租赁业发展提供强有力的法律保障。2017 年 2 月，自贸法庭运行一年多以来，办理民商事案件 1300 多件，以高效公正的审判工作，为自贸试验区营造良好的司法环境。同时，新华社内参还专门刊发了天津自贸法庭改善金融创新司法环境的做法。此外，2016 年 6 月，天津市滨海新区人民检察院派驻中国（天津）自由贸易试验区检察室（以下简称自贸检察室）揭牌成立。自贸检察室落地自贸试验区旨在建设成为检察机关服务和保障滨海新区发展的示范窗口，为天津自贸试验区建设不断提升服务水平、营造良好的法制环境提供了有力保障。从具体的工作职责看，自贸检察室重点就天津自贸试验区内的各类检察案件，依法惩治破坏天津自贸试验区市场秩序的经济犯罪和利用职权侵犯自贸试验区内企业合法权益的职务犯罪，强化法律监督。除自贸法庭和自贸检察室外，中厚律所、汇融律所、大成律所、天津航空金融服务有限公司、毕马威等机构入驻，这些机构的引入有效推动了自贸试验区《总体方案》中的营造法制化营商环境目标和任务的实现。

2. 重要法律法规陆续出台。2011 年 11 月，《天津市高级人民法院关于审理融资租赁物权属争议案件的指导意见（试行）》，指出从事融资租赁交易的出租人，应依照《通知》规定，在“中国人民银行征信中心融资租赁登记公示系统”将融资租赁合同中载明的融资租赁物权属状况，予以登记公示。未依照前款规定办理登记公示的，出租人对租赁物的所有权不得对抗《通知》中所列机构范围内的善意第三人。2014 年 1 月，《天津市高级人民法院关于审理动产权属争议案件涉及登记公示问题的指导意见》出台，该文件在应收账款质押登记、融资租赁登记、委托公示、查询证明效力、委托登记和自愿登记等方面都给出了指导意见。2014 年 2 月，为正确审理融资租赁合同纠纷案件，根据《中华人民共和国合同法》《中华人民共和国物权法》《中华人民共和国民事诉讼法》等法律，最高人民法院制定并出台了《关于审理融资租赁合同纠纷案件适用法律问题的解释》（以下简称《解释》），并于 2014 年 3 月 1 日开始施行。该《解释》分为融资租赁合同的认定及效力、合同的履行和租赁物的公示、合同的解除、违约责任、其他规定 5 部分 26 条。

2007 年，为促进融资租赁业务发展，更好地规范金融租赁公司的经营行为，银监会制定了《金融租赁公司管理办法》。经过几年的发展，结合金融租赁公司发展实践和业务需求，立足当前中国金融租赁行业改革发展的需要，从放宽准入门槛，适当扩大业务范围，强化股东风险责任意识，实施分类管理，完善监管规则等角度出发，2014 年 3 月，银监会又对《金融租赁公司管理办法》进行了修订完善，尤其是在对适用于融资租赁交易的租赁物的范围、关联交易管理制度、资产证券化业务的规则等部分内容进行了适当调整。修订后的《办法》内容更加丰富全面，有利于引导各种所有制资本进入金融租赁行业和促进金融租赁公司科学健康发展，充分发挥融资租赁特色优势，进一步做实、做专、做强，提高服务实体经济的水平。

2017 年 2 月，天津市高级人民法院公开发布《天津市高级人民法院关于涉外、涉港澳台商事仲裁司法审查案件的审理指南》(以下简称《审理指南》)。《审理指南》共44条，主要分为一般规定、审查机制、审查规则、其他规定四个板块，对《审理指南》的适用范围、司法审查的原则、各类司法审查案件应提交的材料、人民法院相关部门间移送案卷材料、约定仲裁机构名称不准确的处理方法、保险人行使保险代位求偿权是否应受仲裁协议约束、对公共政策的严格认定等问题均作了明确规定。

(三) 平台搭建和载体建设工作有序推进

1. 天津融资租赁机构公示平台正式上线运行。2016年3月，天津市融资租赁机构公示平台正式上线试运行。为进一步支持天津中小企业，特别是发展前景好、技术水平高、市场潜力大的中小企业、科技型企业以及与产业发展密切相关的科研院所通过融资租赁方式加快装备改造升级，提高技术装备水平，促进提升发展质量效益，该公示平台实现信息共享、资源整合，在平台上，企业可以通过网络查询现行融资租赁政策法规，也可以“对号入座”，寻找各类融资租赁机构的信息。据统计，2016年上半年，该平台公示融资租赁机构达到90家，8家融资租赁机构已与60余家有购置先进研发生产设备、高端智能装备需求的企业达成合作意向，融资租赁需求金额约为17亿元。7家融资租赁机构已与27家企业签订合作协议，融资金额约为3.2亿元。

2. 配套载体建设日趋完善。目前，天津融资租赁业务主要聚集地在东疆保税港区，坐落在东疆的国家级租赁和新金融产业园成为天津建设国家租赁创新示范区的重要载体。国家级租赁和新金融产业园建成投用，将聚集金融和租赁产业链上下游企业，大力吸引租赁公司、保理公司、基金公司、资产管理公司、银行金融机构、律师事务所、会计事务所入驻，支持外汇、司法、仲裁、公证等机构和协会团体入区发展，完善租赁业发展环境，形成新的竞争优势。目前，已有近70余家企业意向入住，中铁建金融租赁公司已正式进驻，中车金融租赁公司筹备组等多家北京央企确定进驻，河钢融资租赁公司、河钢商业保理公司、都邦保险也已完成进驻工作。按照产业园发展定位和目标，以租赁产业为核心，深耕企业、市场和产业需求，立足实体经济和资本市场，形成租赁产业链两头延伸的聚集机制。同时，以司法、仲裁和金融创新研究为载体，形成租赁产业健康快速发展的保障机制。以租赁资产交易、流转功能为支撑，打造投融资与跨境资本流动相结合的国际化平台，建设全链条、立体化的产业生态支撑环境。

(四) 外部支持体系逐步完善

1. 专业化专家团队和企业服务逐步上水平。目前，天津初步形成了融资租赁人才聚集高地，以天津东疆融资租赁业务发展为例，目前东疆依托专业化团队建设，企业服务水平不断提升。建立了为辖区租赁企业提供“三位一体”的“专家+管家”式的人才队伍，服务团队为拟落地企业和项目提供注册落户、税费缴纳、报关报检、外汇管理、资产处置、信息咨询和融资服务的综合服务体系，为不同发展阶段租赁公司提供一站式、全流程服务，主要包括为租赁模式设计税务结构、制定通关模式、提供融资渠道信息、信息归集撮合交易、专业解读法规政策等方面。

2. 风险防控意识逐步增强。天津市对金融租赁公司建立风险补偿机制，支持融资租赁公司接入征信系统。目前，天津东疆已经出台了东疆租赁企业风险防控的实施方案，对于防范各类业务风险提供了指导意见。方案从总体框架、工作机制、具体项目分类、项目规范管理、事中事后监管等方面进行了详细描述。目前该方案已实施，且在助力区域把好融资租赁企业入区质量关以及防范经营性及系统性风险等方面取得了良好的效果。此外，天津东疆类金融企业风险预警处置平台正式上线并开始使用，为防范租赁业各类风险筑就了一道坚实的“防火墙”。

3. 人才培养体系不断完善。在人才培养方面，天津市通过在高校设立融资租赁专业，开展租赁职业教育培训和专业人才培养。特别是在租赁中高端人才培养上，2016 年 4 月，东疆保税港区博士后科研工作站正式设立。工作站采取“1 + N”的博士后建站体系，目前区内现有东疆保税港区管理委员会博士后科研工作站 1 家，工银租赁、民生租赁、中交天航环保等博士后科研工作站分站 3 家。特别是工银租赁、民生租赁博士后工作站的设立，填补了国内金融租赁领域博士后工作站建设的空白。博士后工作站的建立，在建立企业与高等学校、科研机构合作机制，促进产学园结合等方面发挥了重大作用，尤其是对于产业高层次人才的引进、培养、使用、交流上具有积极的促进意义。

（五）行业研究和宣传工作成效显著

1. 多家专业研究机构落户天津。目前，天津各类融资租赁研究机构层出不穷，例如融资租赁三十人论坛（天津）研究院（以下简称 CFL30）落户天津东疆、天津滨海融资租赁研究院设立等。其中，CFL30 成立于 2011 年 12 月 5 日，是由约 30 位中国融资租赁行业高管、专家自发组织成立的顶级民间智库，该论坛聚焦于融资租赁业发展，以学术研讨和政策研究为主，是中国最具权威性的融资租赁领域的民间智库。2016 年，CFL30 发起设立“融资租赁三十人论坛（天津）研究院”，与东疆发挥各自优势，共同助力天津加快国家租赁创新示范区建设，为东疆金融创新发展搭建研究和交流平台，为中国融资租赁业健康稳定发展贡献力量。2015 年 1 月，经天津市社会科学界联合会批准，天津市民政局向天津滨海融资租赁研究院颁发了民办非企业单位登记证书，中国第一家登记注册的租赁行业研究机构正式成立。天津滨海融资租赁研究院致力于积极探索融资租赁业发展新趋势，助力天津融资租赁业进一步发展。

2. 立体化的宣传平台初步构建。目前，天津融资租赁经过近十年的发展，已经形成了立体化的“线上 + 线下”宣传体系。目前已经形成了中国航空金融发展（东疆）国际论坛、中国海事金融（东疆）国际论坛、中国 · 东疆飞机租赁网、“东疆租赁服务”微信公众平台等为代表的多元化的租赁业交流平台，通过线上线下统一服务，为打造租赁业务撮合平台和信息交流枢纽，降低企业的决策和运营成本提供了便利条件。此外，天津东疆保税港区建设的国家租赁和新金融展示中心目前也已建成投用，成为宣传天津租赁创新发展的亮丽名片。

第二节 配套服务体系建设存在的问题

近年来，伴随着融资租赁业在中国的快速发展，国内的法制、税收、会计和监管等配套环境与国内租赁公司的长期持续发展的制约作用也逐步显现。2013 年 12 月，国务院总理李克强在参观工银租赁天津公司时就提出，要通过加快完善租赁业发展配套制度和外部环境，促进融资租赁业务在中国做大做强。天津作为全国融资租赁业务发展重镇和核心聚集区，已经在聚集行业龙头企业、做大租赁资产规模上取得了一定的成效。但从总体上看，目前天津融资租赁在相关业务配套服务体系建设，尤其是融资环境、中高端人才、税收优惠、法律保障、中介服务机构引入等方面仍有较大的提升空间。

一、政府扶持方面的问题

国外融资租赁发达国家的发展经验表明，融资租赁业的发展壮大不仅需要依靠市场自发的调节，更需要政府在政策层面的引导和扶持。具体而言，在财政补贴政策方面，政府可以尝试对于租赁公司提供一定的设备租金补贴；在政策性保险方面，政府可以联合国家进出口银行等机构为融资租赁公司提供各类担保服务，以控制各类可能出现的风险，保障租赁业务顺利开展；在信贷需求上，多数国家出台了各种信贷政策为融资租赁公司提供优惠的政策性贷款支持，来缓解融资租赁项目成本较大的问题。对于中国融资租赁发展而言，虽然国家级各有关部门出台了一系列扶持政策，包括天津市在内，无论是政府还是相关监管部门，对推动租赁业发展都提出了一系列创新政策举措。但总体上看，这些扶持还停留在个别业务和某些创新点上，还有待形成“点—线—面”结合的完整的政策扶持体系，例如在融资租赁专项产业资金上，目前还未组成相关团队进行深入研究和推动设立。在推动中国装备工业“走出去”等国家战略逐步实施下，有关离岸租赁、出口租赁方面的专项政策还有待尽快推动研究。

二、融资、税收环境方面的问题

从融资租赁业务的本质看，是融资和融物的有效结合，从国际上看各国对于资本管制较为宽松，使得租赁企业融资渠道和方式较为多元化，而多元化的融资渠道又是业务开展的关键。中国融资租赁业发展至今，仍旧存在着资金规模过小、资金缺口较大、融资渠道较窄等问题，融资渠道主要来自银行，尤其是对于中小企业来说，在获取资金的难度更大，面临着融资难、融资贵的发展困境。因此，拓宽融资租赁融资渠道，推动多渠道融资体系的建立，企业能够获得充足的资金成为中国融资租赁业发展的当务之急。

对于发展融资租赁业务而言，最主要的产业要素就是资金。目前，就天津融资租赁公司而言，开展租赁业务的资金来源渠道大部分是银行，企业融资成本相对较高、融资手段和渠道相对单一。尤其是对于中小融资租赁企业而言，在市场资金收紧时，从银行取得资金就变得相对紧张。虽然中国融资租赁企业已经享有了加速折旧的税收优惠，但是相较于爱尔兰、中国香港等租赁业发达国家和地区，租赁业发展还处于较缓慢的阶段，所享有的政府在税收、准入条件、银行信贷等方面所给予的优惠与这些地区相比还有很大一段距离，对租赁行业实施的增值税率、企业所得税率相对较高，且税种较多，综合税负较重。此外，天津自贸试验区《总体方案》中特别指出，“在符合税制改革方向和国际惯例，以及不导致利润转移和税基侵蚀前提下，积极研究完善适应境外股权投资和离岸业务发展的税收政策”，目前在国家支持装备工业“走出去”、国产大飞机取得适航证的大背景下，适合出口租赁、离岸租赁及跨境租赁业务方面的税收优惠政策需要尽快启动研究工作。

三、法律体系构建方面的问题

做好融资租赁业的法制保障工作至关重要，一个国家的法律制度体系建设是否完备是融资租赁业有序发展的重要前提和基础，通过立法可以有效加强租赁行业监管，构建行业自律氛围。目前中国融资租赁法律环境不够完善，国内仍然没有融资租赁业专门立法——《融资租赁法》，有关融资性租赁的定义及出租、承租方的责任和权利等法规目前仍未颁布，统一规范的融资租赁市场尚未形成。在出现相关问题及纠纷时，仅仅是在现有的各行业法律、法规基础上，就当前融资租赁业务中容易出现的法律纠纷问题做解释和说明。

以天津融资租赁发展为例，虽然出台了《中国（天津）自由贸易试验区条例》，对规范自贸试验区改革创新在法制轨道运行起到了一定的积极作用，但是由于全国大环境的影响，相关法律法规比较零散，主要有规范融资租赁交易方面的《合同法》和《物权法》，而当前融资租赁业务发展中牵涉出的纠纷日益增多，在处理经济纠纷时，没有明确的法律条文规定和依据，只能根据相近的法律条文判决，严重地影响了法律的严肃性和准确性。据调研发现，天津自贸试验区法庭提到，尽管有租赁合同书和担保协议书，但违约现象十分普遍。尤其是融资租赁合同效力问题、租赁物占有和第三人善意取得制度的法律冲突、承租人不作为与担保人权益保护的矛盾等问题比较突出。

四、服务机构及人才方面的问题

融资租赁作为一种新型贸易形式，业务的顺利开展需要会计、税务、法律、金融、经济等行业相关中介服务机构。因此，完善租赁产业链条，吸引上下游行业中介专业化的服务机构聚集，对于天津融资租赁业发展再上新台阶具有重要意义。一个国家融资租赁业的健康发展离不开一个运作良好的全国性行业协会。中国融资租赁企业协会2013 年经政府有关部门批准设立，协会的宗旨是为中国融资租赁业中的企业提供服务，在行业的企业间搭建桥梁，在企业与政府间搭建桥梁，建设有利于行业发展的生态圈。目前，天津已经组建了租赁行业协会，但是在功能作用发挥上还有待进一步加强。此外，在产业相关的资产处置服务机构、会计税务服务机构、律师事务所吸引聚集能力上还不够强。

专业化租赁人才的引进和培养是中国提升租赁业国际竞争力的核心要素，一流的人才是租赁业长远发展的动力，是繁荣的基础，是维持竞争力的有力工具，人才问题的解决是非常必要和紧迫的。目前，中国融资租赁业发展缺乏既精通业务技能又善于管理的专业人才，综合性强是融资租赁的一大特点，涉及的知识和技能领域包括金融、贸易、法律等诸多学科，而中国融资租赁尤其面临着复合型中高端人才稀缺的难题和瓶颈。这一点对天津融资租赁业发展也是如此，目前租赁业务人员的整体素质水平还不够高，业内企业间租赁人才的流动性还比较大，租赁专业人才既需要丰富的会计、税务、银行等金融和经济知识，还要懂得租赁标的物，如机械设备、飞机、船舶以及贸易经营知识。可见，提高中国融资租赁业从业人员的整体素质，是当前产业发展面临的一项重要课题。

五、宣传推广方面的问题

从国外融资租赁发展情况看，与本国经济发展结合紧密，且渗透率较高。目前，中国融资租赁在实体经济中的渗透力还较低，国家层面也多次提到融资租赁服务实体经济的发展理念，但从总体上看，目前国内企业对融资租赁的认知程度还较低，究其原因，一是对融资租赁的认知程度低，传统上的“重买轻租”的理念在一定程度上阻碍了融资租赁业的发展，这一点对于天津融资租赁发展也不例外。二是对融资租赁方式的认识存在偏差，由于目前国内融资租赁业缺乏统一管理，社会上片面的侧重应用租赁手段的融资功能，错误地认为融资租赁只是银行信贷融资方式的补充，而忽视了它的资产管理等功能，以及对一个国家经济所起的重要作用。三是融资租赁方式目前的应用领域范围还比较窄，以天津东疆为例，融资租赁标的物主要集中在飞机、船舶、大型设备等领域，标的物范围还有待进一步拓宽。四是政府层面向全社会范围内宣传融资租赁有关的理论、政策和法规的意识和行动还有待进一步加强，进而让更多的企业从思想观念上充分认识到融资租赁这一新型融资工具的优势，不断加大融资租赁手段在扶持实体经济发展中的应用，推动天津融资租赁业务发展实现跨越式发展和迈向新高度。

第三节 配套服务体系建设国际经验借鉴

虽然融资租赁业在中国已经有30多年的发展历史，但是总体上看仍旧处在发展的初级阶段，相比世界上融资租赁发达国家还处在一个相对较低的水平。从国外融资租赁业发达国家发展情况看，尤其是以美国、日本、爱尔兰、韩国等为代表，各国在融资租赁业务配套服务体系建设，例如监管、税收、法律、会计、政策、中介服务等方面都形成了较好的优秀做法和成功经验，这些都能够为天津融资租赁业持续稳定增长提供一定的经验借鉴。目前以美国、日本等为代表的发达国家融资租赁业发展基础较好，究其原因，除了依赖本国雄厚的经济基础和实力外，其政府实行的积极的财税政策、相关法律制定、行业协会设立等因素也对本国融资租赁业快速发展起到了关键作用。

一、美国融资租赁配套服务体系建设

从总体上看，美国租赁业发展历史较长，同时对租赁业并没有专门的监管，相关法律条文限制较少，从某种程度上说，美国注册的租赁公司等同于与一般类企业，在市场准入方面的限制因素很少。

（一）各类法制保障体系健全

实践证明，任何产业的持续、快速发展都离不开法律法规等作为基础保障，这一点对于融资租赁业也不例外。通过分析美国融资租赁发展情况发现，目前美国尚未出台专门针对融资租赁业的相关法规，融资租赁业务中出现相关问题需要查找美国民法、商业法、税法等相关法律法规来寻找法律条文依据。例如 1970 年美国《银行法》规定银行可以开展融资租赁业务，1981 年美国《税法》规定融资租赁的折旧年限及成本计算方法。总体上看，美国融资租赁交易的司法关系按照《美国统一商法典》内容进行调整，该法对租赁交易的范围、租赁合同的履行、违约问题等做了全面规定。此外，在租赁业的税法关系上，按照《投资税负减免法》《经济复兴税法》进行规范和调整；在会计制度上，主要遵循和适用美国会计准则委员会制定的会计标准。除以上司法、税法及会计制度主流法规和规定外，一些其他部门及法院的法规、条文解释对美国租赁业发展也在一定程度上具有深远的影响。以美国货币监理署（OCC）对银行进入金融租赁行业的规定为例，该规定在一定时期内有力推动了租赁业的快速发展。

（二）政策扶持体系相对完善

一是税收政策。早在 1962 年，美国出台的《投资税扣除法》就明确提出，“出租人在投资出租设备时，可从应缴税款中抵免占设备投资成本 10% 的金额”，这一条款能够有效帮助租赁企业增加资本投资设备。1981 年《经济复苏法》中提出，实行加速成本回收制度。设备投资前期，出租人的应交税所得额减少，总应缴税款减少，获得直接税收优惠。二是保险政策。美国进出口银行对本国金融租赁公司提供政治风险保险、出口信贷和出口担保，为公司业务发展提供后续保障。三是信贷政策。美国的托拉斯租赁政策有效解决了巨额资本的资金来源问题。规定若干出租人组成托拉斯代理公司，以代理公司的名义向金融机构等投资者筹集资金用以购买设备，然后将设备租给承租人，并交给一家信托机构管理，由其负责收取租金、支付债权人本息和处理残值。

（三）社会信用体系高度发达

从融资租赁业务特性和本质看，其本身就是一种高信用度的融资方式，业务的健康规范发展在很大程度上依赖良好的社会信用体系的建立。在美国，已经形成了一个以《公平信用报告法》为核心，由16项法律组成的信用管理法律框架，社会信用体系高度发达，这也为本国租赁业发展提供了直接动力。

（四）各类中介服务机构健全

租赁协会的设立在统一行业规则、加强行业交流、防范行业风险和规范行业运作方面发挥了重要作用。目前看，美国两大主流有影响力的两个协会分别是美国租赁协会与美国设备租赁和金融协会。其中一是1975年成立的美国租赁协会（ARA），共有4300个会员，协会管理架构是最高决策机构为董事会，日常工作由会长负责，并设有若干个专业委员会，负责行业研究，并提出促进租赁业发展的建设性建议。协会主要职能包括组织租赁商品技术知识介绍与讲座，帮助租赁企业培训员工，组织展示会，提供技术、安全、法规等指导等。二是美国设备租赁和金融协会（ELFA），500多家会员单位中主要包括银行拥有的租赁公司、制造业代表及其他关联企业。ELFA也有研究机构，研究方向主要包括租赁市场的发展趋势、业务创新、行业监管等问题。协会的主要职能有组织会议、开展培训，以及通过一些公众平台向会员企业宣传和分享行业信息。

（五）数据统计工作较为明确

目前，美国对于租赁服务的统计分散于各个相关的行业部门，根据北美行业分类体系（NAICS），普通租赁纳入“房地产出租和租赁”项下的“出租与租赁服务”，该门类主要包括两大项业务，一是面向消费者的出租服务，二是面向企业的出租服务，租赁的对象包括汽车、电脑、消费物资、工业机器与设备等，面向消费者的出租类似一种零售型的传统租赁服务，而面向企业的出租服务则通常会涉及一些长期租赁服务。融资租赁服务纳入“金融与保险（52）”项下统计。此外，运输设备、建筑设备、农业设备运营商所提供的租赁服务则分别纳入各个运营商所在的行业门类统计。

（六）风险防控制度相对完备

美国对融资租赁业务的风险防控制度主要体现以下几个方面。一是建立完善的保险与担保政策。政府对租赁公司，特别是在发展中国家开展业务的租赁公司提供全面的政治风险保险。此外，美国国家进出口银行还能够为租赁公司的对外租赁交易提供综合性出口信贷、出口担保和出口保险等。二是建立托拉斯信贷制度。由若干出租人组成托拉斯代理公司，共同向金融机构筹资购买设备后出租给承租人，共同承担风险与收益。三是建立回购制度。美国80%的租赁项目都是通过供应商推荐的，租赁公司与供应商之间都有回购协议，以降低运营风险。此外，美国还通过建立信用评估体系、建立坏账政策和保证金制度等提升租赁业抗风险能力。

二、爱尔兰融资租赁配套服务体系建设

爱尔兰作为全球知名的飞机租赁业聚集区，目前，全球排名前十的飞机租赁公司都已经在爱尔兰开展业务，或设立总部，或建立区域中心，或打造营运中心。究其原因，与爱尔兰政府大力扶持当地租赁业发展，出台多项优惠政策和措施等因素密切相关。

（一）便利的经营环境和法律保障体系

一是爱尔兰政府提供宽松的经营环境，对飞机租赁业务没有特别的监管要求，注册公司流程简单而高效。二是爱尔兰资本管制较为宽松，对资金跨国流动没有外汇管制或类似限制；关于资产取回、设立分支机构等，爱尔兰均没有专门限制。在爱尔兰注册SPV，登记一架飞机，就可以用资产来发债。三是在法律保障方面，由于行业集中度比较高，爱尔兰相应的法律法规也比较成熟，爱尔兰法律体系与英国法具有较高的类似性。此外，政府在立法阶段都能充分听取各利益相关各方意见，这使得爱尔兰法律体系较为稳定，可预期。四是可以提供专业化的融资服务，租赁业务融资渠道多元化，飞机租赁公司的资金来源主要包括股东投入的资本金、银行贷款、资本市场发债、证券化、出口信贷等。

（二）优惠的税收条件和灵活的会计折旧政策

优惠的税收条件和灵活的会计折旧政策是爱尔兰能够吸引国际大型飞机租赁公司落户的一个重要原因。一是爱尔兰规定的企业所得税率是12.5%，同时还可以豁免飞机租赁企业的增值税和印花税；二是税务申报时，飞机资产可采取加速折旧政策，年限设定成8年，残值为零，即每年折旧率最高可设定为12.5%，大大降低了应税利润总额；三是与包括中国在内的62个国家有避免双重征税协定和完善的航空金融服务等。根据协定，缔约国政府向对方企业在本国缴纳预提所得税实施减免政策，大大提升了爱尔兰租赁企业在全球市场竞争中的优势。

（三）以租赁专业化人才为核心的服务软环境

爱尔兰飞机租赁的全球影响力与当地的专业化人才聚集不无关系，爱尔兰有成熟的飞机租赁关联支持产业，更有完备的教育体系和高素质、专业较强的人才队伍。既有懂得如何租赁飞机的专业人员、围绕飞机租赁的衍生人才、了解资本市场、销售的人才，又有懂得租赁合同的律师，形成了立体化的专业人才体系。在专业化人才培养、培训上，都柏林大学、科克大学开设了航空金融服务课程，当地律师协会、会计师协会定期组织飞机租赁专业培训课程，为境内外企业不同阶段的从业人员提供相应的知识支持。

三、日本融资租赁配套服务体系建设

（一）较为健全的法制保障体系

日本同美国一样，并没有融资租赁基本法。在日本，企业开展租赁业务，原则上按

照商法的相关规定进行前期注册设立工作。后期在企业业务推进过程中，涉及哪一个具体的行业就相应对照该行业相关法律法规执行。目前，日本拥有比较完善的民法、商法、税法等法律法规体系，为本国租赁业发展提供了较好的法治环境。具体而言，一是消费方面有关租赁法律规定。租赁公司在和消费者签订租赁合同时，必须向消费者提供必要信息，租赁事业协会要制定包括合同缔结目的、租赁交易结构等项目的租赁合同说明。二是道路交通方面有关租赁法律规定。目前日本企业开展汽车租赁，根据《道路运输法》规定，需要获得国土交通大臣许可，但除此之外申请、注册手续都大幅简化。三是《银行法》方面有关租赁法律规定。日本《银行法》规定，银行所属分公司可以开展租赁业务，但对于融资租赁业务开展仍有限制。2002 年日本修改《银行法》，规定银行分公司融资租赁收入即使达不到全部收入的 50%，仍可开展融资租赁业务。

（二）相对完善的政策扶持体系

研究发现，日本政府制定了一系列扶持融资租赁业的发展的政策体系，例如财政补贴、税收、保险及信贷制度等。具体而言，在财政补贴方面，日本政府对一些项目的设备租赁进行财政补贴，承租人只需向出租人支付租金扣除财政补贴后的部分。在税收政策方面，从 1978 年颁布的《关于租赁交易的法人税和所得税的处理》、1984 年制定的包括租赁在内的促进新技术投资的税制、1970 年制定《机械类租赁信用保险制度》，一直到 1996 年，日本政府颁布《风险信用保险方案》，这一系列政策的出台体现了政府对租赁发展的税收支持力度。在信贷政策方面，从融资租赁在日本的发展进程来看，政府的信贷扶持政策起了重要作用。例如日本银行以低于市场利率向此类公司提高贷款，1970 年日本实施“租赁优惠制度”，由政府长期支持的银行向租赁公司提供低息贷款，扩大资金来源。另外，日本还实行制度租赁，作为政策性银行的日本开发银行从日本金融机构获得直接融资，再对符合产业政策的租赁公司提供设备成本 40% ~60% 的优惠贷款。租赁公司按照产业政策需要将指定的机械设备租赁给指定企业，并可获得政府的租金补贴。

（三）一定程度的中介服务机构聚集

目前，日本融资租赁业有社团法人日本租赁事业协会和日本汽车租赁协会联合会两大中介组织。其中社团法人日本租赁事业协会成立于 1971 年，协会宗旨在于促进机械设备租赁事业的健康发展，随着租赁公司不断加入，会员队伍的状态，目前协会已经成为日本租赁业最具代表性的中介组织，负责租赁业相关调查研究、政策落实、推广宣传、发展指导等工作。从组织架构看，协会上设立总会，下设理事会。理事会下设常设机构秘书局，秘书局下分为委员会、联络会议以及租赁综合研究所。日本汽车租赁协会联合会成立于 1986 年，作为专注于汽车租赁业务领域的协会组织，协会主要负责收集信息和项目研究，向政府、企业和社会提供可行性较高、可操作性较强的相关政策建议，以更好地推进本国汽车租赁业发展。目前协会主要有北海道汽车租赁协会、东京汽车租赁协会、名古屋汽车租赁协会等9家会员，各类协会下面，又由数量不等的汽车租赁公司会员组成。

四、韩国融资租赁配套服务体系建设

(一) 较为完善的融资租赁法律保障体系

韩国融资租赁起源于1972年，1973年颁布的《租赁业促进法》（1991年更名为《租赁业法》）对租赁业有深远影响，其主旨是鼓励租赁公司与国外银行及其他机构合资，为韩国企业设备投资筹集海外资金，成为引进外资的窗口。该法的主要内容是：一是建立了对租赁业保护和鼓励的法律支持系统，包括对商法典的例外、政策性资金使用待遇、海关法的适用例外等。二是监管措施，规定租赁公司由金融经济部审批并颁发执照；租赁公司最低资本金不低于100亿韩元；租赁期限不低于设备经济寿命的70%（5年以上的不低于60%）；租赁期限不短于2年；对中小企业的租赁必须超过50%；承租人只能是法人；租赁公司负债不能超过自有资本的25倍。此外，还颁布了《有关发行公司债券的特别规定》《有关资金筹措的特别规定》等，允许租赁公司发行10倍于自有资本的公司债券（一般企业仅为2倍）；允许租赁公司使用政府优惠贷款和作为世界银行等国际金融组织贷款的转贷人等。亚洲金融危机后，韩国颁布了《金融业特别法案》，该法案将租赁公司与分期付款公司、风险投资公司和信用卡公司作为非银行金融机构纳入新成立的金融监管委员会监管，并适当放松了对上述不吸收存款的非银行金融机构的管制。

(二) 相对明确的融资租赁业会计准则制度

2016年韩国融资租赁业重点关注的问题是国际会计准则的修订。2014年7月，国际会计准则理事会（IASB）发布了《国际财务报告准则第9号——金融工具》（以下简称IFRS9）的终稿。其中，IFRS9对金融资产的分类和计量进行了重新规定，分为金融工具的确认与计量、金融资产减值和套期会计三个分类，与现行的《国际会计准则第39号——金融工具：确认和计量》（以下简称IAS39）有很大不同，并改进了IAS39的不足。按照IFRS9的规定，将会对金融资产、金融担保、贷款担保及租赁应收账款进行重新修订。IFRS9关于资产减值的内容，将目前“已发生损失模型”改为“预期发生损失模型”，这将对股本和资本监管等方面产生重要影响。如果新国际会计准则被采用，信贷公司的信贷模式也将发生变化，韩国信用融资委员会（CREFIA）对此非常关注，并将最大限度地减少因信贷模式变化对租赁行业所造成的影响。此外，韩国信用融资委员会将与其他会计师事务所讨论所有关键性的问题，包括银行的监管及业务限制等。

(三) 比较完善的融资租赁业监管体系

韩国租赁业实施登记备案制，金融监督委员会是融资租赁业的登记备案和监管部门。与美、日比较，韩国对融资租赁业的监管较为严格。此外，韩国出台了一系列促进融资租赁业发展的法律特例。如韩国商法规定企业发行债券不得超过净资产的 4 倍，但融资租赁公司可高达 10 倍。

五、英国融资租赁配套服务体系建设

英国是最早发生产业革命的国家，也是近代设备租赁业的发源地，最早始于火车、铁路线的租赁业务。英国将租赁合同视为委托契约的一种形式，受普通法条文的限制。1987 年，英国颁布了《租赁和租购交易会计》（SSAP21），用以规范出租人和承租人的会计信息披露行为。根据英国融资租赁协会（Finance & Leasing Association）统计，截至 2016 年 6 月，其会员企业在机械、设备、软件购置等投资中所占比例达到 32%，较上年同期增长了 1.4%。该协会愿景是成为消费和商业业务公认的与值得信赖的代表机构，战略目标是取得客户在融资、信贷行业的一致好评；向政府、行业监管部门、欧盟机构、相关媒体、大众来代表成员企业的利益，为了改善业务运营过程中的工作环境而努力。同时，国际会计准则理事会于 2016 年正式发布了《国际财务报告准则第 16 号——租赁》。新准则规定承租人要将经营租赁业务在资产负债表中体现出来，该准则同样适用非营利企业和银行。英国融资租赁协会（FLA）密切关注新准则对租赁行业的影响，为了解决这个问题，协会还提出希望央行推行“定期融资计划”以替代“区域发展基金”，成为帮助中小企业发展的有效途径。

第四节　完善配套服务体系的相关建议

经过近几年的发展，天津融资租赁的全国领先优势和地位明显。为了在下一个发展阶段取得更好更大的发展，在注重租赁业务量增长的同时，在融资租赁配套服务体系建设方面应继续深耕，因此提出完善融资租赁发展配套服务体系的建设性建议，进而完善天津融资租赁配套服务，提升天津融资租赁业务发展的综合软环境和竞争力，打造更加优良的天津融资租赁业发展生态系统，更好地实现国家赋予天津的创建“国家租赁创新示范区”的历史使命和发展定位。

一、构建服务租赁业的司法法制保障体系

在中国，融资租赁法律法规的不完善是制约产业持续良性发展的重要因素，天津融资租赁发展也同样受到这个大环境的影响和制约。从这种意义上说，根据融资租赁业的发展特点，借鉴国际融资租赁发达国家的经验做法，结合现有法律框架，出台并完善融资租赁的配套的法规、行政规章意义重大。研究制定专门的《融资租赁法》，在研究过程中要特别重视法律法规实施后的实际性和可操作性，以便更好地在法律层面来规范和约束融资租赁业务中的各个主体行为。具体而言，一是明确融资租赁企业的注册、经营

范围、租金算法、设备租金方式、租赁合约、资金来源、违约责任等。二是明确规定融资租赁业务包括的税收、财务制定等方面。对租赁物品登记，科学管理租赁物品，降低租赁风险，可设立专门机构来管理租赁物品。有效解决现存的租赁物产权登记及权证办理等多种问题。三是依托当前天津自贸法庭、自贸检察室、自贸试验区国际仲裁中心在东疆成立，积极吸引知名律所入驻，促进融资租赁相关法律法规出台，不断改善天津融资租赁法治环境、提升资产管理能力。

二、不断完善融资租赁政策扶持体系

融资租赁的微观和宏观经济功能受到了各国政府的重视。从国际融资租赁发展经验看，融资租赁产生后，各国纷纷制定了有利于融资租赁业发展的财政税收和金融等一系列相关政策，例如加速折旧、投资减税、租赁信用保险、租金补贴等。政府在融资租赁发展上的政策导向使得企业应用融资租赁手段的意识逐渐增强，取代了传统的直接购买设备来获取发展的方式。同时，政府的贷款优惠政策客观上使融资租赁企业的各项融资成本得到有效降低，企业的利润空间相对显现。

（一）采取融资租赁财政补贴

研究设立天津市促进融资租赁业发展专项资金，并出台资金管理办法，为产业发展提供有力支撑。在具体的专项资金使用上，一是借鉴国际做法，鼓励企业积极采用融资租赁手段进行技术改造和设备购置，对于采用融资租赁手段租用设备，对于承租人支付的租金部分按照一定比例给予补贴，不断提升企业对融资租赁的认知度和应用意识。二是对新落户的租赁公司，并且在实际到位注册资本金以及项目规模达到一定水平的公司，由政府认定，并给予企业在落户奖励和资产购置补贴方面的一次性奖励。三是政府带头，对于政府部门采购、公用事业建设以及基础设施建设等各类财力投资项目建设，在同等条件下优先考虑通过融资租赁的方式进行融资。四是通过风险补偿、奖励、贴息等政策工具，引导融资租赁公司加大对中小微企业的融资支持力度。五是吸引知名保险机构落户并开展融资租赁保险业务，鼓励本地保险机构积极开发多元化的融资租赁保险品种，扩大租赁出口信用保险规模和覆盖面。

（二）加大金融创新支持力度

央行支持天津自贸试验区“金改 30 条”方案中特别针对租赁业发展，提出了 5 条 12 项创新政策，目前就实施情况看已有 10 项落地实施。为了更好地发挥金融创新支持融资租赁发展的力度，巩固天津融资租赁的优势地位，在现有基础上，针对未落地部分政策，结合企业实际业务需求，研究租赁公司如何利用国家外汇储备，开展飞机、新型船舶、海洋工程结构物和大型成套进口设备等租赁业务，支持租赁公司而依托天津自贸试验区要素交易平台开展以人民币计价结算的跨境租赁资产交易；允许天津自贸试验区内租赁公司在境外开立人民币账户用于跨境人民币租赁业务，允许租赁公司在一定限额内同名账户的人民币资金自由划转等一系列金融创新举措。

鼓励天津本地金融机构在风险可控前提下，加大对融资租赁公司的支持力度。鼓励天津市融资租赁公司利用人民银行征信中心应收账款融资服务平台开展应收账款融资，支持符合条件的租赁公司通过债券市场、发行股票和资产证券化、境内外资本市场上市、全国中小企业股份转让系统、天津股权交易所挂牌等方式募集资金，鼓励股权投资基金、创业投资基金、保险资金等各类资金进入融资租赁业。支持设立天津融资租赁业发展基金，支持资产管理公司开展融资租赁企业资产管理业务。

三、完善与融资租赁业相关的平台、载体功能

（一）推进天津融资租赁资产交易平台建设取得新进展

天津自贸试验区《总体方案》中提出，“在自贸试验区的海关特殊监管区域内，支持设立中国天津租赁平台，推进租赁资产公示等试点。支持设立中国金融租赁登记流转平台，推进租赁资产登记、公示、流转等试点”。按照全国金融工作会上强监管、防风险的理念，以及近期国家层面对类金融企业实施统一监管的计划，金融租赁、非金融租赁公司存在多头监管现状有望得到改变，融资租赁由商务部划转银监会管理。目前融资租赁公司持有的是期限较长的优质资产，但这部分资产缺乏流动性，无法更好地实现变现，管理的风险也随之增加。而通过搭建融资租赁资产交易平台可以实现资产交易功能，有助于租赁公司盘活租赁资产和提升流动性。因此，建议天津尽快推动租赁资产交易平台落地，以便更好地实现对租赁资产交易进行实时监控，规范并促进租赁资产登记、流转和交易，吸引融资租赁相关中介服务机构在平台上集聚，并研究与平台相适应的税收和专项资金支持政策，助力融资租赁业做大做强。

（二）加快产业载体建设，聚集产业上下游要素

2015 年，天津市人民政府办公厅印发的《关于加快天津市融资租赁业发展的实施意见》中就提出，“要求行业协会发挥自律服务作用。积极推进租赁行业组织建设，鼓励设立飞机、船舶、设备、医疗器械、农业器械等专业租赁协会，组织专业培训，制定行业规则，有效发挥服务、指导和自律作用，提升行业自律性，规范行业发展。”以东疆保税港区为例，作为天津融资租赁发展重要阵地，不仅聚集了一批优质的融资租赁企业，更是在产业链上下游要素聚集上取得了一定的成绩。目前，坐落在东疆的国家级租赁和新金融产业园起步区已经建成，在吸引产业要素聚集上发挥的作用已经初步显现。作为天津租赁业发展的重要载体，建议要进一步加快国家级租赁和新金融产业园载体建设，在前期工作基础上，聚集相关产业要素加快聚集，真正把产业园建设成为天津自贸试验区落实国务院“加快建设国家租赁创新示范区”这一任务的重要载体。同时，在吸引相关机构入驻产业园时，特别要注重引入融资租赁业务相关的第三方中介服务机构，例如引入资产评估和交易公司、资产管理类公司、公证机构等。

四、构建更加优良外部环境与支持体系

（一）构建多层次复合型的人才队伍，破解人才难题和瓶颈

建设与国际接轨的租赁创新人才培养基地和服务体系，不断壮大租赁人才队伍。尽快形成天津租赁中高端人才聚集高地，启动中国（天津）租赁人才库建设，以中国融资租赁研究院滨海分院为主体，建立租赁专业人才实训基地。同时，借鉴长沙、成都等地最新出台的人才吸引政策，出台更具天津特色的租赁人才政策体系，给予中高端租赁人才在申办居住证积分、居转户和直接落户等方面给予支持。鼓励融资租赁公司通过对员工进行定期、专业化培训来提高从业人员整体素质和水平，培养一批具有国际视野和专业能力的融资租赁人才。鼓励有条件的天津本地高校和第三方研究机构设立融资租赁专业和研究中心，助力培养专业化人才和行业研究及创新能力的提升等。

（二）构筑行业自律氛围，完善风险防控工作机制

目前，金融行业强监管已经成为主基调，融资租赁业务自身具备的类金融属性决定了必须加强行业自律，把控和防范各类业务风险。对于天津融资租赁风险防控而言，建立风险防控工作机制，成立风险防控工作小组。结合融资租赁业务新特点，不断创新融资租赁风险防控举措。利用大数据和互联网技术，通过信息归集、交换、共享机制，建立租赁企业风险监测信息平台。例如依托东疆搭建的类金融企业风险预警处置平台，强化依托信息化手段，加强行业风险防范，加强对融资租赁企业及业务的事中事后监管。利用现场与非现场结合的监管手段，建立融资租赁相关监管部门间的工作沟通协调机制，强化对重点环节及融资租赁公司吸收存款、发放贷款等违法违规行为的监督。建立企业报送信息异常名录和黑名单制度，研究探索建立风险准备金制度，建立企业风险管理台账，要求融资租赁公司（金融租赁公司除外）通过全国融资租赁企业管理信息系统，及时、准确报送信息。

（三）继续完善与融资租赁业务相关的融资、税务环境

融资租赁作为一种连接实体经济和金融业的新兴业态，资金对于业务的长期稳定发展具有重要作用，针对目前天津融资租赁发展中面临的资金来源渠道较窄、资金使用成本相对较高等问题可采取以下措施：一是解决企业尤其是中小租赁企业融资难题和瓶颈，营造不断拓宽企业融资渠道、适度放开融资和资本管制、促进关联产业发展等方面的融资环境。如放宽对实力雄厚、经济效益好、经营管理水平高的租赁公司的限制，鼓励符合条件的租赁企业通过发行金融债券、企业债券及资产证券化等措施来筹措资金，鼓励诸如股权投资基金、保险资金等各类闲置多元化资金进入租赁业。二是对标国外融资租赁发达国家经验，尤其是爱尔兰在飞机租赁方面的税制先进经验（中国香港最近也提出飞机离岸租赁的综合税制能够优惠至8.5%），客观上给天津租赁业发展带来一定的冲击，同时为我们提供了经验借鉴范本，推动我们进一步加快研究租赁业涉税环境和制

度问题，例如针对租赁产业给予较低的优惠所得税政策、对印花税予以豁免、对特定租赁资产采取加速折旧政策、允许管理公司合并汇总纳税等方面的税制新体系。

五、进一步提升融资租赁业管理和社会认知度

（一）建立统一、规范、全面的融资租赁业统计制度和评价指标体系

融资租赁行业标准的建立、业务统计监测制度的建立和完善对于融资租赁健康可持续发展具有重要意义。为了更好地提升天津融资租赁业标准化水平，一是建立统一的融资租赁行业标准，制定科学完善的融资租赁业发展指标体系。二是研究制定天津市融资租赁行业景气指数，定期发布专业性较强的行业发展报告。以东疆融资租赁业务发展为例，依托东疆博士后科研工作站的设立、融资租赁三十人论坛研究院的落户等资源，对中国租赁行业发展指数领域开展创新研究。三是目前中国至今尚无建立对融资租赁业统一的统计制度，建议天津相关部门积极协调国家相关部门尽快制定融资租赁业部门统计制度，建立统一、全面的融资租赁业统计制度，完善融资租赁统计方法，提高统计数据的准确性和及时性。为政府制定扶持和规范融资租赁业相关政策提供科学的依据，并能够及时准确地定期向社会公布行业信息报告，进一步提升行业监管和服务水平。

（二）提高融资租赁社会认知度和应用意识

就中国融资租赁业发展而言，在实体经济中的渗透率相比国际发达国家还存在一定的差距。天津作为全国融资租赁发展重镇，应当在强化融资租赁社会公众舆论宣传和应用意识上发挥重要的示范引领作用。具体而言，一方面，由政府牵头进行政策引导，鼓励金融机构对采用融资租赁方式的项目给予更多的融资便利支持，同时鼓励制造型企业通过采用融资租赁手段进行转型升级和“走出去”，不断提高融资租赁渗透率。另一方面，有关政府部门、行业中介服务机构等，可以定期通过租赁专业会议及论坛等形式，利用电视、报纸、杂志、网络等传统和新兴媒体相结合的方式，加大融资租赁相关知识的宣传和普及，引导全社会对融资租赁认知度的提升，为行业发展创造良好的舆论氛围。

（三）发挥好天津市租赁行业协会的职能作用

美国、日本的融资租赁发展经验表明，行业协会对于融资租赁的发展起到了至关重要的推动作用。目前，天津市租赁行业协会已经成立，并且在发挥租赁行业中介作用过程中取得了一定成效。对于天津而言，建议在现有工作的基础上，最大化发挥好租赁行业协会的作用，一是在承担行业管理职能，加强行业自律、行业培训、行业考核等方面，突出协会的职能定位和责任分工。二是发挥协会在制定行业规则，服务、指导和形成行业自律意识方面的指导作用，将产业及企业发展中遇到的瓶颈和问题与相关监管部门进行沟通，以推动更好地解决。三是加强对国内外融资租赁发展优秀区域的调研学习活动。通过加强与国内外租赁协会交流合作，搭建企业和租赁项目的对接平台，通过设立融资租赁业合作联盟的方式，引导天津市融资租赁公司参与国际竞争。

（四）做好“互联网+融资租赁”等新业务模式下的风险防控工作

在当前“互联网+”战略大背景下，互联网技术在各行业及领域的渗透程度逐步加深，对于融资租赁而言，“互联网+融资租赁”发展模式逐步兴起，部分领域的融资租赁业务开始与各类互联网金融服务平台进行深入结合。目前该模式在发展中也暴露出了很多问题，例如多数平台与租赁公司为关联公司、存在错配和资金池风险、融资成本偏高、信息披露较差、双重保障难实现等问题，同时还存在着因平台违法经营或经营不善导致的各类融资租赁业务的风险。2016 年 8 月 24 日，银监会等四部委联合发布了《网络借贷信息中介机构业务活动管理暂行办法》，对网络借贷进行了全面而细致的规定，例如禁止自身融资与信用担保、禁止类资产证券化等形式的债权转让行为、对借款人的借款额度做了规定等，对融资租赁公司利用互联网平台融资产生较大影响。天津融资租赁业发展应借鉴利用“互联网+融资租赁”模式。一是借鉴上海经验，借助互联网手段，国内首家互联网融资租赁出租方与承租方交易平台——上海融资租赁交易所在上海自贸试验区陆家嘴金融城上线试运营，依托互联网技术建立融资租赁交易平台模式也可以在天津进行探索和尝试。二是坚持融资租赁服务实体经济发展理念，推动和实现“互联网+”战略下的融资租赁项目在越来越多的行业和细分领域落地并有效实施。对于天津而言，要做好前期各项准备工作，利用“互联网+”模式助力融资租赁业做大做强，继续保持在全国的领先地位。

第十章　天津融资租赁发展成就

2015 年 4 月，国务院印发天津自贸试验区总体方案（国发〔2015〕19 号），政策涵盖投资、贸易、监管、金融、京津冀协同发展五大方面，其中明确要求“率先推进租赁业政策制度创新，形成与国际接轨的租赁业发展环境。加快建设国家租赁创新示范区”。多重功能和国家战略的叠加，使天津发展融资租赁具有鲜明的优势和特色，成绩更加斐然。

第一节　天津融资租赁引领、示范全国融资租赁发展

近年，天津融资租赁行业实现了跨越式发展，成为全国金融改革创新的亮点和突破点。天津融资租赁发展呈现行业集中发展、政策先行先试、制度保障完善、服务水平领先、引领业务创新、国际合作深入六大特点，在全国发挥了重要的示范带动作用。

一、行业集中发展

截至 2016 年底，已有 1193 家融资租赁公司将总部设在天津。其中内资租赁试点公司 30 家（2016 年全国新增的 15 家内资试点公司中有 12 家设在天津），金融租赁公司 9 家，外商投资融资租赁公司 1154 家，注册资本总额 5019 亿元，同比增长 87.1%。其中，内资租赁公司注册资本 419 亿元，同比增长 123.8%；金融租赁公司注册资本 365 亿元，同比增长 25.4%；外资租赁公司注册资本 4235 亿元，同比增长 91.9%；租赁资产规模近 1 万亿元，占全国租赁资产规模的近三成；特殊目的公司（SPV 公司）注册数量突破 1000 家。天津的国际航运船舶租赁业务和飞机租赁业务分别占到全国总量的八成和九成，海洋工程平台租赁业务全部集中在天津办理。一大批行业领先企业，如兴业金融租赁有限责任公司、工银金融租赁有限公司、渤海租赁有限公司、民生金融租赁股份有限公司、中国飞机租赁有限公司纷纷落户天津。天津形成了融资租赁公司、金融租赁公司高度集中、协同发展的良好局面。

二、政策先行先试

2011 年 9 月，国务院印发《关于天津北方国际航运中心核心功能区建设方案的批

复》(国函〔2011〕51号)，鼓励天津东疆保税港区开展租赁业务先行先试。2012年8月，国家税务总局、海关总署、财政部联合印发《关于在天津东疆保税港区试行融资租赁货物出口退税政策的通知》(财税〔2012〕66号)，准予融资租赁货物出口退税，给出口租赁业务发展提供有利空间；2016年8月，再次联合印发《关于融资租赁货物出口退税政策有关问题的通知》(财税〔2016〕87号)，将商务系融资租赁企业设立的项目子公司纳入融资租赁出口退税适用范围，使SPV融资租赁出口享受退税具备了可操作性。此外，国家发展改革委员会出台了支持天津开展借用中长期国际商业贷款切块管理的试点；海关总署出台了支持天津开展保税租赁业务试点的政策，对租赁资产试行“入区退税、进区保税”。同时，在各级海关的支持下，飞机、船舶、海工平台等租赁领域的海关联动监管模式和监管手段进一步完善，提升了业务的便利性。

三、制度保障完善

中国人民银行在天津成立了中征动产融资统一登记平台，启动融资租赁合同登记试点，提供了包括登记、公示、查询等融资租赁业务相关服务，出台《关于使用融资租赁登记公示系统进行融资租赁交易查询的通知》(银发〔2014〕93号)，进一步确立融资租赁登记查询的司法效力。中国人民银行天津分行在天津全市范围内率先支持融资租赁公司接入征信系统，有效解决制约融资租赁发展的信息不对称问题，提升租赁业务的安全系数。天津市金融局率先在天津市范围内建立了租赁物登记对抗制度，有效降低租赁物发生权属纠纷的风险，支持企业通过融资租赁加快装备改造升级，加大租赁费用财政补贴力度，开创网上服务平台，对天津市制造业发展提供有力支撑。同时，将金融租赁公司纳入全市中小微企业贷款风险补偿范围，分散经营风险。海关对租赁物实施跨境跨关区海关异地委托监管模式，大幅度节省了融资租赁公司的通关时间，降低了企业物流成本。

四、服务水平领先

天津率先开展了租赁公司贷款风险补偿、租赁物海关异地委托监管、租赁物出口退税、租赁物权属登记查询、租赁公司外汇资本金意愿结汇、租赁物增值税抵扣、租赁交易跨境人民币结算等创新试点，搭建“一站式”服务平台。东疆保税港区等优势产业功能区依托海关特殊监管区政策功能优势，整合海关、外汇、税务、商务等各职能部门组成服务大团队，初步建立涵盖融资租赁公司注册登记、落户选址、外汇管理、税费缴纳、报关报检、资产处置、信息咨询和融资服务等覆盖全流程的综合服务体系，开创了国内SPV、离岸、转口、跨境、联合、保税租赁等数十项业务模式创新，为处于不同发展阶段的融资租赁公司提供了航空、航运、能源、交通、机械等诸多行业“专家+管家”的“一站式”服务。

五、引领业务创新

2009 年 12 月，工银金融租赁有限公司从境外租赁公司购买了出租给中国国际航空和厦门航空的 7 架飞机资产包，实现全国首单租赁公司购买境外飞机租赁资产包交易。2010 年 4 月，环宇邮电（天津）租赁有限公司借用国际商业贷款完成 4 架波音 737－400 型飞机的租赁交易，实现全国首单借用外债完成的飞机租赁交易。2011 年 11 月，扬子江国际租赁有限公司、长江租赁有限公司，与北京首都航空有限公司合作，完成了 2 架全新 IAE V2500 飞机发动机的引进和经营性租赁交易，实现全国首单飞机发动机保税租赁交易。2012 年 6 月，朗业（天津）国际租赁有限公司与北京首航直升机股份有限公司完成了两架由欧洲直升机公司制造的 AS350B3 型直升机租赁交易，实现全国首单保税进口直升机租赁交易。2014 年 10 月，建信金融租赁有限公司联合中国东方航空股份有限公司和法国外贸银行，利用东疆租赁平台实现全国首单租赁公司操作的飞机法税租赁业务。2015 年 7 月，工银金融租赁有限公司通过 SPV 公司与尼泊尔喜马拉雅航空公司合作实现全国首单两头在外的飞机离岸租赁交易，也是我国自贸区首单飞机离岸租赁业务，为壮大飞机离岸租赁业务规模奠定了坚实基础。2017 年 2 月，工银金融租赁有限公司获准开展国内外汇贷款资金纳入外汇资金池管理业务，并成功通过平安银行天津自贸区分行将一笔 5000 万美元的国内外汇贷款放款至其东疆项目公司用于支付飞机采购款，成为全国首家能够开展此项业务的跨国公司，在行业内引起较大反响。

六、国际合作深入

在航空领域，美国飞机租赁公司（ALC）、Aercap、中银航空租赁（BOCA）、奇龙租赁（Dragon）、渣打银行租赁、周大福旗下 Goshawk（高翔租赁）、Avolon（安龙租赁）等境外大型飞机租赁公司，以及爱尔兰香依发动机支援有限公司 SES 相继在天津市设立外商融资租赁公司或项目公司，开展飞机或发动机租赁业务。在海事领域，利比里亚海事局（Liberian Registry）在天津市设立船舶登记处，全球领军的邮轮船舶设计公司 Tillberg Design 设立邮轮融资租赁公司，新加坡海上风电船运营商毅之安（Ezion Holdings）设立承租运营公司，天津融资租赁业的国际影响力进一步提升。

第二节　天津融资租赁发展的东疆经验

为促进天津融资租赁行业发展，天津市各相关部门纷纷出台相关支持举措，推动以东疆为代表的天津融资租赁行业发展。天津融资租赁业起步早、产业基础好，已经形成了明显的产业集群优势，天津陆续出台的各项租赁产业相关政策也为租赁业发展创造了良好的经营环境。特别是天津自由贸易试验区批复成立以来，融资租赁业呈现突飞猛进的发展态势。最具代表性的东疆保税港区，在租赁企业聚集、租赁业务模式创新、租赁物领域不断扩展等方面成效显著，同时在建设与国际高标准规则相接轨的制度环境，在监管、税收、法律等方面走在全国前列，为融资租赁业发展营造了更加优良的营商环境，形成了国内领先的“东疆经验”。

一、政府部门支持措施及效果

为解决从租赁公司设立、租赁合同权属登记、物权保护等问题，提升多渠道融资和财税优惠，加快市场培育和业务创新，提高行政审批效率，天津市政府先后印发了《关于促进天津市租赁业发展的意见》（津政发〔2010〕39 号）和《关于加快天津市融资租赁业发展的实施意见》（津政办发〔2015〕2 号）。天津市各部门及重点区域也在创新业务模式，拓展业务领域，优化政策环境，提升服务质量开展了大量工作，取得明显成效：

一是由天津市商务委牵头制定推动天津市融资租赁业发展行动方案。该方案主要包括四个方面，从支持融资租赁企业做大做强，加强建设国家级融资租赁创新示范区，完善配套服务机构和搭建服务平台四个角度细化为十五条具体落实措施，已于 2017 年初正式实行。

二是由天津市商务委员会同天津市国税局加快组织内资融资租赁试点确认工作。2016 年 7 月以来，已完成三批共 16 家内资融资租赁试点企业的确认工作。截至 2017 年 3 月底，天津内资融资租赁试点企业达到 34 家，数量位居全国首位。

三是由天津市商务委员会同市工信委、科委、金融局、财政局、银监局、中小企业局、海洋局等部门共同推动天津市装备制造业改造升级工作。支持企业通过融资租赁开展装备升级改造。第一批 13.6 亿元的项目资金拨付已经完成，28 个项目从中获益。

四是由天津各功能区管理委员会牵头积极开展行业交流活动，提高天津融资租赁业的国际影响力。2016 年下半年，第五届中国航空金融发展（东疆）国际论坛、第三届 2016 年全球租赁业竞争力论坛等国际会议，以及全国融资租赁业年会相继在天津举办。这些国际重量级会议的举办，有效增强了天津在全国乃至世界融资租赁行业的影响力。

五是建立健全地方配套支持政策。天津市商务委与市场监管委联合下发了《天津市商务委与市场监管委关于融资租赁企业兼营商业保理业务有关问题的通知》（津商务流通〔2016〕21 号），明确了内资融资租赁试点企业申请兼营与主营业务有关的商业保理业务无须行业准入，由市场监管部门直接办理企业经营范围增项；外商投资融资租赁企业兼营与主营业务有关商业保理业务，按现行规定办理审批（备案）手续；兼营的商业保理业务应与主营业务有关，在开展商业保理业务时，参照商业保理行业管理相关规定执行等内容。该文件的下发，解决了融资租赁公司兼营保理业务在全市范围内申请增项的问题，进一步扩大了融资租赁企业的业务范围。此外，天津市金融局等部门出台《关于做好融资租赁登记和查询工作的通知》（津金融办〔2011〕87 号），天津市高级人民法院出台《关于审理融资租赁物权属争议案件的指导意见（试行）》（津高法〔2011〕288 号），有效保护了租赁各方的权益，有力促进了融资租赁业健康发展。天津市财政局等部门《关于印发〈天津市促进现代服务业发展财税优惠政策〉的通知》（津财金〔2012〕24 号），在资金、财税等方面给予补助，有力支持了天津融资租赁业的快速发展。

二、中国人民银行和国家外汇管理局支持措施及效果

中国人民银行和国家外汇管理局陆续在天津开展了资本金意愿结汇、外债意愿结汇、收取外币租金、跨境资金集中运营管理等创新试点，不断加快金融管理、外汇管理改革，对天津融资租赁业发展给予有力政策支持，取得明显效果。

（一）加快金融管理改革

2015 年 12 月，中国人民银行发布《中国人民银行关于金融支持中国（天津）自由贸易试验区建设的指导意见》（以下简称金改 30 条），在促进融资租赁业发展方面提出了五条共 12 项创新政策，并进一步细化为 69 项具体措施。截至 2017 年 3 月底，近八成的政策已落地实施，其中 23 条措施成效显著。截至 2016 年 5 月底，天津自贸区内符合条件的融资租赁类公司收取外币租金 181 笔、金额 4.4 亿美元，为企业节约财务成本超百万美元；办理售后回租项下境内支付外币设备价款业务 8 笔、金额 2.1 亿美元，有效地解决了承租人后续资金使用中的货币错配问题，交易双方都能有效避免汇率风险；已有 2 家租赁公司作为主办企业开展跨国公司外汇资金集中运营，实现了通过境内外汇资金集中管理专户对境内外汇资金进行集中运营管理，通过境外外汇资金集中管理专户对境外外汇资金进行集中运营管理，有效降低了结售汇成本，提高了风险控制水平和资金管理水平，使集团整体获益。

一是实现国内首笔联合租赁业务，显著提高企业资金运作效率。在国家外汇管理局滨海新区中心支局的政策指导下，中国农业银行天津自由贸易试验区分行、汇众（天津市）融资租赁有限公司和农银金融租赁有限公司成功办理首笔联合租赁业务。业务实质是两家租赁企业共同出资购买海洋工程装备资产，并以融资租赁方式交付境外承租人使用，资产总额近 2 亿美元。该业务模式便于企业分担交易风险、提高资金流动性，充实了天津自贸区融资租赁的产业模式，巩固了产业优势，对落实“一带一路”倡议，推动大型成套设备出口起到积极推动作用。

二是实现国内首笔融资租赁公司售后回租项下外币支付设备价款业务，大幅降低企业财务成本。2015 年底，经国家外汇管理局批准，国家外汇管理局天津市分局批准招银金融租赁有限公司下设 4 家 SPV 公司在开展境内售后回租业务时，能够以外币支付租赁设备价款。2016 年 1 月 23 日，这 4 家 SPV 公司分别与大连中远船务工程有限公司、舟

山中远船务工程有限公司、南通中远船务工程有限公司、中远船务（启东）海洋工程有限公司完成售后回租项目签约，合同总额近 2.1 亿美元，并分别通过澳新银行上海分行、中国银行广州越秀支行开立的美元委托贷款账户，通过外币向上述四家船务公司完成了租赁设备价款的支付。这种创新业务有助于企业减少汇兑损失和降低财务成本。同时，能够满足承租人对外币资金的需求，有效地调整交易双方的债务结构，大幅度降低资产负债期限与货币错配的风险敞口，对开展跨境融资租赁业务意义重大。

三是实现国内首单外债意愿结汇业务，便于企业投融资操作。在国家外汇管理局天津市分局的指导下，中国建设银行天津分行为万康航空租赁（中国）有限公司办理一笔 1629.6 万美元的外债意愿结汇业务。以往外债结汇要在提供支付背景的前提下才可以将结汇后的人民币资金划转，即遵循实需原则。而在意愿结汇的政策下，企业可以根据汇率波动情况自助选择结汇时机，有支付需要时再提供相关材料进行划款。有效规避汇率风险，在人民币汇率双向波动日趋频繁的形势下，提升了企业投融资操作的灵活性，减少汇兑损失。

（二）加快外汇管理改革

2015 年 8 月 12 日，国家外汇管理局正式发布《关于在天津市东疆保税港区开展经营性租赁业务收取外币租金试点的批复》（汇综复〔2015〕12 号），同意在东疆保税港区开展经营性租赁业务收取外币租金试点。2017 年 8 月，国家外汇管理局印发《国家外汇管理局综合司关于在天津东疆保税港区开展经营性租赁收取外币租金业务的批复》（汇综复〔2017〕24 号），东疆保税港区成为全国唯一获批经营性租赁收取外币租金的区域。

该政策明确规定，融资租赁公司开展经营性租赁业务时在两种情况下可以收取外币租金，并且收取的外币租金可以结汇用于上缴境内税款：一是用来购买租赁物 50% 以上的资金来自该公司借用的外币外债或者国内外汇贷款；二是租赁物从境外租入并且有对外支付外币租金的实际需求。对融资租赁公司而言，该政策减少了购汇环节，规避了汇兑风险，在节省换汇成本等财务费用的同时，还降低了每笔购汇导致的内部审批、银行单据、人员办事等管理成本。以工银金融租赁有限公司为例，该公司仅在 2015 年 8 月至 2016 年 3 月期间收取经营性租赁租金约 2.3 亿美元，节约财务成本 550 万元。对行业而言，该政策为融资租赁公司顺利、高效地承接租赁业务提供了便利，帮助飞机等经营性租赁业务与国际惯例接轨，为租赁资产全球化流转打下了坚实基础。目前，光大金融租赁有限公司、昆仑金融租赁有限责任公司、天合国际融资租赁有限公司等多家企业已经开始着手购买境外融资租赁公司在国内持有的飞机资产，租赁资产权益的跨国流转正在有序推进。对全国而言，该政策提升了国内租赁模式的比较优势，为国家培育了新的经济增长点，使国内经营性租赁模式具备了直接与境外如爱尔兰、开曼等租赁模式竞争的可能性，有助于国内租赁公司并购境外租赁公司持有的国内租赁资产。长远来看，内资租赁公司可以将海外租赁资产重组回归境内，助推境外融资租赁公司加快在中国的建设投资，将原本境外产生的GDP、税收、就业机会等融资租赁产业经济贡献留在国内，有力支持国内建设与发展。

三、其他监管部门支持融资租赁发展举措

（一）天津海关积极探索业务创新和监管创新支持天津融资租赁业发展

一是融资租赁大型设备海关异地监管。自贸试验区海关特殊监管区域内的融资租赁企业进出口船舶、海洋工程结构物等大型设备，进出境地为其他直属关区的，企业可向注册地海关提出业务需求，在注册地海关办理申报手续，由进出境地海关办理实货放行。顺应了物流实际，降低了企业生产成本。二是租赁飞机联动监管。对于注册在自贸试验区海关特殊区域内的租赁企业所开展的飞机租赁业务，在确保有效监管和执行现行相关税收政策前提下，租赁飞机在特殊区域之间实行联动监管，即租赁企业在注册地海关办理申报手续，飞机由实际进出的特殊区域海关进行出入区监管。通过对租赁飞机联动监管，进一步推动东疆保税港区飞机租赁产业发展。

（二）天津市食品药品监督管理局支持医疗器材融资租赁健康发展

天津市食品药品监督管理局于2014年3月11日出台了《天津市关于医疗器械融资租赁监管的有关规定》，在了解上海、深圳食品药品监督部门的管理经验，先期批准2家医疗器械融资租赁企业试点的基础上，国内首先出台医疗器械融资租赁监管制度，支持金融租赁公司、外商投资租赁公司、内资试点融资租赁公司取得相关资质后可从事相关业务，并放宽了仓储面积、人员条件等要求。

第三节　天津融资租赁有效支持实体经济发展

融资租赁业务一头连着制造企业，一头连着终端用户，中间连着船舶、飞机、汽车、医疗、教育、养老等行业，对促进装备制造业、服务“三农”发展、中小企业融资、企业技术升级改造、设备进出口等方面有重要作用。近年，天津融资租赁业在扶持实体经济发展的重点领域发挥了积极作用，取得显著成效。

一、天津融资租赁支持实体经济发展概况

天津融资租赁业起步早、产业基础好，已经形成了明显的产业集群优势，天津陆续出台的各项租赁产业相关政策也为租赁业发展创造了良好的经营环境。特别是天津自贸试验区批复成立以来，融资租赁业呈现突飞猛进的发展态势。东疆保税港区更是在租赁企业聚集、租赁业务模式创新、租赁物领域不断扩展方面成效显著，同时在建设与国际高标准规则接轨的制度环境以及监管、税收、法律等方面走在全国前列。

从天津融资租赁业务发展以及与实体经济结合看，截至2016年底，据天津市融资租赁协会和天津滨海融资租赁研究院统计，总部设在天津市的各类融资租赁公司（不含单一项目租赁公司、分公司和海外收购的公司）达到1185家，比年初的697家增加了488家，其中多数设立在滨海新区；同时天津市融资租赁总部企业注册资金达到约5013亿元，比上年底增加了2330亿元，增幅为86.8%；天津市融资租赁合同余额约为1.91万亿元，比上年底的14100亿元增加5000亿元，增长35.5%，约占全国融资租赁合同余额53300亿元的三分之一以上。

从天津支持租赁业发展政策导向看，2014年7月，中国人民银行天津分行出台《关于促进金融租赁发展服务实体经济的指导意见》，从六个方面对金融租赁服务实体经济提出要求，以落实天津市金融改革创新重点工作任务。包含发挥天津租赁业集聚优势，鼓励更多的金融租赁公司落户天津。密切关注先进制造业产业链构建、"小巨人"企业、楼宇经济的发展，积极推动有市场发展前景的高端装备制造、新一代信息技术等战略性新兴产业的发展，研究实施对全市重点发展的商贸物流、文化创意、信息消费、电子商务、大型会展和楼宇总部等现代服务业的租赁支持措施。加大融资租赁产品和服务的创新力度，创新发展厂商租赁、联合租赁、保税区租赁等业务模式。落实政策导向要求，加大对小微企业和民营经济的支持力度。认真执行融资租赁特别是售后回租用途管理规定，规范资金使用，防止资金违规流向限制领域。鼓励保险公司与融资租赁公司开展业务合作，鼓励各类融资性担保机构与融资租赁公司开展业务合作。

随着天津自贸区金改30条创新政策落地及融资租赁升级改造等政策支持，融资租赁业继续保持稳定快速发展态势。工银金融租赁、民生金融租赁、兴业金融租赁、渤海租赁等一批行业龙头租赁企业在天津市发展壮大。华运金融租赁作为全国首家民营金融租赁公司，中铁建金融租赁公司作为大型制造业央企背景的金融租赁公司，均先后落户天津。同时，以东疆保税港区为租赁主阵地，天津率先开展了SPV租赁、保税租赁、跨境租赁、离岸租赁、转口租赁、联合租赁、基础设施租赁、批量中小企业租赁、租赁资产交易等数十种创新业务模式，大部分已向全国推广。天津融资租赁业机构实力、业务规模和创新成果连续多年位居全国首位，对中国租赁业发展起到了重要的示范带动作用。在天津自贸区创新政策支持下，越来越多的飞机、船舶创新租赁业务在天津完成，目前天津飞机、国际航运船舶和海工平台租赁业务分别占全国的90%、80%和100%。

融资租赁业对实体经济的促进作用是差异化、全方位的，大型租赁公司在飞机、海工等大体量业务上更有优势，更适合服务大型企业。中小型租赁公司在机械、车辆、设备等领域有专长，适合服务中小企业。依托融资租赁具有的融资便利、期限灵活、财务优化的优势，近年来，金融租赁企业已累计为天津各类企业盘活存量资产提供资金3500亿元，共为中小微企业累计提供融资超过2800亿元。近期，天津市又拿出30亿元专项资金，对科技型中小企业、制造企业通过融资租赁方式加快设备更新换代和技术升级提供5个点的利息补贴，借此撬动600亿元的社会投资，助力1000家左右企业进行技术装备改造。例如泰富海洋工程装备（天津）有限公司向农银金融租赁有限公司进行意向融资租赁8.15亿元。2015年，注册在天津开发区的工银租赁与巴西国家石油公司就海工装备租赁业务签署了总额为30亿美元的合作框架协议。在航空金融领域，工银租赁目前已签署了75架C919和ARJ21国产民用机购机协议。

综合来看，天津融资租赁业已经形成了以航空、航运、海洋工程为特色，汽车、能源设施、轨道交通、高端装备、节能环保、医疗服务、基础设施等领域全面发展的格局，为制造型厂商、服务业企业、政府融资平台、中小微企业和农村主体提供了多元化、差异化服务，打通了国际、国内两个市场、两种资源，成为仅次于传统信贷和资本市场的重要融资渠道，有力支持了实体经济发展和产业转型升级。

（一）融资租赁支持制造业发展

融资租赁业作为集融资与融物、贸易与技术更新于一体，与实体经济结合最为紧密的新型金融业态，在促进产业转型升级、优化资源配置、拉动社会需求、完善金融市场、促进中国制造“走出去”和国外先进技术装备“引进来”等方面大有可为。

1. 国家及天津层面在融资租赁支持中国装备“走出去”及转型升级的相关政策。目前，融资租赁支持实体经济发展重点载体在中国制造业上，制造业振兴是实体经济的主战场，中国作为全球最大的制造基地，具备完善的工业体系和完备的生产配套能力，这是坚实基础，也是明显优势。供给侧结构性改革和振兴实体经济发展，都与制造业这个主战场密切相连。其中“中国制造2025”中重点强调支持重点领域大型制造企业集团开展产融结合，通过融资租赁方式促进制造业升级转型。

为支持企业通过融资租赁加快装备改造升级，2016年2月7日，天津市政府办公厅出台了关于支持企业通过融资租赁加快装备改造升级的实施方案和配套管理办法，提出重点支持天津市发展前景好、技术水平高、市场潜力大的中小企业、科技型企业和科研院所通过融资租赁方式购置先进研发生产和检验检测设备，提升企业智能化制造水平。天津市财政筹集30亿元资金，给予企业融资租赁综合费率中5个百分点补贴，计划用两年时间完成1000家左右企业技术装备改造，预计拉动投资超过600亿元，大幅提高天津市企业研发制造水平。这是天津市建设全国先进制造研发基地和国家自主创新示范区，提高先进制造研发水平和创新成果产业化水平，扶持战略新兴产业和高端制造业发展的重要抓手；也是降低中小微企业引进新设备、新技术门槛，有效缓解企业融资难、融资贵，带动创新创业的重要举措。

2. 天津融资租赁业在支持制造业发展方面发挥了积极作用。中国高端装备制造业“走出去”需要大量资金作为支持和保障力量，而采用融资租赁方式，可以为“走出去”的企业提供资金支持，通过融资租赁公司推动中国装备制造“走出去”，提升国内制造企业开展国际产能合作的能力。同时，有助于帮助国内部门装备制造企业淘汰消化过剩产能，不断激发企业活力和创新能力，帮助企业开拓海外市场。此外，天津市还积极支持企业通过融资租赁采购更新装备，实施智能化改造提升，既有利于企业做大做强、实现转型升级，又有利于融资租赁业快速发展。2016 年 7 月，天津经济技术开发区管委会与兴业租赁共同签署合作协议，根据协议，兴业租赁将进一步深化加强与开发区的合作，增资 20 亿元，拓展绿色租赁、民生工程、能源化工、高端装备制造以及消费服务五大板块的融资租赁业务，用以支持实体经济建设。今后，天津市将继续加大力量支持企业以融资租赁的方式加快装备改造升级，拓宽企业融资渠道，支持实体经济发展，让金融机构和中小企业互惠互赢。

3. 融资租赁支持制造业发展的典型企业及业务模式。目前，融资租赁在支持制造业发展方面，主要集中在电力、钢铁、中车、航空、船舶等领域。以工银、兴业、渤海、民生等金融租赁企业为例，典型融资租赁企业支持制造业发展的主要业务模式有：工银租赁利用保税区政策，通过 SPV 公司开展飞机保税租赁业务，打破了外国租赁公司对我国航空租赁市场垄断；此外，2015 年 5 月，工银租赁与巴西国家石油公司就海工装备租赁业务签署了总额为 30 亿美元合作框架协议。工银租赁以海工装备资产租赁为切入点，开展与世界顶级石油公司的直接业务合作，有力带动中国海工装备及中资油田服务业进入全球最大的深水海洋油气市场。兴业租赁开发了绿色公交、污水处理、集中供热、清洁能源、固体废物五大类核心绿色租赁产品，在绿色租赁领域投放超过 500 亿元。渤海租赁注册资本增至 150 亿元人民币，成为全国注册资本排名第一的融资租赁企业，开展的 36 亿元空客总装线厂房融资项目成为通过租赁方式参与基础设施建设投资的成功案例。民生租赁已经在支持中国装备“走出去”方面进行了很多的成功实践，目前境外项目达到船舶项目一半以上，2015 年完成出口租赁船舶达到了 75 条，并和国内企业开展了诸多合作，例如与中海工业合作了万箱级集装箱船出口项目和大连船舶重工钻井平台出口项目等。

（二）融资租赁支持“三农”发展

融资租赁作为近年来快速发展的金融服务模式，在满足目前“三农”领域的融资需求上具有极大的优势和发展空间。与传统贷款业务相比，融资租赁与特定租赁物结合，更看重承租人的未来收益和可持续性，具有门槛低、程序便捷、产品量身定做等特点，缓解了“三农”发展融资难的问题。

1. 国家在融资租赁支持“三农”发展方面的相关政策。2015 年 2 月 1 日，中央一号文件《关于加大改革创新力度加快农业现代化建设的若干意见》正式发布。该意见指出，鼓励开展“三农”融资担保业务，大力发展政府支持的“三农”融资担保和再担保机构，完善银担合作机制。支持银行业金融机构发行“三农”专项金融债，鼓励符合条件的涉农企业发行债券。开展大型农机具融资租赁试点，完善对新型农业经营主体的金融服务，强化农村普惠金融。继续加大小额担保财政贴息贷款等对农村妇女的支持力度。

2015 年 9 月，国务院办公厅印发《关于促进金融租赁行业健康发展的指导意见》中提出，提升金融租赁服务水平，加大对薄弱环节支持力度。支持设立面向“三农”、中小微企业的金融租赁公司，积极开展大型农机具金融租赁试点，允许租赁农机等设备的实际使用人按规定享受农机购置补贴。融资租赁业开展农机租赁潜力巨大，融资租赁公司以财政扶持政策为导向，运用融资租赁手段拉动银行或社会资金，与农机厂商密切合作，积极开展农机租赁以服务农业生产方式转变，服务农村公共基础设施及公共文化教育和医疗卫生体系的均等化建设，为加快新型城镇化进程作出贡献。

2. 融资租赁支持“三农”发展取得明显效果。目前，融资租赁业服务“三农”发展主要是以农业机械、农业基础设施、农产品加工及流通、农业高新技术企业金融租赁等形式。统计数据显示，截至 2016 年 3 月，天津首批共有 396 家企业报送项目 410 个，涉及总投资 551.4 亿元，融资租赁资金需求达 246.7 亿元。其中，滨海新区企业最多，融资需求达 120.9 亿元，其次是涉农区县，融资需求达 69.7 亿元。

一是探索大型水利设备设施的融资租赁业务领域，尤其是农机租赁市场。目前，信达金融租赁、农银租赁都已开展了农机租赁业务，并取得了较好的业绩。经过多年的发展，农业生产工具装备的租赁已成规模，而农业产前、产后的生产经营设备，如农业运输车、农产品加工、储藏、展示与销售的设备租赁市场应当是当前融资租赁发展的主战场。据相关专业分析，未来 6 年内，中国农机租赁市场渗透率可达到 65%，市场容量达到 1000 亿元 ~ 1500 亿元。

二是支持由社会资本发起设立服务“三农”的金融租赁公司等融资租赁企业。目前，从服务“三农”发展的融资租赁企业看，以农银融资租赁为例，农银租赁将服务现代农业、服务中小企业作为主要市场目标之一，农银租赁扎根“三农”租赁业务，并在农产品深加工、农村基础设施建设、农村商贸物流等领域形成了一定规模效应和影响力。此外，宜信从 2013 年起开展农机租赁，设备种类最初只是农业生产的耕种管收环节，后来又拓展到粮食的烘干、储存、加工环节，实现了从“田间”到“餐桌”的全产业链农机金融业务覆盖。

3. 融资租赁支持“三农”发展还存在的问题和制约因素。从天津融资租赁业务发展总体情况看，相比制造业而言，采用融资租赁手段服务和运用到“三农”业务领域的比重还相对较小，同时专业化服务“三农”的金融租赁公司和金融租赁创新产品较少。国家政策导向上虽然对融资租赁服务“三农”及农机设备给予积极扶持和相关补贴，但是从实际效果看，融资租赁的市场化发展导向强，租赁公司是根据市场需求和企业实际业务需求为导向，目前“三农”领域采用融资租赁方式应用意识和实践领域还相对较低，融资租赁手段在“三农”领域的渗透率还有待提高。

（三）融资租赁扶持中小微企业发展

目前，我国很多中小企业设备落后、技术水平低，面对日益激烈的市场竞争，进行设备更新和改造尤为重要，而这些都需要雄厚的资金基础作为支撑。但是，由于中小企业规模小、信用等级低、盈利不够稳定，完全通过银行贷款或者境内外上市融资，很难满足这些中小企业对资金的需求。在这种情况下，简便快捷、信用要求低、不需要额外的担保或抵押的融资租赁非常适合中小微企业融资。

1. 国家对融资租赁扶持中小微企业发展的相关政策。

2015 年 9 月，国务院办公厅印发的《关于促进金融租赁行业健康发展的指导意见》中提出，提升金融租赁服务水平，加大对薄弱环节支持力度。加大对科技型、创新型、创业型中小微企业支持力度。此外，《关于加快融资租赁业发展的指导意见》鼓励融资租赁公司提供适合中小微企业特点的产品和服务，支持设立专门面向中小微企业的融资租赁公司，探索发展面向个人创业者的融资租赁服务，加大对科技型、创新型和创业型中小微企业的支持力度。

2016 年 5 月，为落实《关于支持企业通过融资租赁加快装备改造升级的实施方案》，推动天津市中小型企业提高技术装备水平，实现融资租赁促进中小企业转型升级，天津市中小企业信用担保中心牵头天津市融资担保行业与融资租赁业共建“租保联盟”行业发展协同服务平台，使担保行业与融资租赁业形成合力，打通中小企业融资租赁通道，共同促进天津市中小企业做优做强做大。平台汇集渤海租赁、泰达租赁等二十余家融资租赁公司，以天津市中小企业信用担保中心为主体联合其他政策性担保机构和银行等金融机构，可引导融资租赁资金过百亿元全部投向中小企业。“租保联盟”服务平台的成立，将担保行业的增信服务和对中小企业的运营风险把控作用到租赁行业，解决了中小企业在技术升级改造中遇到的资金少、项目少、对接缓慢的问题，补足了融资租赁服务中小企业的短板。

同年，国务院出台了《关于促进创业投资持续健康发展的若干意见》（国发〔2016〕5 号），明确要求要建立股权债权等联动机制，推动发展投贷联动、投保联动、投债联动等新模式，不断加大对创业投资企业的投融资支持。为融资租赁业支持中小微企业发展提供了政策保证和创新发展方向。

2. 融资租赁方式对扶持中小微企业发展具有重要意义。

中小微企业采用融资租赁不仅可以融得资金，也可以获得税收的优惠，还可以避免设备陈旧过时的风险。一是有利于中小企业融资。融资租赁方式可以避开中小企业财务信息不够规范的弊端，同时以承租设备作为担保物，一般不需要额外的担保或抵押，可以解决中小企业无产抵押难的问题。二是可以取得税收优惠。按法定折旧期限与租赁期限孰短原则确定融资租赁设备的实际折旧期，可加速折旧，扩大当期成本，降低当期所得税的缴纳，使承租人享受到延缓交税。三是可延长资金融通期限。中小企业采用融资租赁方式，融资期限一般达到设备寿命的一半以上，加大中小企业的现金流量，减小中小企业还款压力，缓解中小企业资金周转紧张状况。四是属于表外融资。一般企业贷款都要体现在财务报表上，如果负债比例太大，将影响企业的资信程度。通过融资租赁的经营性租赁方式，可以将租赁资产显示在出租人身上，承租人既可使用租赁物件，还不显示负债，实现表外融资，有利于减少企业负债，可不受资金规格的束缚。五是可防范汇率、利率风险。如果从国外采购租赁设备，需要使用外汇。融资租赁可以将外汇折算成人民币后，以人民币计价租赁，从而使承租企业避免因人民币贬值而带来的汇率风险。由于融资租赁在开始时就采用固定利率，承租企业还可以避免利率波动带来的利率风险。

3. 融资租赁扶持中小微企业发展有益探索。

在扶持中小微企业发展方面，融资租赁有天然的优势。由于中小企业的规模较小，缺乏财务数据的公开透明，缺少抵押物而难以获得银行贷款，更难以进入资本市场进行直接融资。融资渠道少、融资难成为制约中小企业发展的瓶颈。而融资租赁企业具有融资便利、期限灵活、财务优化等优势，通过对小微企业和个人创业者提供服务，能够有针对性地缓解中小企业融资难、融资贵的问题，减少资金占用，降低融资成本，提高资金使用效率、降低财务和经营风险；有利于帮助中小企业购置生产经营设备，消化库存、保障就业。当前，天津部分融资租赁公司还设计开发了专业化的中小微企业融资租赁产品，增强了对中小微企业的扶持力度。目前，“互联网 +”与融资租赁相结合方面积极尝试，大大缓解了众多中小企业面临的技术改造中的资金紧张问题。以滨海新区为例，目前中国融资租赁、泰达租赁、滨海科技融资租赁等近十家融资租赁机构与德信成环保公司、海王星工程公司等多家滨海新区中小企业，集中签署了融资租赁项目合作意向书，旨在进一步加强融资租赁对于中小企业发展的扶持力度。工银租赁开展服务中小企业的“租易通”业务，通过与银行和制造商合作，降低中小企业获取设备门槛，累计投放设备融资超 100 亿元。

此外，特别需要指出的是，在融资租赁支持科技型中小企业发展方面，天津融资租赁公司在租赁业务与股权投资联动（以下简称“投租联动”）方面进行了一些探索，“投租联动”经营模式已初步形成部分融资租赁公司正在积极探索“以租养投、以投带租，投租并举”的联动模式。例如，以远东宏信为代表的大型融资租赁公司，积极探索“投租联动”业务，其基本思路和模式是在传统融资租赁业务基础上，依托租赁业务板块的客户优势、平台优势、集团协同优势等，探索拓展投资类业务，为实体经济提供更为完善的金融一体化服务。与创投租赁一笔业务中既有租赁债权又有股权不同，这种“投租联动”模式具体体现在“以租养投、以投带租，投租并举”。但总体上看，天津大部分融资租赁公司从事的是飞机、船舶、大型设备、公共基础设施等相关租赁业务，资金体量相对较大，标的物重资产特征突出。目标客户为中小企业的融资租赁公司数量较少，更未成立专门从事科技型中小企业业务的科技租赁公司，融资租赁业开展“创投租赁”的基础和动力不足，在支持科技型中小企业方面发挥的作用不够突出。同时“投租联动”属于比较新的业务模式，市场主体对其的认知度和认可度有待进一步提升。

同时，目前天津融资租赁企业不断拓展医疗、教育、养老等业务领域，未来融资租赁企业可将租赁标的物范围向医疗器械、环保设备、养老设施以及无形资产租赁、不动产租赁等领域继续深耕和拓展。

二、金融租赁企业扶持实体经济发展相关情况

目前，金融租赁企业实力不断增强，整体经营情况良好，总体风险可控，在服务实体经济过程中实现了稳健发展。金融租赁企业将以落实去产能、去杠杆、降成本为着力点，积极支持供给侧结构性改革，不断提升服务实体经济发展水平。

（一）天津市金融租赁公司业务发展总体情况

截至 2016 年底，天津共成立金融租赁公司 9 家，其中银行系金融租赁公司 6 家、非银行系金融租赁公司 3 家，资产规模总额约 4347 亿元，融资租赁合同余额约 4000 亿元。资产规模超千亿元的金融租赁公司有 3 家，分别为工银租赁、民生租赁和兴业租赁。从业务模式上看，金融租赁公司主要以融资租赁业务为主，占到业务总量的 80% 以上，而经营租赁和其他资产交易业务较少；从客户类型上看，金融租赁公司客户覆盖较为全面，既包括国有大中型重点企业、跨国公司、上市公司等，也包括民营企业，大、中、小型客户比例较为合理。

与融资租赁公司一样，金融租赁公司主要通过开展融资租赁业务积极推动产业创新升级、拓宽中小微企业融资渠道、助力经济结构调整，在此基础上，基于自身发展战略、企业规模和财务实力，在行业差异化、特色化和专业化发展上实现突破，通过组建专业团队、设立事业部或专业子公司，在具有比较优势的特定领域不断深入发展，从而实现差异化经营。

一是大型设备的融资租赁业务。金融租赁公司大多有银行背景，资金雄厚，而航空、航运、轨道交通、装备制造等行业发展对资金量要求较大，小型的融资租赁公司往往难以满足，因此，金融租赁公司业务主要集中在这些领域。以工银租赁为例，其主要经营航空、航运及能源电力、轨道交通、装备制造等重点领域大型设备的融资租赁业务。工银租赁积极配合国家战略，拓展东欧、南美、东南亚等新兴市场，率先与新兴市场国家开展跨境飞机租赁业务，与巴西航空、俄罗斯航空、亚洲航空等新兴市场航空公司开展项目，推动我国从商品输出向资本输出、从贸易大国向投资大国转型。

二是深耕某一专业领域，打造企业租赁品牌。例如，兴业租赁以绿色租赁为自身特色，重点发展包括民生工程、能源化工、冶金及高端装备、现代服务等在内的五大实体行业。截至 2016 年底，兴业租赁累计投放绿色租赁业务超过 700 亿元，资产余额超过

400亿元，围绕低碳、生态、循环经济三大领域，对绿色出行、节能减排、清洁能源、水环境治理、土壤治理、资源循环六类绿色租赁产品进行整合，绿色租赁发展成效显著。以其“绿色出行”租赁项目为例，该公司先后在济南、天津、长春、苏州等十多个城市开展城市清洁能源公交普及推广以及地铁、城轨等轨道交通建设，支持清洁能源公交车替代升级项目每年可减少碳排放约6万吨。

三是依靠股东的产业背景，实现专业化发展。例如，中铁建金融租赁有限公司是中国铁建股份有限公司的控股子公司，是我国首家以建筑业为背景、以融资租赁为主业的全国性非银行金融机构。其主要股东中国铁建是中国乃至全球实力雄厚、规模较大的综合建设集团之一，在桥梁、隧道、高速公路、高原铁路、高速铁路、港口航道和城市轨道交通工程设计及建设领域处于全球行业优势地位，经营范围遍及全世界90余个国家和地区，是参与“一带一路”等国家战略建设的主力军。中铁建金租依靠其股东雄厚的产业背景，大力发展融资、融物、制造、投资、物流、贸易等业务链条，发挥金融与实体经济之间的枢纽功能，促进产融结合，更好地参与市场竞争。2016年底，中国铁建与中铁建金租签署了《服务互供框架协议》，双方约定财务资助、设备采购、租赁服务等服务的合作事项。

（二）金融租赁公司与融资租赁公司在支持实体经济方面的对比分析

金融租赁公司积极发挥“融资与融物”相结合的特色功能，通过直租推动企业加快先进设备技术升级，通过售后回租帮助企业盘活存量资产，通过经营性租赁降低企业资产负债率，助推相关产业转型发展。从总体上看，金融租赁公司与其他租赁公司服务实体经济上的差异主要体现在租赁项目规模、侧重行业、客户群体方面。

1. 差异化分析。

从银行系、厂商系、独立第三方三类租赁公司区别看，以工银租赁、国银租赁等为代表的银行系租赁公司业务余额占据整个行业的半壁江山，这类机构具有母行可以“反哺”租赁业务带来的较低融资成本，依托控股银行的网络资源拥有大量客户及其企业信用信息是银行系金融租赁公司等优势，是租赁业最具前景的细分市场（见表10－1）。

表10－1　　国内三类融资租赁公司竞争力评析

类型	银行系	厂商系	独立的租赁公司
股东背景	银行	设备制造厂商	非银行也非厂商
优势	资金力量雄厚、融资成本低、银行网络依托、客户群体多、企业信用信息量大	设备制造、维修和处置的专业能力、市场营销网络、广泛的客户群体和对客户经营能力的了解	独立性：受监管和限制较少，人才和创新优势

续表

类型	银行系	厂商系	独立的租赁公司
劣势	受监管和制约较多，缺少灵活性	融资成本相对较高	融资成本相对较高、企业信用信息量较少
客户定位	股东银行的内部客户、国有大中型企业	集中于设备厂商的自有客户	中小企业为主
业务类型及领域	飞机、船舶等大资产、低收益的大型设备领域以回租为主	厂商自身设备以直租交易结构为主	基建、医疗、工业设备等领域提供包括直租、回租在内的量身定制的金融及财务解决方案
典型公司	国银租赁、工银租赁、交银租赁	中联重科租赁、西门子租赁	远东租赁、渤海租赁、华融租赁

一是金融租赁公司规模明显大于融资租赁公司，对实体经济支持力度更大。根据中国银行业协会金融租赁专业委员会统计，截至2016年第三季度末，金融租赁行业通过售后回租方式为企业盘活存量资产余额1.46万亿元，通过直接租赁方式为企业设备投资提供融资余额3405.07亿元。

二是行业分布存在差异。融资租赁公司融资租赁资产总额排名前五位的行业分别是工业装备、基础设施及不动产、交通运输设备、通用机械设备和能源设备。而金融租赁公司方面，业务更主要集中在大型装备、车辆及轨道交通、医疗、航运、航空、能源行业等，显然金融租赁公司更主要集中于大资产领域或更专业化的领域。

2. 金融租赁公司主要优势。

一是具备融资优势。融资租赁公司主要的融资渠道为内源性融资和银行贷款，内源性融资规模有限而银行贷款成本较高，因此一定程度上限制了融资租赁公司业务发展。相比之下，金融租赁公司具备以下优势：第一，银行系金融租赁公司母行优势明显，由母行可为其提供部分资金支持；第二，具备母行的信用背书，可较容易地获得其他银行的贷款；第三，金融租赁公司属于非银行金融机构可以进入同业拆借市场通过同业拆借获得成本较低的同业拆借资金；第四，可以通过发行金融债获得长期资金，但由于金融债发行的条件较高，且需要经过中国银行业监督管理委员会和中国人民银行两个监管部门的审批，因此成功发行金融债的金融租赁公司并不多，金融租赁公司主要的融资渠道还是同业拆借和银行贷款。依靠上述融资优势，使得金融租赁公司有实力将业务集中在飞机、船舶、大型设备等对资金需求较大的项目上。

二是风险管理更完善。第一，金融租赁公司面临的监管更严格，具备不断完善其风险管理体系的外部压力。金融租赁公司的监管部门为银监会，主要参照商业银行的监管标准对其进行监管，且监管指标、监管方法较为完善，更体现其金融属性。而商务部对融资租赁公司的监管较为宽松，主要是基于企业财务数据的监管，监管手段、监管指标仍有待完善，更体现其企业属性。第二，金融租赁公司的股东大多是银行或大型的央企，其自身的风险意识更强。特别是银行系金融租赁公司还可以借助母行的风险管理体系对自身的风险管理进行完善。企业征信系统的接入对企业的系统建设、数据报送要求较高，大多数融资租赁企业均未接入企业征信系统，而大多数银行均已接入企业征信系统，金融租赁公司可通过与母行合作，借助其征信系统对客户进行事前的风险评估。较为完善的风险管理体系和更强的风险防范能力有助于金融租赁公司持续深耕新兴行业、不断拓展业务范围，实现专业化发展。截至2016年第三季度末，金融租赁行业不良租赁资产率0.93%，行业拨备覆盖率251.23%，资本充足率12.91%，具备较强的风险抵御能力。

三是金融租赁公司客户来源更加多元化。银行系金融租赁公司在客户资源方面有优势。成立金融租赁公司可帮助商业银行规避地域和行业的限制开展业务，它是商业银行实现综合化经营的重要组成部分，因此商业银行具备支持金融租赁发展的原始动力。银行系金融租赁公司可借助母行的客户资源和网点分布充分挖掘潜在客户，从而降低业务营销费用。商业银行也可将优质客户推介给金融租赁公司，既可以为客户提供综合的金融服务，又可从金融租赁公司获得一定的利润分成。而非银行系金融租赁公司，其股东多具有实业背景，因此其业务所涉及的行业较为专业，在初期主要服务于股东及其上下游企业。

虽然金融租赁在支持实体经济发展中作出了突出贡献，但是由于中国整体上融资租赁还处在初级发展阶段，因此，目前还存在着诸如资本补充渠道单一、融资渠道不畅、税收政策等相对滞后等制约行业发展壮大的问题。

三、国外融资租赁支持实体经济发展的启示

由于国内的法律制度、税收政策、金融活跃度等环境与国外有很大的差异，生搬硬套将所谓的租赁经典理论用于国内的租赁实践并不可取。通过分析典型国家融资租赁服务实体经济的发展情况，结合天津融资租赁发展特色和实际情况，提出融资租赁支持实体经济发展中可以借鉴的经验与做法。

（一）融资租赁在实体经济中的渗透率有待进一步提高

国外融资租赁发达国家的经验告诉我们，融资租赁服务实体经济都是从振兴制造业开始，其中美国租赁业发达的一个很重要的原因在于制造厂商的全面介入。天津应进一步拓宽融资租赁在服务本地制造业发展的广度和深度，充分调动天津本地制造企业采用融资租赁手段进行业务转型的积极性，同时在发展中还要继续完善与融资租赁业相关的法律、税务登记、资产交易、监管等外部环境。目前，中国的融资租赁渗透率占比仍旧不高，相比国外发达国家还有一定的差距，这与融资租赁发展历史阶段和社会大众对租赁模式的认知度和认可度密切相关，国外融资租赁发达国家普遍对融资租赁方式认可、

接受和看好，融资租赁已经成为继银行信贷之后的第二大融资方式。因此，今后天津融资租赁发展要在完善各项配套环境的基础上，不断提升社会对融资租赁手段的认可，实现更大范围内的使用，以便更好地提高融资租赁在实体经济中的参与程度和渗透率。

（二）发展融资租赁必须与本地产业发展基础和特色有机结合

纵观国内发达融资租赁发达国家的历史，无一不是充分与本国产业基础和发展特色相关联，不断发展壮大的，例如美国的汽车和医疗等设备，日本的信息与通信设备、交通设备、商业与服务设备，爱尔兰的飞机租赁业务，韩国的不动产租赁等。对于天津而言，尤其是滨海新区已经形成了航空航天、装备制造、石油化工、电子信息、生物医药、新能源新材料、节能环保、轻工纺织八大主导产业，依托这些产业基础和特色，实现融资租赁与产业发展深度融合，在东疆现有的飞机、船舶、海工设备的全国绝对领先优势的基础上，进一步拓宽融资租赁应用范围，继续在医疗器械、节能环保设备等领域发力，加大融资租赁手段与天津主导产业的紧密结合力度，只有这样，才能更好地提升融资租赁在服务实体经济的所占比重，更能够促进天津传统制造业转型升级以及中小企业创新发展。

（三）融资租赁服务实体经济发展政策扶持不可或缺

美国、英国等许多国家政府都很重视融资租赁发展，以美国为例，早在1962年，肯尼迪政府为刺激美国经济的复苏，鼓励投资，实施了税收减免法，以减轻投资者购买价格，1962年的税法首次提出了投资税收减免，规定投资者在资本设备投资的当年，可从企业的应纳税额中直接扣除投资金额一定比例的税收，以鼓励投资。与很多租赁业发展水平较高的国家相比，而我国目前仍缺乏有效的措施和配套政策，各类政策的出台在真正落地方面也存在一定的难度。对于天津而言，尤其是天津自贸区总体方案中提出积极建设国家租赁创新示范区，为了更好地实现这一目标，天津在租赁业务模式创新以及各项国家政策争取上还需要进一步加大工作力度，不断加大对融资租赁的政府扶持力度，改善经营环境，真正使各项产业政策落到实处，不断缩短天津融资租赁与国际水平的差距，提升租赁业务的国际竞争力。

第四节　深化天津融资租赁业发展建议

当前，世界经济依然处于国际经济危机后的深度调整期，实体经济发展和融资租赁行业发展面临着较为严峻的挑战，对于天津融资租赁业而言，也存在着一定的风险和问题。天津应基于现有融资租赁发展现状，并以新形势下国家战略为导向，立足于天津本地经济现状和优势产业，更好地服务天津以及中国产业转型升级和实体经济发展，促进国家租赁创新示范区建设迈向新台阶，把融资租赁服务实体经济发展工作做实做细做好。

一、天津融资租赁发展存在的问题

一是行业审批与监管问题突出。截至 2016 年底，全国融资租赁企业已经超过 7000 家，平均每天都有大致 3 家至 4 家的融资租赁公司产生，但空置率很高。中国融资租赁联盟召集人、天津滨海融资租赁研究院院长杨海田表示“开业后一年内无业务做的租赁企业空置率，目前全国达到 65%，有些地区达到 85%”。作为融资租赁行业发展较快的天津市，空置率也达到 35%。经营上存在“重投放、轻管理”“租长、租大、租集中”现象，满足不同层次客户需求和提供租赁咨询、资产管理、资产处置等专业化服务能力不足。这与融资租赁市场轻监管、轻责任且重审批与重权力的现象密不可分。

二是外部发展环境有待进一步完善。近年来，融资租赁业发展环境水平明显提高，但与融资租赁业发达国家相比，融资渠道、物权确认和保护、财税体制等方面的外部环境仍差强人意。因受市场因素制约，小规模租赁企业依然面临严重的融资困难，加之市场形成的短期融资资金过剩、中长期融资资金缺乏且价格高导致融资租赁企业融资期限不匹配，融资成本上升，可实现融资的渠道依然有限，不利于融资租赁行业的健康发展。另外，租赁物的物上权利冲突现象频发、租赁行业综合税负相对较重等因素推高了融资租赁公司的外部经营成本，降低了整个行业的国际竞争力。

三是人才、立法等配套服务有待加强。融资租赁作为一个综合性的交叉性行业，对从业人员的专业技能和素质要求都很高，当前多元、复合型人才缺乏已成为制约融资租赁行业健康持续发展的一个突出问题。据中国融资租赁联盟测算，融资租赁行业包括业务主管人员以上的人才硬缺口超过6000 人。另外，国内仍然没有融资租赁行业的专门立法，虽然出台了《天津自贸区实施条例》，对规范自贸区改革创新在法制轨道运行起到了一定的积极作用，但是由于受全国大环境的影响，相关法律法规比较零散，在处理经济纠纷时，没有明确的法律条文规定和依据，只能根据相近的法律条文判决，严重地影响了法律的严肃性和准确性。尤其是融资租赁合同效力问题和第三人善意取得制度的法律冲突、承租人不作为与担保人权益保护的矛盾等问题比较突出。

四是行业认知度和渗透率①较低。融资租赁理论指导及宣传工作滞后，企业普遍缺乏对融资租赁业的认识和理解，也没有把融资租赁作为融资的主要方式。融资租赁业务在设备投资中所占比重相对较低，融资租赁公司与天津市企业开展业务的比例有待提高。另外，天津市融资租赁对实体经济的支撑作用并未达到应有的水平，相比融资租赁发展成熟国家 15% ~30% 的融资租赁渗透率还有较大的差距。

五是风险防范和可持续发展面临挑战。受业务自身的特点以及外部经济因素的共同影响，融资租赁业不可避免地遇到经济周期、利率、汇率等宏观风险，政策、法律、税

① 指一个国家或地区通过融资租赁实现的新增设备投资额占该国或地区新增设备投资总额的比例。

收等中观风险，经营、流动性、信用、操作性等微观风险，同时，融资租赁业的市场空间、融资渠道相对不足，持续发展能力面临考验，租赁资产流转与退出问题日益严峻，融资租赁业的风险防范水平、事中事后监管力度和风险处置手段仍需进一步加强。

二、坚持融资租赁发展服务好国家战略的理念

一是借“一带一路”国家战略，促进装备制造“走出去”，加强国际产能合作。天津作为“一带一路”的重要节点城市，理应积极融入其中，这既能够给天津经济产业发展带来直接利好，又能有效带动新区产能输出、促进产品出口和培育一批优质跨国企业。目前，众多融资租赁企业正在积极“走出去”，支持我国实体经济企业扩大国际市场，尤其是部分租赁企业已经在境外基础设施建设方面形成了初步规模。政府相关部门应当要做好前提调研工作，采用境外经贸合作区、海外承包项目及工程等方式找准融资租赁融入“一带一路”国家战略的切入点，并利用多方资源，积极争取相关部门的政策扶持，尤其是利用好中国进出口银行的优惠贷款、丝路基金以及中非基金等支持。同时，由于“一带一路”建设参与的经济体众多、涉及面广、影响深远，再加上“一带一路”沿线部分国家社会经济动荡、政治风险较高，建议由部分租赁大企业组成联合体或组团“走出去”，助力天津优势产能输出。

二是继续贯彻落实好京津冀协同发展战略，推动京津冀区域先进制造业、战略性新兴产业和传统产业转型升级。“十三五”期间，京津冀协同发展必将步入更深层次的发展阶段。围绕《京津冀协同发展规划纲要》中“一基地三区”的功能定位，融资租赁业务发展要特别结合“金融创新运营示范区”建设，由于天津的金融创新主要集中在融资租赁业务领域，租赁业相关创新举措表现较为抢眼，在服务实体经济和推动中国装备“走出去”方面成效显著，因此，天津要依托租赁业发展全面提升对京冀地区的服务和辐射功能，推动京津冀金融市场一体化。

三是借助天津自贸区平台和国家租赁创新示范区建设，不断创新业务模式和扩大租赁标的物范围，例如在促进跨境租赁、离岸租赁业务取得新突破。推动金改 30 条中支持租赁业发展的政策全面落地，吸引跨国公司、国际知名机构在天津开展租赁业务，不断提升天津融资租赁业的国际竞争力。

三、充分发挥政府的主导作用，做好产业规划和政策扶持体系

为更好地实现融资租赁业服务实体经济发展、促进经济稳定增长和转型升级的目标，必须充分发挥政府对于融资租赁业的总体规划以及政府扶持方面的重要作用。通过研究与融资租赁相关的法律、监管、税收等，制定因地制宜的融资租赁业发展扶持政策，对于尽快缩小我国融资租赁业与发达国家融资租赁业的差距，提升融资租赁对国民经济各行业的覆盖面和市场渗透率具有重要意义。例如以政府为主导，进行先行先试，

引导政府基础项目采用融资租赁；积极出台扶持融资租赁业发展的相关政策，包括建立融资租赁聚集基地、行业引导资金和产业扶持资金；鼓励出台通过奖励、风险补偿等方式，引导融资租赁和金融租赁更好地服务实体经济发展；改善融资租赁税收政策。一是细化完善“营改增”试点政策，结合融资租赁的业务特性和融资租赁企业资金对接渠道，制定明确的融资租赁税收实施办法。二是允许售后回租业务开具增值税专用发票，便于承租人纳税时抵扣租赁利息支出，降低承租人融资租赁成本。三是借鉴爱尔兰、新加坡、中国香港等地的做法，允许租赁公司开展飞机、船舶等经营性租赁业务时参照融资租赁业务执行扣减融资成本的差额征税政策，降低租赁公司税负，提升国际租赁市场上的竞争力。

四、与区域产业基础和特点紧密结合，助力融资租赁服务本地经济发展水平不断提升

（一）做足做好细分领域，继续扩大融资租赁标的物范围

当前融资租赁在中国处在快速发展和业务扩张的阶段，租赁企业注册数量增长较快，但是真正关注细分领域租赁物市场的企业还不多，在融物方面的投入不够，过于关注融资功能，融资性租赁业务明显远远超过经营性租赁业务，很显然，这种情势下，企业是很难得到长期持续发展的。以美国为例，美国排名前 20 名的租赁公司，银行控制的只有 4 家，其他 16 家全部有行业背景、产业背景，或者说是产融结合的背景，这些公司都非常优秀，规模也很大。天津融资租赁要实现更好地支持实体经济发展，必须基于现有的飞机、船舶、海工设备等优势领域，立足产融结合的定位，专注于天津重点行业、细分行业，致力于成为细分领域的专家，助力租赁行业做大、做强。

（二）深化融资租赁方式应用，迎合更多的本地装备制造企业转型升级的需要

在天津融资租赁发展的良好基础上，继续鼓励和支持实体企业采用融资租赁方式解决中长期资金需求，提振固定资产投资，盘活存量资产。尤其是针对目前租赁公司融资成本高仍然是影响融资租赁支持先进制造业发展的重要原因这一问题，可以考虑对一些优质租赁企业支持先进制造业发展的租赁项目，国家层面能够通过政策性银行给予贷款的支持。

（三）创新融资租赁业务模式，助力中小微企业发展壮大

当前从国家政策扶持导向看，破解中小企业融资难、融资贵，支持中小企业的转型升级是国家的重点方向，天津融资租赁业发展也必须要高度契合国家战略扶持方向，将融资租赁作为支持创新创业的重要金融工具，鼓励中小型科技创新型企业采用融资租赁方式创业发展。就天津而言，重点依托天津自贸区政策平台优势，依托新区八大主导产业优势，通过融资租赁方式，带动船舶制造业、航空航天设备、轨道交通设备、新能源新材料、生物医药、高端制造业的发展。天津滨海新区还是中国维修造船基地和远洋运

输中心之一，通过融资租赁，可以快速提升相关产业发展水平。

五、做好融资租赁各类风险防控工作

2017 年全国金融工作会上，将金融要服务好实体经济发展和加强金融监管、防范金融风险作为两大重点任务。可见，融资租赁作为金融和实体经济结合的产业，天津又是国内融资租赁业发展聚集地，因此，天津融资租赁要实现更好地服务实体经济发展，必须把加强金融监管、防范金融风险摆在重要的位置，在推进融资租赁深化发展中更应该在风险防控方面探索多元化方式，发挥好示范和表率作用。

一是建议成立由税务、市场监管、人民银行、外汇管理、公安、银行等相关部门和机构组成的风险防控工作组，加强对企业的事中事后监管能力。按照各自职责，分别从年报和纳税、企业信贷、互联网监管等进行风险监控和管理，建立起融资租赁业全过程的监管机制，并实现信息共享，以便更准确地掌握融资租赁企业经营情况等详细的动态信息。

二是尤其对于近期出现的 P2P 平台事件，建议加强网络监管、统计监控。重点对涉及虚假业务宣传和非法集资事件进行监管。并结合统计工作，要求融资租赁企业按要求及时报送季度和年度经营情况信息报表，审查其在全国融资租赁企业管理信息系统上登记的企业基本信息与实际情况是否一致。

三是建立存量企业风险台账，对企业实施等级化管理。按照轻度、中度、重度三个风险等级计划建立企业风险预警台账。针对不同风险等级进行不同程度的关注和监管，尤其对于具有一定风险属于中度和重度的租赁企业，定期进行风险排查，并严格管理，发现问题的立即纳入企业异常名录管理并进行公示。

四是加快融资租赁交易流转平台建设，强化对租赁风险的监管。天津自贸区总体方案就明确提出建立中国天津租赁平台和中国金融租赁登记流转平台，建立融资租赁交易流转平台可以有效对租赁资产交易进行实时监控，规范并促进租赁资产的转让、流动，对天津乃至全国的租赁产业风险防范起到重要的监管功能。

五是通过设立 AMC（资产管理公司）探索开辟租赁风险资产处置渠道。借鉴国际上通过设立 AMC 来管理和处置银行不良资产的做法，天津融资租赁风险资产处置过程中要参考适用银行业金融机构及资产管理公司较完善及程序化的不良资产管理体系，在租赁行业出现风险时，通过专业化的手段处置不良租赁资产，降低或化解租赁风险。

第十一章　天津融资租赁战略定位展望

党的十九大报告明确指出，我国经济已由高速增长阶段转向高质量发展阶段，加快建设制造强国，加快发展先进制造业，加强水利、铁路、公路、水运、航空、管道、电网、信息、物流等基础设施网络建设。在转变发展方式、优化经济结构、转换增长动力方面，融资租赁可给予实体经济发展更大的支持。在此背景和机遇下，天津融资租赁行业将全力抓住新一轮的发展机会，打造国际重要的融资租赁中心。

第一节　国内融资租赁行业发展前景

在过去几年中，我国租赁市场取得了快速发展。在未来一段时间内，融资租赁业将与经济发展由量到质的转变保持一致，总量增速可能放缓，行业整体进行细分和差异化，覆盖领域更加全面，业务开展更加标准化、规范化。

一、中国融资租赁行业发展趋势分析

（一）融资租赁行业将由高速增长转为中高速增长

在政策和需求的双重刺激下，我国融资租赁行业在未来一段时期仍将较快增长，但增长速度会在一定程度上放缓。2006—2014 年，我国融资租赁行业快速发展，复合增长率高达 95%。从 2015 年起，租赁资产规模增长速度出现显著回落。参考以往的国际经验，租赁资产规模与固定资产投资存在一定的关联关系，当宏观经济形势较好，固定资产投资扩张，融资租赁市场规模也将随之增长。反过来，经济进入下行周期，需求侧下降将制约整个行业的发展。全国金融工作会议强调，金融发展要紧紧围绕服务实体经济、防控金融风险、深化金融改革三项任务。在防控风险方面，相关的监管法律法规将会逐步完善，监管标准和监管要求趋于严格，同时伴随着租赁行业需求端的下降，整个行业可能面临着重新洗牌。未来的市场竞争将更加注重差异化和市场细分，更加强调风险管理，一些规模较小、管理较差的企业将会受到一定程度的冲击。

（二）经济下行导致行业总体信用风险上升

随着我国经济结构不断转型升级、“三去一降一补”逐步推进，融资租赁市场的行业差别将趋于明显，增量将更多地向飞机、船舶、轨道交通、医疗健康、高端制造等方

面倾斜，这些领域一方面是有相关政策支持，另一方面市场需求充足，总体信用风险可控。对于传统的产能过剩的行业，可能面临的信用风险将逐步上升。

（三）行业扩张和并购进一步加快

未来一段时间，租赁行业的整体扩张和并购将进一步加快。随着资本市场向金融产业布局的力度逐步加大，一些集团企业纷纷通过设立或并购成立融资租赁公司（金融租赁公司）。另外，我国的自由贸易试验区、保税区等特殊区域不断增多、改革力度不断深化，政策红利逐步显现，它们将成为融资租赁行业的聚集地。以天津为例，各大集团纷纷在天津自贸区成立融资租赁公司和金融租赁公司，其中以东疆片区最为集中。随着我国融资租赁企业的规模不断扩大，经营管理水平逐步提升，部分企业已经将业务领域瞄向国际市场，可能通过跨境并购等形式积极探索本土租赁企业的国际化步伐，在全球范围拓展业务。

（四）融资方式更加多元

随着我国金融市场不断完善和对外开放不断深化，融资租赁公司面临更多可选择的融资渠道，融资成本将进一步降低。租赁企业从传统的靠银行贷款融资逐步扩大到股权、债权融资和跨境融资。同时，租赁资产登记流转体制逐步完善，资产变现能力逐步增强，可有效缓解企业融资压力。随着我国外汇管理改革逐步深化，已经建立起全口径的跨境融资制度，融资租赁企业可以选择跨境融资来享受境外低成本资金和外币融资，为租赁企业提供更加多元的融资选择。

（五）融资租赁与互联网金融相结合

随着互联网金融的兴起，融资租赁业务也与互联网金融进行了一定的结合，比如P2P 平台等。但由于互联网金融还存在监管不足、准入门槛过低、信息不对称、违约风险较高等问题。其中，2015 年“e 租宝”事件被查集中凸显了 P2P 平台的风险暴露。2016 年 3 月 25 日，中国互联网金融协会成立，互联网金融行业进一步规范，与融资租赁行业结合受到相关监管和约束，投资者更趋于理性。

（六）资产流转和变现制度建设提上日程

《国务院办公厅关于加快融资租赁业发展的指导意见》指出，“支持建立融资租赁公司租赁资产登记流转平台，完善融资租赁资产退出机制”。面对租赁行业的整体风险，要建立起相应的退出机制，首先是租赁资产的流转和退出，建立起融资租赁资产登记和交易平台，通过标准化手续完成租赁资产的交易，保障双方的合法权益。

二、融资租赁市场发展前景预测

据市场预测，“十三五”时期，中国融资租赁行业整体有望继续保持约 30% 的增速。根据金融租赁市场前几年的市场发展情况，预计到 2021 年，中国融资租赁市场合同余额将突破 9 万亿元。

（一）租赁资产持续增长

根据国家相关支持政策，融资租赁企业在准入、注册等方面的标准不断放宽和简化，租赁功能和服务对象不断完善和拓宽，各行各业对融资租赁业务模式的认可度普遍提升，融资租赁企业在数量上将会进一步增长，业务覆盖领域逐步拓宽。随着自由贸易试验区等先行先试的政策逐步推广，中国“一带一路”倡议逐步实施，中国高端制造业走出去，融资租赁行业的海外业务将会进一步打开，租赁规模不断扩大。

（二）产业布局更加平衡

从区域角度看，目前我国的融资租赁企业主要集中在沿海地区。随着“一带一路”“京津冀一体化”等国家战略实施和行业发展，融资租赁企业和业务将逐步向内地转移，最终达到区域平衡。在业务开展层面，结合我国宏观经济发展形势，融资租赁行业将继续保持飞机、船舶、机械设备等大型固定资产业务上的优势，同时将业务领域延伸至科技、创投、基础设施、小微、“三农”等领域，将融资租赁业务服务于各行各业，产业对接进一步加快。

（三）租赁创新加速发展

目前，融资租赁业务模式已经被各行各业广泛地接受，业务需求和业务模式多样化，在自贸区等特殊监管区域进行了先行先试，如经营性租赁收取外币租金试点政策已正式落户天津自贸区东疆片区。随着政策红利不断释放，我国融资租赁行业将展现出更大的活力和创新，下一步，将出台更为健全的行业标准和完善的监管规则，鼓励行业创新，促进我国融资租赁行业稳健、快速发展，更多满足实体经济的融资需求，推动地方经济发展和经济结构转型升级。

第二节　天津融资租赁发展定位

天津目前已经成为国内重要的融资租赁聚集地之一，下一步天津将着力打造成为国际重要的租赁中心，重点建设国际化的租赁环境，打造国际化的租赁人才队伍和融资平台。立足天津特色，发展多元化的租赁产品，重点支持飞机、海事、轨道交通、“三农”和中小微企业发展。

一、建设租赁市场，打造国际重要的租赁中心

天津融资租赁产业的发展目标是到2020年，融资租赁的业务范围不断扩大，租赁资产规模不断提升，市场渗透率进一步提高，重点支持实体经济固定资产投资和技术设备更新；融资租赁企业方面，扶植一批在行业内居于领先地位、管理模式先进、具有国际化视野的龙头企业。经过近年快速发展，天津已成为国内最大的融资租赁业聚集地之一，尤其是在飞机、船舶、海工结构物等租赁资产聚集方面，已分别占据全国90%、

80%和100%的份额，在业务创新、产业环境完善、人才培养等方面成绩斐然，成为国内名副其实的融资租赁中心。未来，天津将不断拓展跨境租赁、离岸租赁等业务模式，建立完整的租赁产业链条，支持租赁业参与国际市场竞争，积极营造与国际接轨的租赁业发展环境，吸引更多的境外租赁公司以天津作为平台开展国际业务，扩大天津融资租赁业在国际上的影响力，将天津打造成国际重要的融资租赁中心。

二、完善租赁环境，打造国际化的租赁生态体系

（一）打造服务租赁产业发展的专业人才队伍

融资租赁行业高速增长，带来了专业技术人才、管理人才的巨大需求，但市场上人才储备和供应明显不足。融资租赁业务对于从业人员的要求较高，业务本身既涉及融资、贸易、法律、税务、投资等学科，又涉及承租人所从事的行业特点、经营规律、管理水平等内容。目前，我国在融资租赁专业人才的培养方面尚未建立起系统的制度，鲜有高校开设融资租赁专业或相关课程，缺乏对融资租赁行业系统学习，多是在融资租赁企业中边干边学，专业化水平距离国外还有一定差距。可见，人才匮乏已经成为制约我国融资租赁业健康可持续发展的一个重要因素。

目前，天津东疆保税港区建立了国内首个融资租赁人才库。东疆保税港区管理委员会、工银金融租赁有限公司、民生金融租赁股份有限公司3个博士后科研工作站获全国博士后管委会办公室批准成立，填补了国内金融租赁领域博士后工作站建设的空白。培养了一个专家+管家式的专业服务体系和团队。一是在招商引资层面，东疆保税港区管委会首先建立起一支具有专业素养的服务队伍负责租赁企业前期的准入等相关工作；二是成立专门针对融资租赁行业的服务公司，负责对接租赁企业的各类相关需求；三是联合外汇、海关、工商、检验检疫、海事、税务等部门协同配合提供完整的服务链条，覆盖了融资租赁行业相关的基础培训、政策解读、业务撮合行政审批等内容，做好每一个环节的服务工作。下一步，天津在发展融资租赁行业方面，还应加强培养专业人才，尤其是从高校的层面进行系统性、大规模培养，可以扩大财经类院校融资租赁专业的招生规模和师资力量，将相关的科研任务向融资租赁倾斜，加大科研力度，结合天津的经济结构特色将相关实体经济的基础知识融入到人才培养计划中；同时在理工科院校加强融资租赁知识的宣传和普及，为融资租赁行业培养专业化的复合型人才。发挥好天津融资租赁协会等自律组织的作用，加强对从业人员的自律培训和考核认证，规范从业人员队伍，提升从业人员的整体素质和业务水平，为促进天津融资租赁行业持续发展提供丰富的人力资源支持。

（二）打造服务租赁产业发展的国际化融资平台

目前，天津正在积极建设支持融资租赁行业的国际化生态体系，东疆保税港区已设立租赁产业发展基金，与产业资本、金融资本合作，服务租赁产业融资需求。已先后与

平安银行合作设立总规模为人民币500亿元的交通产业基金；与平安银行、朗业租赁合作设立规模为人民币100亿元的航空产业发展基金。同时，利用东疆保税港区跨境租赁产业集聚优势，发挥金融创新能力，持续推动境外金融机构、境外信用保险机构服务东疆租赁融资需求。2015年，已完成自贸区第一单法式税务租赁业务，国内第一单加拿大出口发展公司的航空器直接融资，渣打银行给国内保税租赁机构的第一笔融资。其次，推动租赁资产交易创新，加快建设国家租赁创新示范区。2015年1月，工银金融租赁有限公司与农银金融租赁有限公司完成了国内首个大飞机租赁资产交易和第一单项目公司股权交易，开创了我国飞机租赁领域保税资产交易的先河。3月，在天津东疆航空资产市场管理有限公司的交付监管下，兴业租赁从中轨租赁成功购得一家飞机项目公司（SPV）的100%股权，开创了国内飞机租赁资产交易“交付监管”创新模式，同时实现了金融租赁公司与非金融租赁公司之间的项目公司股权交易创新。未来，应利用模式创新等方式，不断完善服务租赁产业发展的国际化融资平台建设。

（三）打造服务租赁产业发展的信息宣传平台

目前，天津已初步建立起立足全球服务全国的融资租赁综合信息平台。以东疆保税港区为例，成立了中国航空金融发展（东疆）国际论坛、中国租赁网、中国飞机租赁网、中国海事金融（东疆）国际论坛、“东疆租赁服务”微信公众平台等专门从事租赁服务的信息交流平台，及时发布全球范围内融资租赁行业相关的最新信息和动态，以及各国相关的政策发布和行业导向，对于国内市场了解国际租赁市场的主流发展方向和行业变化提供了高效的服务。同时，东疆保税港区正在致力于打造服务融资租赁的国际化的综合专业平台，为促进企业合作提供服务平台，扩大天津融资租赁业在行业的国际影响力。

三、创新租赁产品，打造多元化的产品聚集中心

（一）打造世界级的飞机租赁中心

2017年上半年，融资租赁公司尤其是金融租赁公司在飞机租赁市场上动作频频。海航集团旗下的渤海金控称董事会已经批准公司以100亿美元的价格收购美国银行控股公司CIT Group旗下的飞机租赁公司C2 Aviation Capital LLC；中国飞机租赁集团控股有限公司之成员公司飞机再生国际有限公司宣布，已收购全球飞机解决方案提供商之一Universal Asset Management, Inc.（UAM）100%股权；交银金融租赁有限公司2017年中标中国南方航空股份有限公司的第二架价值约1.2亿美元的空客A330－300飞机已交付中国南方航空股份有限公司使用；光大金融租赁与中国商用飞机有限责任公司在北京签署30架C919大型客机购买框架协议架；西藏金融租赁与波音公司在2017巴黎航展上签署了一份针对20架737 MAX飞机的备忘录，按照当前目录价格计算价值约25亿美元；工银租赁与CFM国际公司达成协议，为其40架空客A320neo飞机订购先进的LEAP－1A

发动机。根据波音公司的预测，未来 20 年世界商用飞机数量将以年均 3.6% 的速度增长，在服役的飞机数量达到 45240 架，其中新飞机的需求量为 39620 架，价值 5.9 万亿美元，包括 22730 架新增长飞机和 16890 架更替的老飞机。

中国融资租赁业起步较晚，中国航空产业发展的潜力巨大，被业内称为“世界上最有潜力的飞机租赁市场”。据中国民用航空局预测，我国用于民航的机队规模将在 2025 年达到 3000 架，其中约 60% 的飞机通过融资租赁方式获得，即仅民航飞机租赁这一市场份额高达 1300 亿美元。我国已成为世界上第四个具有飞机制造能力的国家，为飞机租赁业发展奠定了良好的市场基础。波音 737 系列飞机完工和交付中心落户浙江舟山；空客直升机总装线落户青岛，计划于 2018 年投产；C919 国产大飞机近期已在上海正式通过首飞技术评审，即将拿到美国和欧洲的适航证，进入商业化运转。天津在飞机租赁领域已成为国内的领航者，已成功吸引国内租赁公司落户开展国内市场业务，实现了进口替代功能；吸引境外租赁公司落户开展国内市场业务，GECAS、Aercap、ALC 等全球知名国际飞机租赁公司纷纷落户天津。未来，天津应把握飞机租赁业发展的良好时机，吸引境内外租赁企业以天津东疆为平台，放眼国际市场，拓展行业发展。随着我国租赁市场的不断发展和我国飞机制造工艺的不断完善，飞机租赁市场除了满足国内航空公司需求之外，也将逐步向国际市场渗透，尤其是向“一带一路”相关国家的租赁市场发展。目前，飞机融资租赁行业的国际化发展已经成为业内的共识，努力把天津东疆保税港区打造成“东方爱尔兰”。

（二）建设国际性的海事融资租赁中心

相比近年来西方老牌航运融资服务机构逐步退出市场，中国融资租赁企业在航运领域的业务规模不断扩张。2016 年以来，中国航运融资租赁业突飞猛进，据行业内相关人士透露，2016 年中国十大融资租赁企业船舶融资金额达 115 亿美元，较 2015 年船舶融资租赁市场投放金额增长近 40%。截至 2017 年 3 月底，在中国银行业监督管理委员会批复的 60 家金融租赁公司中，23 家已经开展了船舶租赁业务，通过融资租赁模式购买的船队数量达到 989 艘，船舶租赁资产余额 1139 亿元，其中 68% 为直接租赁，同比增长 58%。2016 年航运整体也不景气，全球排名前十的韩进海运破产导致全球航运业进入寒冬。2017 年上半年，全球航运业有所回暖，市场信心明显增强，二手船舶交易市场十分活跃，船舶价值止跌回升。随着下半年海运旺季到来，运价有望回升。

2017 年 2 月，《中华人民共和国船舶登记办法》开始实施，设置了自由贸易试验区船舶登记专章，对船舶登记外方主体持股比例有所放宽，同时简化相关审批流程、提供网上登记等便捷服务手段，明确融资租赁船舶所有权的相关要求，解决融资租赁船舶登记问题。此外，《国务院关于推进国际产能和装备制造合作的指导意见》列举的 12 个重点行业中，船舶和海洋工程都是推进国际产能与装备制造合作的重点领域，融资租赁模式则是促进国际产能合作，助力中国装备“走出去”的重要工具。天津占据中国船舶及海工租赁领域的绝大部分份额，更好服务中国企业与中国船舶和海洋工程“走出去”，利用融资租赁方式帮助船舶制造企业盘活存量资产，瞄准新兴的国际市场和“一带一路”沿线国家，逐步开拓国际市场业务，向高端制造业转型，努力打造具有国际竞争力的海事金融体系。

（三）建设国际性轨道交通租赁中心

根据国务院2016年发布的《中长期铁路网规划》，到2020年全国铁路营业里程达到12万公里以上，未来几年铁路年均增长有望保持在4000公里，城市轨道即将迎来井喷，今后较长一段时期有望保持每年2500～3000辆的持续增长，年市场规模150亿～200亿元；动车组同样需求强劲，受高铁通车高峰的来临，年增长量也将长期保持在300～400辆的水平，年市场规模600亿～800亿元；机车（动力车头）市场每年需求700～1000辆，年市场规模140亿～200亿元；货车随着近年铁路货运能力提升，铁路货车需求在逐年提升，年平均将有7万～8万辆的需求，年市场规模300亿～320亿元；客车（客车车厢）保有量有望保持4%的增长，年需求7000辆左右，年市场规模200亿元左右。中国高铁在全球的崛起，为轨道交通装备企业“走出去”开展国际化经营提供了有利时机。在“一带一路”大背景下，不仅为上面所述的船舶和海洋工程带来了机遇，也为轨道交通行业带来了一定的发展机遇。“一带一路”沿线国家在交通基础设施建设方面存在巨大的业务需求和资金缺口，融资租赁业务模式可以有效帮助相关国家进行交通基础设施建设。轨道交通租赁成为除了飞机、船舶之外，又一个能够进行全球化的比较重大的项目，也是一个很好的进行租赁业配置的资产。天津东疆保税港区已形成了以天津轨道交通集团、中铁建金融租赁有限公司等为主体的轨道交通和基础设施租赁板块，并且在2015年，综合交通产业发展基金便正式落户，推出总规模为500亿元人民币或等值外币的交通产业基金，主要支持轨道交通设备等重点板块的租赁项目，积极支持国家高端装备制造业“走出去”。

（四）建设全国性“三农”和中小微企业租赁服务基地

2014年起，国务院和相关部委陆续发布相关政策，支持农业生产机器租赁。2014年4月16日，国务院总理李克强在国务院常务会议上强调了开展农机金融租赁服务、创新抵押与质押担保方式、发展农村产权交易市场的重要性。2014年12月30日，国务院办公厅印发《关于引导农村产权流转交易市场健康发展的意见》，对农业生产设施设备进行了范围界定，包括农户、农民合作组织、农村集体和涉农企业等拥有的农业生产设施设备，上述设备可以采取转让、租赁、拍卖等方式进行流转。2015年2月1日印发的《关于加大改革创新力度加快农业现代化建设的若干意见》提出，支持开展大型农机具融资租赁试点；完善对新型农业经营主体的金融服务。天津国家战略定位和产业基础较完备，发展“三农”租赁潜力巨大，适应国家金融支持现代农业的新要求，通过融资租赁业务切实降低涉及“三农”领域的融资成本。此外，中国融资租赁业创新服务基地已于2015年在天津成立，首期注册资本1000万元，以公司化模式运作。天津应充分把握此机遇，把“租赁基地”建设成为国内领先信息交流平台，采取多种业务模式，整合实体企业、金融机构、租赁企业、第三方服务机构等资源，提供全方位的创新服务。

四、租赁功能方面，服务国家战略，助力经济增长

（一）服务国家“一带一路”倡议

国家积极推动“一带一路”建设的重要抓手就是对沿线国家和地区开展基础设施建设，帮助国内高端装备制造业打开国际市场，服务企业“走出去”。据估算，“一带一路”沿线国家总人口约44亿人，经济总量约21万亿美元，分别约占全球的63%和29%。中国将与“一带一路”沿线国家加强基础设施建设、资源开发等方面的合作，初期以港口、机场、公路、铁路等交通设施为主要建设目标，这些工程对于资金和设备的需求量庞大，对相关机器设备融资租赁业务提供了巨大的市场机会。根据市场预期，未来10年“一带一路”沿线国家的基础设施投资需求总量约8万亿美元，存在巨大的资金缺口，为中国融资租赁企业“走出去”创造了良好的发展机遇。

“一带一路”沿途国家正在谋划海陆空三位一体的交通网络，并不断加强基础设施建设、资源能源、生产贸易等相关领域的投资力度，与之相适应大量的工程机械等设备的投资投入，租赁业将迎来更大的发展空间，承担起服务“一带一路”建设的光荣使命。目前，天津东疆保税港区在构筑“走出去”“引进来”的平台，促进航空航运企业和飞机、船舶、海工制造产业发展方面已取得较为明显的效应。2011年，中水电租赁完成首单东欧水电工程成套设备出口租赁，建信租赁、民生租赁将近40艘国产船舶出口租赁给境外用户，实现“走出去”重要突破。

下一步，天津还将通过深化租赁业改革创新，推动中国装备工业“走出去”，更好发挥融资租赁业在服务“一带一路”建设中应有的作用。近年来，我国融资租赁行业迅速发展，很多融资租赁企业日渐深入地融入全球经济体系，在国际市场形成了一定的影响力，为支持国内企业“走出去”做好了准备，并且已经在支持飞机、核电机组、大型液化天然气船、海洋工程装备等中国制造“走出去”的过程中形成了多个创新典型案例。目前，国产C919大飞机已通过我国的适航证论证，即将投入使用，将为国内外市场提供多等级、多种航程产品；南车、北车合并成中车，将促进中国高端装备制造业进一步由“中国制造”向“中国创造”转变，继续推动产业结构升级。目前，中车集团已在天津东疆保税港区设立融资租赁公司，为高铁走出国门提供相关支持。下一步，天津将充分发挥国家租赁创新示范区及自贸区优势，结合供给侧结构性改革、“一带一路”、京津冀协同发展等国家战略，在税收安排、监管、法律等方面提前研究，推动租赁企业走向国际市场。

（二）打造新常态下助力经济发展重要引擎

新常态下融资租赁业发展面临转型和创新的迫切需求。融资租赁是联结金融和实体经济的纽带，在开拓国际市场，转移过剩产能，支持基础设施建设方面作用显著。目前，中国融资租赁市场渗透率远远低于欧美发达国家15%～30%的水平，还存在着明显的差距。随着亚投行的设立、“一带一路”建设、“走出去”战略等为融资租赁业加速发展提供了良好的机遇，也对融资租赁业创新提出了新要求。如何在新常态下，不断拓展业务领域、创新业务模式、完善产业发展环境、深化租赁业改革是天津下一阶段研究和推动的问题。

天津融资租赁作为创新性金融制度安排，以及实体经济和虚拟经济连接的战略纽带作用，在以下几方面发挥新常态下推动我国实体经济发展和经济转型升级的作用。一是利用通过融资租赁在帮助企业完成技术改造、产业升级方面的优势显著，解决中小企业融资难问题，促进中小微企业健康发展、加快高新技术产业化进程、促进传统产业改造升级；二是利用租赁促进货物的生产流通速度，提高社会再生产率；三是支持我国装备制造业发展，通过融资租赁业务帮助装备制造企业销售大型设备和承接大型工程，为调整经济结构提供融资支持。天津已在飞机、船舶、海上租赁等领域发挥了一定积极作用，还将不断探索拓展“三农”租赁等领域，利用自贸区融资租赁的政策优势，在为实体经济“输血”等方面发挥更大的作用。

第三节 天津融资租赁发展路径

总体上看，融资租赁对于国民经济各行业的覆盖面和市场渗透率距离发达国家还有一定差距，管理体制不适应、法律法规不健全、发展环境不完善等问题较为突出。在明确天津融资租赁业在下一阶段的发展定位基础上，本节将探讨通过何种路径来实现发展定位。

一、总体原则

近年来，中国融资租赁取得长足发展，市场规模和企业竞争力显著提高，在推动产业创新升级、拓宽中小微企业融资渠道、带动新兴产业发展和促进经济结构调整等方面发挥着重要作用。但总体上看，融资租赁对国民经济各行的覆盖面和市场渗透率远低于发达国家水平，行业发展还存在管理体制不适应、法律法规不健全、发展环境不完善等突出问题。为进一步加快融资租赁业发展，更好地发挥融资租赁服务实体经济发展、促进经济稳定增长和转型升级的作用。一是坚持市场主导与政府支持相结合，着力完善发展环境，充分激发市场主体活力；二是坚持发展与规范相结合，引导企业依法合规、有序发展；三是坚持融资与融物相结合，提高专业化水平，服务实体经济发展；四是坚持国内与国外相结合，在服务国内市场的同时，大力拓展海外市场。

党的十九大报告中明确指出，支持传统产业优化升级，加快发展现代服务业，瞄准国际标准提高水平。促进我国产业迈向全球价值链中高端，培育若干世界级先进制造业集群。加强水利、铁路、公路、水运、航空、管道、电网、信息、物流等基础设施网络建设。推动融资租赁业发展，既符合发展现代服务业的要求，又能促进传统产业优化升级，对于推动大型基础设施网络建设起到重要的促进作用，与党的十九大精神高度契合。因此天津应大力推动融资租赁行业继续健康快速发展。

二、总体方向

（一）坚持法治思维和市场模式

产业的发展离不开法律的保障，未来随着我国租赁法制体系的不断完善，天津应在坚持以法律促进产业发展的现代市场和契约精神的前提下，不断探索和完善管理模式。一方面要严格遵守国内法律法规，在国内法律框架下创新发展；另一方面，要积极融入国际法律框架，遵守国际惯例，合法平等地参与国际竞争。同时，在法律框架内，在为企业营造公平竞争市场环境下，更好发挥市场在资源配置中的决定性作用。

（二）重视行业自律和行业自治

目前，融资租赁行业中介组织作用不足。融资租赁行业归中国银行业监督管理委员会、商务部分别监管，融资租赁的行业组织主要有中国金融学会金融租赁研究会、中国外商投资企业协会租赁委员会以及一些地方性融资租赁企业协会，尚未出现由行业主管部门牵头组建的具有全国影响力的行业协会。当前中国融资租赁行业中介组织作用不足，导致全行业统计数据收集、统计年鉴编写、信息咨询、统计分析、行业培训与考核、业务交流等工作难以有效开展。以融资租赁行业数据统计为例，中国尚未建立强制性、权威性的数据统计系统，企业难以准确掌握行业内租赁资产状况，不利于监管部门对行业全局进行把控。中国银行业监督管理委员会对金融租赁公司的各项业务数据进行监管，而内资试点融资租赁公司和外商投资租赁公司的统计情况没有明确规定，有待完善。未来，中国应强化融资租赁行业的自律监管，鼓励和支持行业协会等在行业标准制定、数据统计、业务创新、风险管控和改善生态环境方面发挥积极作用，保障融资租赁行业协调、有序、高速发展。

（三）完善融资租赁登记制度

租赁物登记问题一直是制约我国融资租赁行业发展的主要因素之一。虽然在解决融资租赁物登记问题上，中国人民银行征信中心和商务部都建立了相关的物权登记管理系统，但都没有专门的法律支持，当融资租赁登记与工商抵押登记形成冲突时，仍没有可靠的解决办法。所以，应从法律层面尽快建立完善的融资租赁登记制度，这样才能从根本上解决问题。对于承租方擅自处置租赁物的物权风险，出租方可以通过产权部门对租赁物进行登记，除此之外还可以在租赁物上印刻有出租方标识的图案，可以防止承租人用租赁的资产设立抵押担保或者非法转让给善意第三人。另外，出租方还可以要求承租方交付现金保证金或者与承租方处于同一控制下的财务实力良好的子公司为其提供担保，当承租方违约造成出租方发生损失时，可以利用以上的担保形式弥补损失。

(四) 创新特色业务模式，深化互联网金融融合

创新是天津融资租赁业发展的生命源，应继续保持创新动力，争取融资租赁业再创新辉煌。大力推动支持创新，进一步支持并加快租赁模式创新，鼓励企业加大产品创新和服务创新力度，打造具有天津特色的核心竞争力。支持租赁企业走专业化、差异化、国际化发展道路。中国融资租赁行业现有主要的业务模式为售后回租，同时辅以直接租赁，联合租赁、委托租赁、转租赁、混合性租赁等国际上较为普遍的业务还尚未在国内形成规模化业务。在融资租赁企业现有的客户群体中，以大型企业为主，同质化情况较为明显，市场竞争只能通过价格战进行，不利于整个行业的长久发展。从行业发展的长远角度看，融资租赁行业应该向专业化、集约化、差异化转型，一方面拓宽租赁行业的覆盖领域，针对更多行业制定相关的租赁服务，挖掘各个行业的租赁需求；另一方面深挖租赁产品，针对不同客户进行具体化的定制服务，告别单纯靠价格战的竞争手段，以创新促进行业的整体发展。天津应鼓励融资租赁企业不断创新业务模式，通过优化产品组合、交易结构、租金安排等设计，提升服务水平和资产管理能力。在有效解决信息披露、风险隔离等核心问题基础上，寻求融资租赁业务与互联网金融的有机结合，利用大数据、云计算等技术加强对信息的收集、处理和优化，创新业务模式，提升管理水平，推动租赁业务进一步发展。

(五) 走实走好国际化道路

天津较具优势的飞机、船舶等融资租赁都是十分成熟、全球高度一体化的市场，飞机的进口和船舶的出口，都需要融资租赁充当连接产能与需求的纽带和桥梁，随着高铁、核电等高端大型设备“走出去”步伐的加快，也决定了设备租赁等要走全球化发展道路。未来，应坚定支持具有能力的融资租赁企业走国际化道路。通过业务国际化，企业可以形成与国际化发展相适应的业务体系；客户国际化，拓宽了业务半径；融资国际化可以充分利用国际资本市场，丰富资金来源；资产配置国际化，可以有效分散风险；人才国际化，有利于打造一支国际化能力突出的专业队伍。同时，积极利用国家掌握的国际援助项目、对外优惠贷款、产业基金、风险基金、担保基金、保险基金等支持天津租赁企业境外发展，在重大国际场合，加强对天津优秀融资租赁公司的宣传推广等。

三、发展方向和路径

(一) 促进融资租赁业发展，加大产业支持力度

作为天津的特色产业和金融创新的重要抓手，地方政府应大力发展融资租赁业，以

东疆保税港区为平台，集中天津优势力量做大融资租赁业，扩大融资租赁业聚集效应。设立融资租赁产业发展专项基金，专项用于支持天津租赁产业发展。天津可以借鉴爱尔兰等国家的先进经验和优惠政策，争取在所得税、会计处理上对融资租赁行业提供一定的支持力度，持续争取天津自贸区支持租赁业发展的税收政策，并通过业务奖励等方式，解决国内融资租赁企业与外资融资租赁公司平等竞争的问题。围绕飞机跨境租赁等重点领域，向相关部门争取更多操作层面的政策，为天津最具优势的飞机租赁发展提供更加优越的金融环境。争取国家保险政策、信贷政策等综合优惠政策支持。加速吸引配套产业，大力吸引会计师、税务师、律师、评估师及其他中介机构等第三方机构，建立一站无忧的服务体系，解决融资租赁企业的后顾之忧，有利于成熟租赁企业更专注于经营核心业务。

（二）继续巩固飞机租赁，扩展多元化的业务领域

天津是我国重点打造的北方国际金融、航运和贸易中心，也是近年来国内融资租赁行业发展较快的地区，加大发展融资租赁业不仅能够推动天津的金融体系发展，实现天津北方金融中心的地位，同时能够使得如法律、税务、保险、咨询、资产评估等相关服务类专业机构也能得到快速发展，由此可以形成完整的产业链条，进而促进天津租赁行业的发展，同时加快天津建设成为北方金融中心的进程，并有助于天津贸易、航运中心的建设。天津融资租赁业发展最成功的范例就是天津自贸区三个组成部分之一的东疆保税港区，依托于先行先试的政策红利，东疆保税港区为融资租赁企业创造了良好的经营环境，吸引大批企业在此聚集，成为国内最大的融资租赁产业聚集区。截至 2017 年，天津东疆保税港区内的融资租赁业务已基本形成三大板块，一是大飞机、商务机和通用航空飞机板块；二是设备、基础设施、不动产板块；三是船舶、海洋工程结构物、游艇板块。这三个板块为将东疆保税港区打造成为中国和世界的飞机租赁中心奠定了坚实的基础。据统计，2013 年至 2017 年，在天津东疆保税港区交付的飞机数量占到我国以租赁模式引进飞机数量的 90%，东疆保税港区成为我国名副其实的飞机租赁中心，虽然与世界飞机租赁中心爱尔兰相比，东疆保税港区在政策优惠，法律环境、资本环境、服务环境等方面还存在着一定差距，但它打破了外国的租赁公司对我国飞机租赁市场长期垄断的局面，为国内的融资租赁机构在国际租赁市场中争得了一席之地，因此，东疆保税港区只有在飞机租赁业不断开拓创新，才能进一步巩固其在飞机租赁业的地位，实现发展目标。同时，在农机、科技、创投、文化、教育、卫生及基础设施等诸多公共领域开展业务，并向电子信息、大生命健康、节能环保及新能源等高精尖产业布局，业务范围将加速扩展，产业对接进一步加快。

（三）建立全面合作机制，不断拓宽融资渠道

鼓励租赁资产转让，明确租赁资产交易标准，支持租赁业走专业化可持续发展之路。一是通过多种渠道开展租赁资产转让，盘活存量资产、提高资产周转效率。二是借

鉴建立信贷资产流转集中登记规则和推广信贷资产交易流转标准文档的经验，研究制定出租赁资产交易的统一文本标准和格式，对租赁登记规范、风险计提标准、税务认定等方面进行明确，支持租赁资产交易规范化、成规模地有序发展。三是加快推动天津租赁平台、中国金融租赁登记流转平台的试点建设。深挖同业市场，深化银租合作，创新合作模式，探讨金融租赁公司发行同业存单的可行性；探讨在自贸区环境下，允许金融租赁公司发行同业存单的可行性，可有效改善金融租赁公司通过同业融资的期限和流动性问题。积极创新产品和服务，借力资本市场，引入长期资金，匹配资产期限，鼓励符合条件的企业发行债券和资产证券化产品，鼓励“抱团”发行集合票据，同时引入保险资金，利用保险资金先收后付的特征与自身先付后收的互补特质引入保险资金对接融资。

（四）大力发展跨境租赁，提升国际化水平

鼓励融资租赁企业积极“走出去”，承接国际租赁业务，在民航、船舶、工程机械、铁路、电力、海洋工程装备及其他大型成套设备制造的国际市场，以租赁的方式引进国外先进设备。通过融资租赁优化资金、设备等资源配置，创新工程设备利用方式，积极支持境融内资租赁企业开展跨境收购，学习国外先进的融资租赁业务和管理模式，打通国际租赁市场，在全球范围内进行布局支持中国企业和产品“走出去”。

（五）自下而上推动制度建设，完善政策法规

天津层面积极协调国家相关部委，借鉴租赁发达国家经验，研究出台多方面的产业支持政策，完善法律法规建设，自上而下推动租赁配套制度不断完善，鼓励租赁企业创新业务模式、提升服务水平、降低经营成本，增强我国租赁企业在国际市场上的竞争力。在法律层面，现有的法律对于租赁资产的保护还存在不足，例如对不动产和无形资产的登记公示和流通退出缺乏标准化的制度建设，对于租赁业务中形成的纠纷缺乏相应的依据，在一定程度上阻碍租赁业务的总量增长和范围拓宽。在监管层面，明确监管部门和监管职责，对于三类融资租赁公司制定相应的监管标准和依据，以制度约束企业规范开展业务。

（六）强化事中事后监管，建立风险防范机制

对于融资租赁企业的管理应当由事前审批逐步向事中事后监管转变，在市场准入层面适当优化审批流程，同时加强对租赁业务的监测与管理，对于行业和机构的总体风险进行定期监测和评估，明确相应的监管规则和监管手段。在行业建设方面，应规范行业的整体秩序，加强征信体系建设，一方面对租赁企业的信用情况进行采集和共享，另一方面对于租赁资产进行公示和登记，加强信用评估体系建设。同时，应充分发挥行业自律组织的作用，通过自律组织加强行业自我约束机制建设，提升人才培养力度，建立行业规范制度，促进企业交流和业务创新，积极支持中国租赁行业整体发展，在国际市场打造响亮的中国品牌。

（七）探索建立东疆自由贸易港模式

据悉，上海相关部门已形成了探索自由贸易港区建设的初步方案，并已上报。此前，上海有关领导表示，上海正按照中央部署筹划建立自由贸易港。建设自由贸易港的意义在于能让上海成为国际贸易中心，进而把上海真正建设成为国际金融中心，成为“一带一路”的桥头堡，为中国经济发展增添新的动力。建设自由贸易港，将有效加速世界各地货物在上海的集散，以及各地商人与旅客在上海的人员往来，对交运及物流企业，将带来业务量提升的直接利好。自贸区内的港口、物流、仓储、商务等相关行业产业将迎来利好。与物流高度自由化相辅相成的是资金流的高度自由化，因此金融创新和资金自由流动、兑换是自由贸易港的题中应有之义，这对于促进融资租赁行业的发展也极具重要意义，可以更好地促进国内租赁业务与国际对接，打开进入国际融资租赁市场的业务通道。因此，天津自由贸易试验区应抓住自由贸易港这一重大创新利好，推进东疆自由贸易港建设，促进融资租赁行业创新与跨越式发展。

附　　录

国务院办公厅关于加快融资租赁业发展的指导意见

（国办发〔2015〕68 号）

各省、自治区、直辖市人民政府，国务院各部委、各直属机构：

近年来，我国融资租赁业取得长足发展，市场规模和企业竞争力显著提高，在推动产业创新升级、拓宽中小微企业融资渠道、带动新兴产业发展和促进经济结构调整等方面发挥着重要作用。但总体上看，融资租赁对国民经济各行业的覆盖面和市场渗透率远低于发达国家水平，行业发展还存在管理体制不适应、法律法规不健全、发展环境不完善等突出问题。为进一步加快融资租赁业发展，更好地发挥融资租赁服务实体经济发展、促进经济稳定增长和转型升级的作用，经国务院同意，现提出以下意见。

一、总体要求

（一）指导思想

深入贯彻党的十八大和十八届二中、三中、四中全会精神，认真落实党中央、国务院的决策部署，充分发挥市场在资源配置中的决定性作用，完善法律法规和政策扶持体系，建立健全事中事后监管机制，转变发展方式，建立专业高效、配套完善、竞争有序、稳健规范、具有国际竞争力的现代融资租赁体系，引导融资租赁企业服务实体经济发展、中小微企业创业创新、产业转型升级和产能转移等，为打造中国经济升级版贡献力量。

（二）基本原则

坚持市场主导与政府支持相结合，着力完善发展环境，充分激发市场主体活力；坚持发展与规范相结合，引导企业依法合规、有序发展；坚持融资与融物相结合，提高专业化水平，服务实体经济发展；坚持国内与国外相结合，在服务国内市场的同时，大力拓展海外市场。

（三）发展目标

到 2020 年，融资租赁业务领域覆盖面不断扩大，融资租赁市场渗透率显著提高，成为企业设备投资和技术更新的重要手段；一批专业优势突出、管理先进、国际竞争力强的龙头企业基本形成，统一、规范、有效的事中事后监管体系基本建立，法律法规和政策扶持体系初步形成，融资租赁业市场规模和竞争力水平位居世界前列。

二、主要任务

（四）改革制约融资租赁发展的体制机制

加快推进简政放权。进一步转变管理方式，简化工作流程，促进内外资融资租赁公司协同发展。支持自由贸易试验区在融资租赁方面积极探索、先行先试。对融资租赁公司设立子公司，不设最低注册资本限制。允许融资租赁公司兼营与主营业务有关的商业保理业务。

理顺行业管理体制。加强行业统筹管理，建立内外资统一的融资租赁业管理制度和事中事后监管体系，实现经营范围、交易规则、监管指标、信息报送、监督检查等方面的统一。引导和规范各类社会资本进入融资租赁业，支持民间资本发起设立融资租赁公司，支持独立第三方服务机构投资设立融资租赁公司，促进投资主体多元化。

完善相关领域管理制度。简化相关行业资质管理，减少对融资租赁发展的制约。进口租赁物涉及配额、许可证、自动进口许可证等管理的，在承租人已具备相关配额、许可证、自动进口许可证的前提下，不再另行对融资租赁公司提出购买资质要求。根据融资租赁特点，便利融资租赁公司申请医疗器械经营许可或办理备案。除法律法规另有规定外，承租人通过融资租赁方式获得设备与自行购买设备在资质认定时享受同等待遇。支持融资租赁公司依法办理融资租赁交易相关担保物抵（质）押登记。完善和创新管理措施，支持融资租赁业务开展。规范机动车交易和登记管理，简化交易登记流程，便利融资租赁双方当事人办理业务。完善船舶登记制度，进一步简化船舶出入境备案手续，便利融资租赁公司开展船舶租赁业务。对注册在中国（广东）自由贸易试验区、中国（天津）自由贸易试验区海关特殊监管区域内的融资租赁企业进出口飞机、船舶和海洋工程结构物等大型设备涉及跨关区的，在确保有效监管和执行现行相关税收政策的前提下，按物流实际需要，实行海关异地委托监管。按照相关规定，将有接入意愿且具备接入条件的融资租赁公司纳入金融信用信息基础数据库，实现融资租赁业务的信用信息报送及查询。

（五）加快重点领域融资租赁发展

积极推动产业转型升级。鼓励融资租赁公司积极服务“一带一路”、京津冀协同发展、长江经济带、“中国制造2025”和新型城镇化建设等国家重大战略。鼓励融资租赁公司在飞机、船舶、工程机械等传统领域做大做强，积极拓展新一代信息技术、高端装备制造、新能源、节能环保和生物等战略性新兴产业市场，拓宽文化产业投融资渠道。鼓励融资租赁公司参与城乡公用事业、污水垃圾处理、环境治理、广播通信、农田水利等基础设施建设。在公交车、出租车、公务用车等领域鼓励通过融资租赁发展新能源汽车及配套设施。鼓励融资租赁公司支持现代农业发展，积极开展面向种粮大户、家庭农场、农业合作社等新型农业经营主体的融资租赁业务，解决农业大型机械、生产设备、加工设备购置更新资金不足问题。积极稳妥发展居民家庭消费品租赁市场，发展家用轿车、家用信息设备、耐用消费品等融资租赁，扩大国内消费。

加快发展中小微企业融资租赁服务。鼓励融资租赁公司发挥融资便利、期限灵活、财务优化等优势，提供适合中小微企业特点的产品和服务。支持设立专门面向中小微企业的融资租赁公司。探索发展面向个人创业者的融资租赁服务，推动大众创业、万众创新。推进融资租赁公司与创业园区、科技企业孵化器、中小企业公共服务平台等合作，加大对科技型、创新型和创业型中小微企业的支持力度，拓宽中小微企业融资渠道。

大力发展跨境租赁。鼓励工程机械、铁路、电力、民用飞机、船舶、海洋工程装备及其他大型成套设备制造企业采用融资租赁方式开拓国际市场，发展跨境租赁。支持通过融资租赁方式引进国外先进设备，扩大高端设备进口，提升国内技术装备水平。引导融资租赁公司加强与海外施工企业合作，开展施工设备的海外租赁业务，积极参与重大跨国基础设施项目建设。鼓励境外工程承包企业通过融资租赁优化资金、设备等资源配置，创新工程设备利用方式。探索在援外工程建设中引入工程设备融资租赁模式。鼓励融资租赁公司“走出去”发展，积极拓展海外租赁市场。鼓励融资租赁公司开展跨境人民币业务。支持有实力的融资租赁公司开展跨境兼并，培育跨国融资租赁企业集团，充分发挥融资租赁对我国企业开拓国际市场的支持和带动作用。

（六）支持融资租赁创新发展

推动创新经营模式。支持融资租赁公司与互联网融合发展，加强与银行、保险、信托、基金等金融机构合作，创新商业模式。借鉴发达国家经验，引导融资租赁公司加快业务创新，不断优化产品组合、交易结构、租金安排、风险控制等设计，提升服务水平。在风险可控前提下，稳步探索将租赁物范围扩大到生物资产等新领域。支持融资租赁公司在自由贸易试验区、海关特殊监管区域设立专业子公司和特殊项目公司开展融资租赁业务。探索融资租赁与政府和社会资本合作（PPP）融资模式相结合。

加快发展配套产业。加快建立标准化、规范化、高效运转的租赁物与二手设备流通市场，支持建立融资租赁公司租赁资产登记流转平台，完善融资租赁资产退出机制，盘活存量租赁资产。支持设立融资租赁相关中介服务机构，加快发展为融资租赁公司服务的专业咨询、技术服务、评估鉴定、资产管理、资产处置等相关产业。

提高企业核心竞争力。引导融资租赁公司明确市场定位，集中力量发展具有比较优势的特定领域，实现专业化、特色化、差异化发展。支持各类融资租赁公司加强合作，实现优势互补。鼓励企业兼并重组。鼓励融资租赁公司依托适宜的租赁物开展业务，坚持融资与融物相结合，提高融资租赁全产业链经营和资产管理能力。指导融资租赁公司加强风险控制体系和内控管理制度建设，积极运用互联网、物联网、大数据、云计算等现代科学技术提升经营管理水平，建立健全客户风险评估机制，稳妥发展售后回租业务，严格控制经营风险。

（七）加强融资租赁事中事后监管

完善行业监管机制。落实省级人民政府属地监管责任。建立监管指标体系和监管评级制度，鼓励融资租赁公司进行信用评级。加强行业风险防范，利用现场与非现场结合的监管手段，强化对重点环节及融资租赁公司吸收存款、发放贷款等违法违规行为的监督，对违法违规融资租赁公司及时要求整改或进行处罚，加强风险监测、分析和预警，切实防范区域性、系统性金融风险。建立企业报送信息异常名录和黑名单制度，加强融资租赁公司信息报送管理，要求融资租赁公司通过全国融资租赁企业管理信息系统及时、准确报送信息，利用信息化手段加强事中事后监管。建立部门间工作沟通协调机制，加强信息共享与监管协作。

发挥行业组织自律作用。加快全国性行业自律组织建设，履行协调、维权、自律、服务职能，鼓励融资租赁公司加入行业自律组织。加强行业自我约束机制建设，鼓励企业积极承担社会责任，大力提升行业的国际影响力。

三、政策措施

（八）建设法治化营商环境

积极推进融资租赁立法工作，提高立法层级。研究出台融资租赁行业专门立法，建立健全融资租赁公司监管体系，完善租赁物物权保护制度。研究建立规范的融资租赁物登记制度，发挥租赁物登记的风险防范作用。规范融资租赁行业市场秩序，营造公平竞争的良好环境。推动行业诚信体系建设，引导企业诚实守信、依法经营。

（九）完善财税政策

为鼓励企业采用融资租赁方式进行技术改造和设备购置提供公平的政策环境。加大政府采购支持力度，鼓励各级政府在提供公共服务、推进基础设施建设和运营中购买融资租赁服务。通过融资租赁方式获得农机的实际使用者可享受农机购置补贴。鼓励地方政府探索通过风险补偿、奖励、贴息等政策工具，引导融资租赁公司加大对中小微企业的融资支持力度。落实融资租赁相关税收政策，促进行业健康发展。对开展融资租赁业务（含融资性售后回租）签订的融资租赁合同，按照其所载明的租金总额比照“借款合同”税目计税贴花。鼓励保险机构开发融资租赁保险品种，扩大融资租赁出口信用保险规模和覆盖面。

（十）拓宽融资渠道

鼓励银行、保险、信托、基金等各类金融机构在风险可控前提下加大对融资租赁公司的支持力度。积极鼓励融资租赁公司通过债券市场募集资金，支持符合条件的融资租赁公司通过发行股票和资产证券化等方式筹措资金。支持内资融资租赁公司利用外债，调整内资融资租赁公司外债管理政策。简化程序，放开回流限制，支持内资融资租赁公司发行外债试行登记制管理。支持融资租赁公司开展人民币跨境融资业务。支持融资租赁公司利用外汇进口先进技术设备，鼓励商业银行利用外汇储备委托贷款支持跨境融资租赁项目。研究保险资金投资融资租赁资产。支持设立融资租赁产业基金，引导民间资本加大投入。

（十一）完善公共服务

逐步建立统一、规范、全面的融资租赁业统计制度和评价指标体系，完善融资租赁统计方法，提高统计数据的准确性和及时性。依托企业信用信息公示系统等建立信息共享机制，加强统计信息交流。建立融资租赁业标准化体系，制定融资租赁交易等方面的标准，加强标准实施和宣传贯彻，提高融资租赁业标准化、规范化水平。研究制定我国融资租赁行业景气指数，定期发布行业发展报告，引导行业健康发展。

（十二）加强人才队伍建设

加强融资租赁从业人员职业能力建设，支持有条件的高校自主设置融资租赁相关专业。支持企业组织从业人员开展相关培训，采取措施提高从业人员综合素质，培养一批具有国际视野和专业能力的融资租赁人才。支持行业协会开展培训、教材编写、水平评测、经验推广、业务交流等工作。加大对融资租赁理念和知识的宣传与普及力度，不断提高融资租赁业的社会影响力和认知度，为行业发展营造良好的社会氛围。

各地区、各有关部门要充分认识加快融资租赁业发展的重要意义，加强组织领导，健全工作机制，强化部门协同和上下联动，协调推动融资租赁业发展。各地区要根据本意见，结合地方实际研究制订具体实施方案，细化政策措施，确保各项任务落到实处。有关部门要抓紧研究制定配套政策和落实分工任务的具体措施，为融资租赁业发展营造良好环境。商务部与银监会等相关部门要加强协调，密切配合，共同做好风险防范工作。商务部要做好融资租赁行业管理工作，会同相关部门对本意见的落实情况进行跟踪分析和督促指导，重大事项及时向国务院报告。

国务院办公厅
2015 年 8 月 31 日

国务院办公厅关于促进金融租赁行业健康发展的指导意见

（国办发〔2015〕69 号）

各省、自治区、直辖市人民政府，国务院各部委、各直属机构：

金融租赁是与实体经济紧密结合的一种投融资方式，是推动产业创新升级、促进社会投资和经济结构调整的积极力量。近年来，我国金融租赁行业取得长足发展，综合实力显著提升，行业贡献与社会价值逐步体现。但总体上看，金融租赁行业对国民经济的渗透率和行业覆盖率仍然较低，外部环境不够完善，行业竞争力有待提高。为进一步促进金融租赁行业健康发展，创新金融服务，支持产业升级，拓宽中小微企业融资渠道，有效服务实体经济，经国务院同意，现提出以下意见。

一、加快金融租赁行业发展，发挥其对促进国民经济转型升级的重要作用

金融租赁公司是为具有一定生产技术和管理经验但生产资料不足的企业和个人提供融资融物服务的金融机构。通过设备租赁，可以直接降低企业资产负债率；通过实物转租，可以直接促进产能转移、企业重组和生产资料更新换代升级；通过回购返租，可以直接提高资金使用效率。

要充分认识金融租赁服务实体经济的重要作用，把金融租赁放在国民经济发展整体战略中统筹考虑。加快建设金融租赁行业发展长效机制，积极营造有利于行业发展的外部环境，进一步转变行业发展方式，力争形成安全稳健、专业高效、充满活力、配套完善、具有国际竞争力的现代金融租赁体系。充分发挥金融租赁提高资源配置效率、增强产业竞争能力和推动产能结构调整的引擎作用，努力将其打造成为优化资源配置、促进经济转型升级的有效工具。

二、突出金融租赁特色，增强公司核心竞争力

深化体制机制改革，引导各类社会资本进入金融租赁行业，支持民间资本发起设立风险自担的金融租赁公司，扩大服务覆盖面。引导金融租赁公司明确市场定位，突出融资和融物相结合的特色，根据自身发展战略、企业规模、财务实力以及管理能力，深耕具有比较优势的特定领域，实现专业化、特色化、差异化发展。支持金融租赁公司顺应“互联网+”发展趋势，利用物联网、云计算、大数据等技术，提升金融服务水平。建立完善的公司治理结构和内部控制体系，推动有条件的金融租赁公司依法合规推进混合所有制改革，优化激励约束机制，形成权责明晰、制衡有效、激励科学、运转高效的内部治理体系。在风险可控前提下，鼓励金融租赁公司自主创新发展，加快专业化人才队伍培养，积极培育核心竞争力。

三、发挥产融协作优势，支持产业结构优化调整

鼓励金融租赁公司发挥扩大设备投资、支持技术进步、促进产品销售、增加服务集成等作用，创新业务协作和价值创造模式，积极服务“一带一路”、京津冀协同发展、长江经济带、“中国制造2025”等国家重大战略，推动大众创业、万众创新。积极支持新一代信息技术、高端装备制造、新能源、新材料、节能环保和生物等战略性新兴产业发展。加大对教育、文化、医药卫生等民生领域支持力度。在飞机、船舶、工程机械等传统领域培育一批具有国际竞争力的金融租赁公司。在公交车、出租车、公务用车等领域鼓励通过金融租赁发展新能源汽车及其配套设施。鼓励金融租赁公司利用境内综合保税区、自由贸易试验区现行税收政策和境外优惠政策，设立专业子公司开展金融租赁业务，提升专业化经营服务水平。支持金融租赁公司开拓国际市场，为国际产能和装备制造合作提供配套服务。鼓励通过金融租赁引入国外先进设备，提升国内技术装备水平，同时要注重支持使用国产设备。

四、提升金融租赁服务水平，加大对薄弱环节支持力度

支持设立面向“三农”、中小微企业的金融租赁公司。鼓励金融租赁公司发挥融资便利、期限灵活、财务优化等优势，开发适合“三农”特点、价格公允的产品和服务，积极开展大型农机具金融租赁试点，支持农业大型机械、生产设施、加工设备更新。探索将生物资产作为租赁物的可行性。允许符合条件的金融租赁公司享受财政贴息和财政奖励。允许租赁农机等设备的实际使用人按规定享受农机购置补贴。加大对科技型、创新型、创业型中小微企业支持力度。允许金融租赁公司使用地方人民政府建立的中小微企业信贷风险补偿基金，参与中小微企业信用体系建设。鼓励地方人民政府通过奖励、风险补偿等方式，引导金融租赁公司加大对“三农”、中小微企业融资支持力度。支持符合条件的金融租赁公司发行“三农”、小微企业金融债券。适当提高中小微企业金融租赁业务不良资产容忍度。

五、加强基础设施建设，夯实行业发展基础

逐步完善金融租赁行业法律法规，研究建立具有法律效力的租赁物登记制度，发挥租赁物的风险保障作用，维护金融租赁公司的合法权益。落实金融租赁税收政策，切实促进行业健康发展。推动建设租赁物二手流通市场，拓宽租赁物处置渠道，丰富金融租赁公司盈利模式。加大政府采购支持力度，鼓励各级人民政府在提供公共服务、推进基础设施建设和运营中购买金融租赁服务。将通过金融租赁方式进行的企业技术改造和设备购置纳入鼓励政策适用范围。

六、完善配套政策体系，增强持续发展动力

允许符合条件的金融租赁公司上市和发行优先股、次级债，丰富金融租赁公司资本补充渠道。允许符合条件的金融租赁公司通过发行债券和资产证券化等方式多渠道筹措资金。研究保险资金投资金融租赁资产。适度放开外债额度管理要求，简化外债资金审批程序。支持金融租赁公司开展跨境人民币业务，给予金融租赁公司跨境人民币融资额度。积极运用外汇储备委托贷款等多种方式，加大对符合条件金融租赁公司的支持力

度。建立形式多样的租赁产业基金，为金融租赁公司提供长期稳定资金来源。规范机动车交易和登记管理，简化交易登记流程，便利金融租赁公司办理业务。完善船舶登记制度，促进船舶金融租赁业务健康发展。

七、加强行业自律，优化行业发展环境

加强金融租赁行业自律组织建设，履行协调、维权、自律、服务职能，建立健全行业自我约束机制，积极承担社会责任，维护行业整体形象。加强对金融租赁理念、知识的宣传和普及，提升公众和企业认知度。强化信息披露，定期发布金融租赁行业数据。积极与高等院校等开展合作，培育专业化金融租赁人才。支持金融租赁行业共同组建市场化的金融租赁登记流转平台，为各类市场主体自愿参与提供服务，活跃金融租赁资产的交易转让，盘活存量金融租赁资产，更好服务实体经济。

八、完善监管体系，增强风险管理能力

全面加强金融租赁公司风险管理，强化实物资产处置能力。建立健全风险监测预警机制，深入排查各类风险隐患，完善风险应急预案。完善资产分类和拨备管理，增强风险抵御能力。加强合规体系建设，增强金融租赁行业合规经营意识，建立健全合规管理长效机制。落实简政放权、放管结合、优化服务工作要求，着力加强事中事后监管，优化监管资源配置，加强行业顶层制度建设。有关部门要加强协调配合，防止风险交叉传染。完善以风险为本、资本监管为核心，适合行业特点的监管体系，在风险可控前提下，促进金融租赁行业健康发展，守住不发生系统性区域性金融风险底线。

国务院办公厅

2015年9月1日

金融租赁公司管理办法

（中国银监会令2014年第3号）

第一章　总　则

第一条　为促进融资租赁业务发展，规范金融租赁公司的经营行为，根据《中华人民共和国银行业监督管理法》《中华人民共和国公司法》等法律法规，制定本办法。

第二条 本办法所称金融租赁公司，是指经银监会批准，以经营融资租赁业务为主的非银行金融机构。

金融租赁公司名称中应当标明“金融租赁”字样。未经银监会批准，任何单位不得在其名称中使用“金融租赁”字样。

第三条 本办法所称融资租赁，是指出租人根据承租人对租赁物和供货人的选择或认可，将其从供货人处取得的租赁物按合同约定出租给承租人占有、使用，向承租人收取租金的交易活动。

第四条 适用于融资租赁交易的租赁物为固定资产，银监会另有规定的除外。

第五条 本办法所称售后回租业务，是指承租人将自有物件出卖给出租人，同时与出租人签订融资租赁合同，再将该物件从出租人处租回的融资租赁形式。售后回租业务是承租人和供货人为同一人的融资租赁方式。

第六条 银监会及其派出机构依法对金融租赁公司实施监督管理。

第二章 机构设立、变更与终止

第七条 申请设立金融租赁公司，应当具备以下条件：

（一）有符合《中华人民共和国公司法》和银监会规定的公司章程；

（二）有符合规定条件的发起人；

（三）注册资本为一次性实缴货币资本，最低限额为1亿元人民币或等值的可自由兑换货币；

（四）有符合任职资格条件的董事、高级管理人员，并且从业人员中具有金融或融资租赁工作经历3年以上的人员应当不低于总人数的50%；

（五）建立了有效的公司治理、内部控制和风险管理体系；

（六）建立了与业务经营和监管要求相适应的信息科技架构，具有支撑业务经营的必要、安全且合规的信息系统，具备保障业务持续运营的技术与措施；

（七）有与业务经营相适应的营业场所、安全防范措施和其他设施；

（八）银监会规定的其他审慎性条件。

第八条 金融租赁公司的发起人包括在中国境内外注册的具有独立法人资格的商业银行，在中国境内注册的、主营业务为制造适合融资租赁交易产品的大型企业，在中国境外注册的融资租赁公司以及银监会认可的其他发起人。

银监会认可的其他发起人是指除符合本办法第九条至第十一条规定的发起人以外的其他境内法人机构和境外金融机构。

第九条 在中国境内外注册的具有独立法人资格的商业银行作为金融租赁公司发起人，应当具备以下条件：

（一）满足所在国家或地区监管当局的审慎监管要求；

（二）具有良好的公司治理结构、内部控制机制和健全的风险管理体系；

（三）最近 1 年年末总资产不低于 800 亿元人民币或等值的可自由兑换货币；

（四）财务状况良好，最近 2 个会计年度连续盈利；

（五）为拟设金融租赁公司确定了明确的发展战略和清晰的盈利模式；

（六）遵守注册地法律法规，最近 2 年内未发生重大案件或重大违法违规行为；

（七）境外商业银行作为发起人的，其所在国家或地区金融监管当局已经与银监会建立良好的监督管理合作机制；

（八）入股资金为自有资金，不得以委托资金、债务资金等非自有资金入股；

（九）承诺 5 年内不转让所持有的金融租赁公司股权、不将所持有的金融租赁公司股权进行质押或设立信托，并在拟设公司章程中载明；

（十）银监会规定的其他审慎性条件。

第十条　在中国境内注册的、主营业务为制造适合融资租赁交易产品的大型企业作为金融租赁公司发起人，应当具备以下条件：

（一）有良好的公司治理结构或有效的组织管理方式；

（二）最近 1 年的营业收入不低于 50 亿元人民币或等值的可自由兑换货币；

（三）财务状况良好，最近 2 个会计年度连续盈利；

（四）最近 1 年年末净资产不低于总资产的 30%；

（五）最近 1 年主营业务销售收入占全部营业收入的 80% 以上；

（六）为拟设金融租赁公司确定了明确的发展战略和清晰的盈利模式；

（七）有良好的社会声誉、诚信记录和纳税记录；

（八）遵守国家法律法规，最近 2 年内未发生重大案件或重大违法违规行为；

（九）入股资金为自有资金，不得以委托资金、债务资金等非自有资金入股；

（十）承诺 5 年内不转让所持有的金融租赁公司股权、不将所持有的金融租赁公司股权进行质押或设立信托，并在拟设公司章程中载明；

（十一）银监会规定的其他审慎性条件。

第十一条　在中国境外注册的具有独立法人资格的融资租赁公司作为金融租赁公司发起人，应当具备以下条件：

（一）具有良好的公司治理结构、内部控制机制和健全的风险管理体系；

（二）最近 1 年年末总资产不低于 100 亿元人民币或等值的可自由兑换货币；

（三）财务状况良好，最近 2 个会计年度连续盈利；

（四）遵守注册地法律法规，最近 2 年内未发生重大案件或重大违法违规行为；

（五）所在国家或地区经济状况良好；

（六）入股资金为自有资金，不得以委托资金、债务资金等非自有资金入股；

（七）承诺 5 年内不转让所持有的金融租赁公司股权、不将所持有的金融租赁公司股权进行质押或设立信托，并在拟设公司章程中载明；

（八）银监会规定的其他审慎性条件。

第十二条 金融租赁公司至少应当有一名符合第九条至第十一条规定的发起人，且其出资比例不低于拟设金融租赁公司全部股本的30%。

第十三条 其他境内法人机构作为金融租赁公司发起人，应当具备以下条件：

（一）有良好的公司治理结构或有效的组织管理方式；

（二）有良好的社会声誉、诚信记录和纳税记录；

（三）经营管理良好，最近2年内无重大违法违规经营记录；

（四）财务状况良好，且最近2个会计年度连续盈利；

（五）入股资金为自有资金，不得以委托资金、债务资金等非自有资金入股；

（六）承诺5年内不转让所持有的金融租赁公司股权，不将所持有的金融租赁公司股权进行质押或设立信托，并在公司章程中载明；

（七）银监会规定的其他审慎性条件。

其他境内法人机构为非金融机构的，最近1年年末净资产不得低于总资产的30%；

其他境内法人机构为金融机构的，应当符合与该类金融机构有关的法律、法规、相关监管规定要求。

第十四条 其他境外金融机构作为金融租赁公司发起人，应当具备以下条件：

（一）满足所在国家或地区监管当局的审慎监管要求；

（二）具有良好的公司治理结构、内部控制机制和健全的风险管理体系；

（三）最近1年年末总资产原则上不低于10亿美元或等值的可自由兑换货币；

（四）财务状况良好，最近2个会计年度连续盈利；

（五）入股资金为自有资金，不得以委托资金、债务资金等非自有资金入股；

（六）承诺5年内不转让所持有的金融租赁公司股权、不将所持有的金融租赁公司股权进行质押或设立信托，并在公司章程中载明；

（七）所在国家或地区金融监管当局已经与银监会建立良好的监督管理合作机制；

（八）具有有效的反洗钱措施；

（九）所在国家或地区经济状况良好；

（十）银监会规定的其他审慎性条件。

第十五条 有以下情形之一的企业不得作为金融租赁公司的发起人：

（一）公司治理结构与机制存在明显缺陷；

（二）关联企业众多、股权关系复杂且不透明、关联交易频繁且异常；

（三）核心主业不突出且其经营范围涉及行业过多；

（四）现金流量波动受经济景气影响较大；

（五）资产负债率、财务杠杆率高于行业平均水平；

（六）其他对金融租赁公司产生重大不利影响的情况。

第十六条　金融租赁公司发起人应当在金融租赁公司章程中约定，在金融租赁公司出现支付困难时，给予流动性支持；当经营损失侵蚀资本时，及时补足资本金。

第十七条　金融租赁公司根据业务发展的需要，经银监会批准，可以设立分公司、子公司。设立分公司、子公司的具体条件由银监会另行制定。

第十八条　金融租赁公司董事和高级管理人员实行任职资格核准制度。

第十九条　金融租赁公司有下列变更事项之一的，须报经银监会或其派出机构批准。

（一）变更公司名称；

（二）变更组织形式；

（三）调整业务范围；

（四）变更注册资本；

（五）变更股权或调整股权结构；

（六）修改公司章程；

（七）变更公司住所或营业场所；

（八）变更董事和高级管理人员；

（九）合并或分立；

（十）银监会规定的其他变更事项。

第二十条　金融租赁公司变更股权及调整股权结构，拟投资入股的出资人需符合本办法第八条至第十六条规定的新设金融租赁公司发起人条件。

第二十一条　金融租赁公司有以下情况之一的，经银监会批准可以解散：

（一）公司章程规定的营业期限届满或者公司章程规定的其他解散事由出现；

（二）股东决定或股东（大）会决议解散；

（三）因公司合并或者分立需要解散；

（四）依法被吊销营业执照、责令关闭或者被撤销；

（五）其他法定事由。

第二十二条　金融租赁公司有以下情形之一的，经银监会批准，可以向法院申请破产：

（一）不能支付到期债务，自愿或债权人要求申请破产的；

（二）因解散或被撤销而清算，清算组发现财产不足以清偿债务，应当申请破产的。

第二十三条　金融租赁公司不能清偿到期债务，并且资产不足以清偿全部债务或者明显缺乏清偿能力的，银监会可以向人民法院提出对该金融租赁公司进行重整或者破产清算的申请。

第二十四条　金融租赁公司因解散、依法被撤销或被宣告破产而终止的，其清算事宜，按照国家有关法律法规办理。

第二十五条 金融租赁公司设立、变更、终止和董事及高管人员任职资格核准的行政许可程序，按照银监会相关规定执行。

第三章 业务范围

第二十六条 经银监会批准，金融租赁公司可以经营下列部分或全部本外币业务：

（一）融资租赁业务；

（二）转让和受让融资租赁资产；

（三）固定收益类证券投资业务；

（四）接受承租人的租赁保证金；

（五）吸收非银行股东3个月（含）以上定期存款；

（六）同业拆借；

（七）向金融机构借款；

（八）境外借款；

（九）租赁物变卖及处理业务；

（十）经济咨询。

第二十七条 经银监会批准，经营状况良好、符合条件的金融租赁公司可以开办下列部分或全部本外币业务：

（一）发行债券；

（二）在境内保税地区设立项目公司开展融资租赁业务；

（三）资产证券化；

（四）为控股子公司、项目公司对外融资提供担保；

（五）银监会批准的其他业务。

金融租赁公司开办前款所列业务的具体条件和程序，按照有关规定执行。

第二十八条 金融租赁公司业务经营中涉及外汇管理事项的，需遵守国家外汇管理有关规定。

第四章 经营规则

第二十九条 金融租赁公司应当建立以股东或股东（大）会、董事会、监事（会）、高级管理层等为主体的组织架构，明确职责划分，保证相互之间独立运行、有效制衡，形成科学高效的决策、激励和约束机制。

第三十条 金融租赁公司应当按照全面、审慎、有效、独立原则，建立健全内部控制制度，防范、控制和化解风险，保障公司安全稳健运行。

第三十一条 金融租赁公司应当根据其组织架构、业务规模和复杂程度建立全面的风险管理体系，对信用风险、流动性风险、市场风险、操作风险等各类风险进行有效的识别、计量、监测和控制，同时还应当及时识别和管理与融资租赁业务相关的特定风险。

第三十二条　金融租赁公司应当合法取得租赁物的所有权。

第三十三条　租赁物属于国家法律法规规定所有权转移必须到登记部门进行登记的财产类别，金融租赁公司应当进行相关登记。租赁物不属于需要登记的财产类别，金融租赁公司应当采取有效措施保障对租赁物的合法权益。

第三十四条　售后回租业务的租赁物必须由承租人真实拥有并有权处分。金融租赁公司不得接受已设置任何抵押、权属存在争议或已被司法机关查封、扣押的财产或所有权存在瑕疵的财产作为售后回租业务的租赁物。

第三十五条　金融租赁公司应当在签订融资租赁合同或明确融资租赁业务意向的前提下，按照承租人要求购置租赁物。特殊情况下需提前购置租赁物的，应当与自身现有业务领域或业务规划保持一致，且与自身风险管理能力和专业化经营水平相符。

第三十六条　金融租赁公司应当建立健全租赁物价值评估和定价体系，根据租赁物的价值、其他成本和合理利润等确定租金水平。

售后回租业务中，金融租赁公司对租赁物的买入价格应当有合理的、不违反《会计准则》的定价依据作为参考，不得低值高买。

第三十七条　金融租赁公司应当重视租赁物的风险缓释作用，密切监测租赁物价值对融资租赁债权的风险覆盖水平，制定有效的风险应对措施。

第三十八条　金融租赁公司应当加强租赁物未担保余值的估值管理，定期评估未担保余值，并开展减值测试。当租赁物未担保余值出现减值迹象时，应当按照《会计准则》要求计提减值准备。

第三十九条　金融租赁公司应当加强未担保余值风险的限额管理，根据业务规模、业务性质、复杂程度和市场状况，对未担保余值比例较高的融资租赁资产设定风险限额。

第四十条　金融租赁公司应当加强对租赁期限届满返还或因承租人违约而取回的租赁物的风险管理，建立完善的租赁物处置制度和程序，降低租赁物持有期风险。

第四十一条　金融租赁公司应当严格按照《会计准则》等相关规定，真实反映融资租赁资产转让和受让业务的实质和风险状况。

第四十二条　金融租赁公司应当建立健全集中度风险管理体系，有效防范和分散经营风险。

第四十三条　金融租赁公司应当建立严格的关联交易管理制度，其关联交易应当按照商业原则，以不优于非关联方同类交易的条件进行。

第四十四条　金融租赁公司与其设立的控股子公司、项目公司之间的交易，不适用本办法对关联交易的监管要求。

第四十五条 金融租赁公司的重大关联交易应当经董事会批准。

重大关联交易是指金融租赁公司与一个关联方之间单笔交易金额占金融租赁公司资本净额5%以上，或金融租赁公司与一个关联方发生交易后金融租赁公司与该关联方的交易余额占金融租赁公司资本净额10%以上的交易。

第四十六条 金融租赁公司所开展的固定收益类证券投资业务，不得超过资本净额的20%。

第四十七条 金融租赁公司开办资产证券化业务，可以参照信贷资产证券化相关规定。

第五章 监督管理

第四十八条 金融租赁公司应当遵守以下监管指标的规定：

（一）资本充足率。金融租赁公司资本净额与风险加权资产的比例不得低于银监会的最低监管要求。

（二）单一客户融资集中度。金融租赁公司对单一承租人的全部融资租赁业务余额不得超过资本净额的30%。

（三）单一集团客户融资集中度。金融租赁公司对单一集团的全部融资租赁业务余额不得超过资本净额的50%。

（四）单一客户关联度。金融租赁公司对一个关联方的全部融资租赁业务余额不得超过资本净额的30%。

（五）全部关联度。金融租赁公司对全部关联方的全部融资租赁业务余额不得超过资本净额的50%。

（六）单一股东关联度。对单一股东及其全部关联方的融资余额不得超过该股东在金融租赁公司的出资额，且应同时满足本办法对单一客户关联度的规定。

（七）同业拆借比例。金融租赁公司同业拆入资金余额不得超过资本净额的100%。

经银监会认可，特定行业的单一客户融资集中度和单一集团客户融资集中度要求可以适当调整。

银监会根据监管需要可以对上述指标做出适当调整。

第四十九条 金融租赁公司应当按照银监会的相关规定构建资本管理体系，合理评估资本充足状况，建立审慎、规范的资本补充、约束机制。

第五十条 金融租赁公司应当按照监管规定建立资产质量分类制度。

第五十一条 金融租赁公司应当按照相关规定建立准备金制度，在准确分类的基础上及时足额计提资产减值损失准备，增强风险抵御能力。未提足准备的，不得进行利润分配。

第五十二条　金融租赁公司应当建立健全内部审计制度，审查评价并改善经营活动、风险状况、内部控制和公司治理效果，促进合法经营和稳健发展。

第五十三条　金融租赁公司应当执行国家统一的《会计准则》和制度，真实记录并全面反映财务状况和经营成果等信息。

第五十四条　金融租赁公司应当按规定报送会计报表及银监会及其派出机构要求的其他报表，并对所报报表、资料的真实性、准确性和完整性负责。

第五十五条　金融租赁公司应当建立定期外部审计制度，并在每个会计年度结束后的4个月内，将经法定代表人签名确认的年度审计报告报送银监会或其派出机构。

第五十六条　金融租赁公司违反本办法有关规定的，银监会及其派出机构应当依法责令限期整改；逾期未整改的，或者其行为严重危及该金融租赁公司的稳健运行、损害客户合法权益的，可以区别情形，依照《中华人民共和国银行业监督管理法》等法律法规，采取暂停业务、限制股东权利等监管措施。

第五十七条　金融租赁公司已经或者可能发生信用危机，严重影响客户合法权益的，银监会依法对其实行托管或者督促其重组，问题严重的，有权予以撤销。

第五十八条　凡违反本办法有关规定的，银监会及其派出机构依照《中华人民共和国银行业监督管理法》等有关法律法规进行处罚。金融租赁公司对处罚决定不服的，可以依法申请行政复议或者向人民法院提起行政诉讼。

第六章　附　则

第五十九条　除特别说明外，本办法中各项财务指标要求均为合并会计报表口径。

第六十条　本办法由银监会负责解释。

第六十一条　本办法自公布之日起施行，原《金融租赁公司管理办法》（中国银行业监督管理委员会令2007年第1号）同时废止。

外商投资租赁业管理办法

（商务部令2005年第5号）

第一条　为促进外商投资租赁业的健康发展，规范外商投资租赁业的经营行为，防范经营风险，根据《中华人民共和国合同法》《中华人民共和国公司法》《中华人民共和国外资企业法》《中华人民共和国中外合资经营企业法》《中华人民共和国中外合作经营企业法》等有关法律、法规，制定本办法。

第二条 外国公司、企业和其他经济组织（以下简称外国投资者）在中华人民共和国境内以中外合资、中外合作以及外商独资的形式设立从事租赁业务、融资租赁业务的外商投资企业，开展经营活动，适用本办法。

第三条 外商投资租赁业可以采取有限责任公司或股份有限公司的形式。从事租赁业务的外商投资企业为外商投资租赁公司；从事融资租赁业务的外商投资企业为外商投资融资租赁公司。

第四条 外商投资租赁公司及外商投资融资租赁公司应遵守中华人民共和国有关法律、法规及规章的规定，其正当经营活动及合法权益受中国法律保护。商务部是外商投资租赁业的行业主管部门和审批管理部门。

第五条 本办法所称租赁业务是指出租人将租赁财产交付承租人使用、收益，并向承租人收取租金的业务。本办法所称融资租赁业务系指出租人根据承租人对出卖人、租赁物的选择，向出卖人购买租赁财产，提供给承租人使用，并向承租人收取租金的业务。外商投资融资租赁公司可以采取直接租赁、转租赁、回租赁、杠杆租赁、委托租赁、联合租赁等不同形式开展融资租赁业务。

第六条 本办法所称租赁财产包括：

（一）生产设备、通信设备、医疗设备、科研设备、检验检测设备、工程机械设备、办公设备等各类动产；

（二）飞机、汽车、船舶等各类交通工具；

（三）本条（一）、（二）项所述动产和交通工具附带的软件、技术等无形资产，但附带的无形资产价值不得超过租赁财产价值的二分之一。

第七条 外商投资租赁公司和外商投资融资租赁公司的外国投资者的总资产不得低于 500 万美元。

第八条 外商投资租赁公司应当符合下列条件：

（一）注册资本符合《公司法》的有关规定；

（二）符合外商投资企业注册资本和投资总额的有关规定；

（三）有限责任公司形式的外商投资租赁公司的经营期限一般不超过 30 年。

第九条 外商投资融资租赁公司应当符合下列条件：

（一）有限责任公司形式的外商投资融资租赁公司的经营期限一般不超过 30 年；

（二）拥有相应的专业人员，高级管理人员应具有相应专业资质和不少于三年的从业经验。

第十条 设立外商投资租赁公司和外商投资融资租赁公司应向审批部门报送下列材料：

（一）申请书；

（二）投资各方签署的可行性研究报告；

（三）合同、章程（外资企业只报送章程）；

（四）投资各方的银行资信证明、注册登记证明（复印件）、法定代表人身份证明（复印件）；

（五）投资各方经会计师事务所审计的最近一年的审计报告；

（六）董事会成员名单及投资各方董事委派书；

（七）高级管理人员的资历证明；

（八）工商行政管理部门出具的企业名称预先核准通知书。

申请成立股份有限公司的，还应提交有关规定要求提交的其他材料。

第十一条　设立外商投资租赁公司和外商投资融资租赁公司，应按照以下程序办理：

（一）设立有限责任公司形式的外商投资租赁公司，应由投资者向拟设立企业所在地的省级商务主管部门报送本办法第十条规定的全部材料，省级商务主管部门应自收到全部申请材料之日起 45 个工作日内做出是否批准的决定，批准设立的，颁发《外商投资企业批准证书》，不予批准的，应书面说明原因。省级商务主管部门应当在批准外商投资租赁公司设立后 7 个工作日内将批准文件报送商务部备案。股份有限公司形式的外商投资租赁公司的设立按照有关规定办理。

（二）设立外商投资融资租赁公司，应由投资者向拟设立企业所在地的省级商务主管部门报送本办法第十条规定的全部材料，省级商务主管部门对报送的申请文件进行初审后，自收到全部申请文件之日起 15 个工作日内将申请文件和初审意见上报商务部。商务部应自收到全部申请文件之日起 45 个工作日内做出是否批准的决定，批准设立的，颁发《外商投资企业批准证书》，不予批准的，应书面说明原因。

（三）已设立的外商投资企业申请从事租赁业务的，应当符合本办法规定的条件，并按照本条第（一）项规定的程序，依法变更相应的经营范围。

第十二条　外商投资租赁公司和外商投资融资租赁公司应当在收到《外商投资企业批准证书》之日起 30 个工作日内到工商行政管理部门办理登记注册手续。

第十三条　外商投资租赁公司可以经营下列业务：

（一）租赁业务；

（二）向国内外购买租赁财产；

（三）租赁财产的残值处理及维修；

（四）经审批部门批准的其他业务。

第十四条　外商投资融资租赁公司可以经营下列业务：

（一）融资租赁业务；

（二）租赁业务；

（三）向国内外购买租赁财产；

（四）租赁财产的残值处理及维修；

（五）租赁交易咨询和担保；

（六）经审批部门批准的其他业务。

第十五条 外商投资融资租赁公司根据承租人的选择，进口租赁财产涉及配额、许可证等专项政策管理的，应由承租人或融资租赁公司按有关规定办理申领手续。

外商投资租赁公司进口租赁财产，应按现行外商投资企业进口设备的有关规定办理。

第十六条 为防范风险，保障经营安全，外商投资融资租赁公司的风险资产一般不得超过净资产总额的10倍。风险资产按企业的总资产减去现金、银行存款、国债和委托租赁资产后的剩余资产总额确定。

第十七条 外商投资融资租赁公司应在每年3月31日之前向商务部报送上一年业务经营情况报告和上一年经会计师事务所审计的财务报告。

第十八条 中国外商投资企业协会租赁业委员会是对外商投资租赁业实行同业自律管理的行业性组织。鼓励外商投资租赁公司和外商投资融资租赁公司加入该委员会。

第十九条 外商投资租赁公司及外商投资融资租赁公司如有违反中国法律、法规和规章的行为，按照有关规定处理。

第二十条 香港特别行政区、澳门特别行政区、台湾地区的公司、企业和其他经济组织在内地设立外商投资租赁公司和外商投资融资租赁公司，参照本办法执行。

第二十一条 本办法中所称省级商务主管部门是指各省、自治区、直辖市、计划单列市及新疆生产建设兵团商务主管部门。

第二十二条 本办法由商务部负责解释。

第二十三条 本办法自2005年3月5日起施行。原外经贸部2001年第3号令《外商投资租赁公司审批管理暂行办法》同时废止。

融资租赁企业监督管理办法

（商流通发〔2013〕337号）

第一章 总 则

第一条 为促进我国融资租赁业健康发展，规范融资租赁企业的经营行为，防范经营风险，根据《合同法》《物权法》《公司法》等法律法规及商务部有关规定，制定本办法。

第二条 本办法所称融资租赁企业是指根据商务部有关规定从事融资租赁业务的企业。

本办法所称融资租赁业务是指出租人根据承租人对出卖人、租赁物的选择，向出卖人购买租赁物，提供给承租人使用，承租人支付租金的交易活动。

融资租赁直接服务于实体经济，在促进装备制造业发展、中小企业融资、企业技术升级改造、设备进出口、商品流通等方面具有重要的作用，是推动产融结合、发展实体经济的重要手段。

第三条　融资租赁企业应具备与其业务规模相适应的资产规模、资金实力和风险管控能力。申请设立融资租赁企业的境外投资者，还须符合外商投资的相关规定。

第四条　融资租赁企业应配备具有金融、贸易、法律、会计等方面专业知识、技能和从业经验并具有良好从业记录的人员，拥有不少于三年融资租赁、租赁业务或金融机构运营管理经验的总经理、副总经理、风险控制主管等高管人员。

第五条　融资租赁企业开展经营活动，应当遵守中华人民共和国法律、法规、规章和本办法的规定，不得损害国家利益和社会公共利益。

第六条　商务部对全国融资租赁企业实施监督管理。省级商务主管部门负责监管本行政区域内的融资租赁企业。

本办法所称省级商务主管部门是指省、自治区、直辖市、计划单列市及新疆生产建设兵团商务主管部门。

第七条　鼓励融资租赁企业通过直接租赁等方式提供租赁服务，增强资产管理综合能力，开展专业化和差异化经营。

第二章　经营规则

第八条　融资租赁企业可以在符合有关法律、法规及规章规定的条件下采取直接租赁、转租赁、售后回租、杠杆租赁、委托租赁、联合租赁等形式开展融资租赁业务。

第九条　融资租赁企业应当以融资租赁等租赁业务为主营业务，开展与融资租赁和租赁业务相关的租赁财产购买、租赁财产残值处理与维修、租赁交易咨询和担保、向第三方机构转让应收账款、接受租赁保证金及经审批部门批准的其他业务。

第十条　融资租赁企业开展融资租赁业务应当以权属清晰、真实存在且能够产生收益权的租赁物为载体。

融资租赁企业不得从事吸收存款、发放贷款、受托发放贷款等金融业务。未经相关部门批准，融资租赁企业不得从事同业拆借等业务。严禁融资租赁企业借融资租赁的名义开展非法集资活动。

第十一条　融资租赁企业进口租赁物涉及配额、许可等管理的，应由购买租赁物方或产权所有方按有关规定办理相关手续。

融资租赁企业经营业务过程中涉及外汇管理事项的，应当遵守国家外汇管理有关规定。

第十二条 融资租赁企业应当按照相关规定，建立健全财务会计制度，真实记录和反映企业的财务状况、经营成果和现金流量。

第十三条 融资租赁企业应当建立完善的内部风险控制体系，形成良好的风险资产分类管理制度、承租人信用评估制度、事后追偿和处置制度以及风险预警机制等。

第十四条 为控制和降低风险，融资租赁企业应当对融资租赁项目进行认真调查，充分考虑和评估承租人持续支付租金的能力，采取多种方式降低违约风险，并加强对融资租赁项目的检查及后期管理。

第十五条 融资租赁企业应当建立关联交易管理制度。融资租赁企业在对承租人为关联企业的交易进行表决或决策时，与该关联交易有关联关系的人员应当回避。

融资租赁企业在向关联生产企业采购设备时，有关设备的结算价格不得明显低于该生产企业向任何第三方销售的价格或同等批量设备的价格。

第十六条 融资租赁企业对委托租赁、转租赁的资产应当分别管理，单独建账。融资租赁企业和承租人应对与融资租赁业务有关的担保、保险等事项进行充分约定，维护交易安全。

第十七条 融资租赁企业应加强对重点承租人的管理，控制单一承租人及承租人为关联方的业务比例，注意防范和分散经营风险。

第十八条 按照国家法律规定租赁物的权属应当登记的，融资租赁企业须依法办理相关登记手续。若租赁物不属于需要登记的财产类别，鼓励融资租赁企业在商务主管部门指定的系统进行登记，明示租赁物所有权。

第十九条 售后回租的标的物应为能发挥经济功能，并能产生持续经济效益的财产。融资租赁企业开展售后回租业务时，应注意加强风险防控。

第二十条 融资租赁企业不应接受承租人无处分权的、已经设立抵押的、已经被司法机关查封扣押的或所有权存在其他瑕疵的财产作为售后回租业务的标的物。

融资租赁企业在签订售后回租协议前，应当审查租赁物发票、采购合同、登记权证、付款凭证、产权转移凭证等证明材料，以确认标的物权属关系。

第二十一条 融资租赁企业应充分考虑并客观评估售后回租资产的价值，对标的物的买入价格应有合理的、不违反《会计准则》的定价依据作为参考，不得低值高买。

第二十二条 融资租赁企业的风险资产不得超过净资产总额的10倍。

第二十三条 融资租赁企业应严格按照国家有关规定按时缴纳各种税款，严禁偷逃税款或将非融资租赁业务作为融资租赁业务进行纳税。

第三章 监督管理

第二十四条 商务部及省级商务主管部门依照法律、法规、规章和商务部有关规定，依法履行监管职责。

各级商务主管部门在履行监管职责的过程中，应依法加强管理，对所知悉的企业商业秘密应严格保密。

商务部　国家税务总局
关于加强内资融资租赁试点监管工作的通知

（商建发〔2006〕160号）

有关省、直辖市、自治区、计划单列市商务主管部门、国家税务局、地方税务局：

商务部、国家税务总局联合下发《关于从事融资租赁业务有关问题的通知》（商建发〔2004〕560号）和《关于确认万向租赁有限公司等企业为融资租赁试点企业的通知》（商建发〔2004〕699号）后，各地商务、税务部门密切配合，积极做好试点企业的推荐和监管工作，试点工作已取得初步成效，但也存在监管不到位等问题。为加强内资融资租赁试点监管工作，防范社会和金融风险，现就有关事项通知如下：

一、建立健全监管机制

各省级商务、税务主管部门要高度重视内资融资租赁试点工作，加强组织领导，建立健全监管机制。要制定本地区试点企业管理办法，不断研究试点工作出现的新情况、新问题，及时帮助企业解决问题，确保试点工作顺利进行。要进一步完善信息统计制度。试点企业应定期向省级商务主管部门和地方税务局上报经营情况，并抄报商务部。具体要求是：每季度15日前报送上一季度《内资融资租赁试点企业经营情况统计表》和简要经营情况说明；每年1月31日前报送上一年度经营情况总结报告；每年3月10日前报送经会计师事务所审计的上一年度财务会计报告（原件）。有关省市商务、税务主管部门应于每年2月15日、7月31日前向商务部、国家税务总局上报试点工作总结，如发现重大问题应立即上报。

二、加强变更事项管理

各地商务主管部门要加强试点企业变更事项的管理。试点企业变更名称、异地迁址、增减注册资本金、改变组织形式、调整股权结构等，应事先通报省级商务主管部门和地方税务局，同时抄报商务部和国家税务总局，并在办理变更工商登记手续后5个工作日内报省级商务主管部门和地方税务局备案。

三、建立退出机制

各地商务、税务主管部门要建立和完善试点企业退出机制，实行经营业绩年度考核制。对融资租赁业务在会计年度内未有实质性进展，以及发生违规行为的试点企业，各地商务、税务主管部门应及时将有关情况上报。商务部、国家税务总局将据此研究决定是否取消其试点资格，并适时调整试点企业名单。对于以商建发〔2004〕699号确认的9家试点企业，首次经营业绩考核期为一年半，即2005年1月1日至2006年6月30日。

各地商务、税务主管部门要加强对试点企业的指导和监督。一方面要指导试点企业进一步加大融资租赁业务的开拓力度，尽快做大做强，真正起到示范带动作用。另一方面，也要督促试点企业严格遵守国家法律法规和本通知中的有关要求，强化内部风险管理，加强风险控制，促进试点工作健康发展。

商务部　国家税务总局

2006年4月12日

商务部　国家税务总局关于天津等4个自由贸易试验区内资租赁企业从事融资租赁业务有关问题的通知

（商流通函〔2016〕90号）

天津市、上海市、福建省、广东省，厦门市、深圳市商务主管部门、国家税务局：

为贯彻落实天津、福建、广东自由贸易试验区（以下简称自贸试验区）总体方案和进一步深化上海自贸试验区改革开放方案，支持自贸试验区融资租赁行业积极探索、先行先试，促进融资租赁业加快发展，现就天津等4个自贸试验区内资租赁企业从事融资租赁业务有关问题通知如下：

一、根据《商务部　国家税务总局关于从事融资租赁业务有关问题的通知》（商建发〔2004〕560号，以下简称560号文），商务部和税务总局负责内资租赁企业融资租赁业务试点确认。自2016年4月1日起，商务部、税务总局将注册在自贸试验区内的内资租赁企业融资租赁业务试点确认工作委托给各自贸试验区所在的省、直辖市、计划单列市级（以下简称省级）商务主管部门和国家税务局。试点企业条件和申报材料要求参照560号文执行。对注册在自贸试验区外的内资租赁企业从事融资租赁业务，仍按现行规定和程序办理。

二、各自贸试验区所在的省级商务主管部门会同同级国家税务局负责对融资租赁试点企业提交的相关材料进行审核。对于符合条件的企业，由省级商务主管部门和国家税务局联合发布公告，明确纳入内资融资租赁试点范围企业名单，与商务部、税务总局发布名单的内资融资租赁试点企业享受同等待遇。

三、省级商务主管部门要指导和督促试点企业通过全国融资租赁企业管理信息系统（以下简称管理信息系统）报送各项信息，并对企业上报信息及时审核；每月末要将新纳入试点范围的企业的基本情况报送商务部，同时抄送税务总局；每季度要将试点工作开展情况报送商务部，同时抄送税务总局；要及时研究工作中存在的问题，发现重大问题应及时上报商务部和税务总局。

四、省级商务主管部门要完善行业监管制度，加强风险防范，利用现场和非现场结合的监管手段，强化对重点环节及吸收存款、发放贷款等违法违规行为的监管，充分发挥管理信息系统的作用，加强风险监测、分析和预警，切实防范区域性、系统性风险。

五、纳入试点范围的企业应当遵守法律、法规、规章及《融资租赁企业监督管理办法》相关规定，接受行业主管部门的监管，及时、准确通过管理信息系统报送信息，按时交纳各种税款。对在会计年度内未实质性开展融资租赁业务，以及发生违法违规行为的试点企业，省级商务主管部门应商同级国家税务局取消其试点资格。

六、为便于加强监管，对于按照本通知要求纳入试点范围的企业，如迁出自贸试验区，应当按自贸试验区外企业申报试点现行规定重新申报确定试点资格。

七、省级商务主管部门可根据本通知要求，商同级国家税务局结合实际研究制定具体的试点确认办法或流程，并采取适当形式予以公开。

商务部　国家税务总局

2016 年 3 月 17 日

中国人民银行关于金融支持中国（天津）自由贸易试验区建设的指导意见

（银发〔2015〕372 号）

中国人民银行天津分行；国家开发银行，各政策性银行、国有商业银行、股份制商业银行，中国邮政储蓄银行：

为贯彻落实党中央、国务院关于建设中国（天津）自由贸易试验区（以下简称自贸试验区）的战略部署，促进自贸试验区实体经济发展，加大对跨境贸易和投融资的金融支持，根据《国务院关于印发中国（天津）自由贸易试验区总体方案的通知》（国发〔2015〕19号），提出以下意见。

一、总体原则

（一）服务实体经济发展。坚持金融服务实体经济发展、服务产业转型升级，立足天津区位特征和经济特色，围绕金融支持租赁业发展特点，拓展金融服务功能，带动全国租赁业稳健发展。

（二）深化体制机制改革。在总结和借鉴上海自贸试验区成功经验基础上，坚持简政放权的改革方向，逐步实现准入前国民待遇加负面清单管理模式，加强事中事后分析评估和事后备案管理，推动市场要素双向流动。

（三）有效防范金融风险。建立健全系统性风险预警、防范和化解体系，守住风险底线，切实做好各项应急预案，及时化解和处置风险隐患。

（四）稳步有序推进实施。坚持成熟一项、推进一项，突出重点、先易后难，及时总结评估，积极推进金融改革创新开放。

二、扩大人民币跨境使用

（五）支持自贸试验区内金融机构和企业按宏观审慎原则从境外借用人民币资金，用于符合国家宏观调控方向的领域，不得用于投资有价证券、理财产品、衍生产品，不得用于委托贷款。自贸试验区内的银行业金融机构可按规定向境外同业跨境拆出短期人民币资金。

（六）支持自贸试验区内企业和金融机构按规定在境外发行人民币债券，募集资金可调回区内使用。自贸试验区内企业的境外母公司可按规定在境内发行人民币债券。

（七）支持自贸试验区在充分利用全国统一金融基础设施平台的基础上，完善现有的以人民币计价的金融资产、股权、产权、航运等要素交易平台，面向自贸试验区和境外投资者提供人民币计价的交割和结算服务。

（八）支持自贸试验区内符合条件的企业按规定开展人民币境外证券投资和境外衍生品投资业务。支持自贸试验区内银行机构按照银行间市场等相关政策规定和我国金融市场对外开放的整体部署为境外机构办理人民币衍生品业务。支持自贸试验区内设立的股权投资基金按规定开展人民币对外投资业务。

（九）自贸试验区内符合条件的跨国企业集团开展跨境双向人民币资金池业务，可不受经营时间、年度营业收入和净流入额上限的限制。

（十）研究在自贸试验区内就业并符合条件的境内个人按规定开展各类人民币境外投资。在自贸试验区内就业并符合条件的境外个人可按规定开展各类境内投资。

三、深化外汇管理改革

（十一）促进贸易投资便利化。在真实合法交易基础上，进一步简化流程，自贸试验区内货物贸易外汇管理分类等级为A类的企业，货物贸易收入无须开立待核查账户，允许选择不同银行办理经常项目提前购汇和付汇。简化直接投资外汇登记手续，直接投资外汇登记下放银行办理，外商投资企业外汇资本金实行意愿结汇。放宽自贸试验区内机构对外放款管理，进一步提高对外放款比例。

（十二）实行限额内资本项目可兑换。在自贸试验区内注册的、负面清单外的境内机构，按照每个机构每自然年度跨境收入和跨境支出均不超过规定限额（暂定等值1000万美元，视宏观经济和国际收支状况调节），自主开展跨境投融资活动。限额内实行自由结售汇。符合条件的自贸试验区内机构应在天津地区银行机构开立资本项目——投融资账户，办理限额内可兑换相关业务。

（十三）推动外债宏观审慎管理，逐步统一境内机构外债政策。自贸试验区内机构借用外债采取比例自律管理，允许区内机构在净资产的一定倍数（暂定1倍，视宏观经济和国际收支状况调节）内借用外债，企业外债资金实行意愿结汇。

（十四）支持发展总部经济和结算中心。放宽跨国公司外汇资金集中运营管理准入条件。进一步简化资金池管理，允许银行审核真实、合法的电子单证，为企业办理集中收付汇、轧差结算业务。

（十五）支持银行发展人民币与外汇衍生产品服务。注册在自贸试验区内的银行机构，对于境外机构按照规定能够开展即期结售汇交易的业务，可以办理人民币与外汇衍生产品交易，并纳入银行结售汇综合头寸管理。

四、促进租赁业发展

（十六）本指导意见第五条部分条款、第六条、第九条、第十一条、第十二条、第十三条适用于自贸试验区内各类租赁公司，第十四条适用于自贸试验区内金融租赁公司。

（十七）支持自贸试验区内租赁公司利用国家外汇储备，开展飞机、新型船舶、海洋工程结构物和大型成套进口设备等租赁业务。

（十八）允许自贸试验区内符合条件的融资租赁收取外币租金。

（十九）支持租赁公司依托自贸试验区要素交易平台开展以人民币计价结算的跨境租赁资产交易。

（二十）允许自贸试验区内租赁公司在境外开立人民币账户用于跨境人民币租赁业务，允许租赁公司在一定限额内同名账户的人民币资金自由划转。

五、支持京津冀协同发展

（二十一）支持京津冀地区金融机构在自贸试验区开展跨区域金融协同创新与合作，优化金融资源配置。

（二十二）积极争取在自贸试验区内设立京津冀协同发展基金、京津冀产业结构调整基金。允许境外投资者以人民币资金投资自贸试验区内用于京津冀协同发展的基金。

（二十三）支持京津冀地区金融机构为自贸试验区内主体提供支付结算、异地存储、信用担保等业务同城化综合金融服务，降低跨行政区金融交易成本。

六、完善金融服务功能

（二十四）探索建立与自贸试验区相适应的账户管理体系，为符合条件的自贸试验区主体，办理跨境经常项下结算业务、政策允许的资本项下结算业务、经批准的自贸试验区资本项目可兑换先行先试业务，促进跨境贸易、投融资结算便利化。

（二十五）创建金融集成电路（IC）卡“一卡通”示范区。完善自贸试验区金融集成电路卡应用环境，加大销售终端（POS）、自动柜员机（ATM）等机具的非接触受理改造力度。大力拓展金融集成电路卡和移动金融在自贸试验区生活服务、公共交通、社会保障等公共服务领域的应用，通过提升现代金融服务水平改善民生。

七、加强监测与管理

（二十六）自贸试验区内主体办理金融业务，应具有真实合法交易基础，不得使用虚假合同等凭证或虚构交易办理业务。金融机构应遵循“展业三原则”，建立健全内控制度，完善业务真实性、合规性审查机制。加强对自贸试验区内金融机构信息安全管理，明确管理部门和管理职责。

（二十七）办理自贸试验区业务的金融机构和特定非金融机构，应按照法律法规要求切实履行反洗钱、反恐融资、反逃税等义务，全面监测分析跨境、跨区资金流动，按规定及时报送大额和可疑交易报告。

（二十八）中国人民银行天津分行和国家外汇管理局天津市分局要加强跨境资金流动风险监测，做好非现场核查和现场检查，防止跨境资金大进大出。健全和落实单证留存制度，探索主体监管，实施分类管理，采取有效措施防范风险。建立和完善系统性风险预警、防范和化解体系，守住不发生系统性、区域性金融风险底线。加强与相关金融监管部门的沟通协调，建立信息共享机制。

（二十九）加强自贸试验区金融消费权益保护。自贸试验区内金融机构要完善客户权益保护机制，负起保护消费者的主体责任。建立健全区内金融消费权益保护工作体系。加强与金融监管、行业组织和司法部门相互协作，探索构建和解、专业调解、仲裁和诉讼在内的多元化金融纠纷解决机制。加强自贸试验区金融创新产品相关知识普及，重视风险教育，提高消费者的风险防范意识和自我保护能力。

（三十）中国人民银行天津分行和国家外汇管理局天津市分局，加强与有关金融监管部门派出机构的沟通，按照宏观审慎、风险可控、稳步推进的原则，依据本意见制定实施细则和操作规程，报中国人民银行总行备案。

中国人民银行

2015 年 12 月 9 日

海关总署关于支持和促进
中国（天津）自由贸易试验区建设发展的若干措施

为贯彻落实《国务院关于印发中国（天津）自由贸易试验区总体方案的通知》（国发〔2015〕19 号）和《国务院关于印发落实“三互”推进大通关建设改革方案的通知》（国发〔2014〕68 号）、《国务院关于改进口岸工作支持外贸发展的若干意见》（国发〔2015〕16 号）精神，积极支持中国（天津）自由贸易试验区（以下简称自贸试验区）更好地贯彻京津冀协同发展等国家战略，构建开放型经济新体制，促进外贸发展转型升级，探索区域经济合作新模式，建设法治化营商环境。进一步转变职能、创新制度、把好国门、做好服务，现制定如下支持措施：

一、创新海关监管制度，促进自贸试验区贸易便利化

（一）全面复制推广上海自贸试验区海关监管创新制度

深化复制推广上海自贸试验区海关监管创新制度工作，对自贸试验区内符合条件的企业，实施工单式核销、简化通关随附单证、集中汇总纳税、仓储企业联网监管等制度。继续开展海关监管制度创新，积累更多经验，进一步提升自贸试验区通关便利化水平。

（二）深化自贸试验区通关一体化改革

深化海关区域通关一体化改革，强化海关间协作，实现跨地区海关互联互通、互认共享，简化通关手续，提高通关效率。

（三）落实“三互”提高自贸试验区通关效率

积极推进国际贸易“单一窗口”建设，实现信息的共享共用。深化关检合作“三个

一”改革，全面推进“一站式作业”改革。整合监管设施资源，推动共建共享共用。推进口岸部门综合执法试点。

（四）创新监管查验机制

进一步优化监管执法流程，逐步由“串联执法”转为“并联执法”。完善查验办法，增强查验针对性和有效性。提高非侵入、非干扰式查验比例。对查验没有问题的免除企业吊装、移位、仓储等费用。

（五）创新加工贸易监管制度

实行“一次备案多次使用”制度，加工贸易企业办理一次备案，即可开展保税加工、保税物流、保税服务等多元化业务。实施中介机构协助海关稽查、保税核查和核销制度。支持资信良好、管理规范的加工贸易企业开展自核单耗管理试点。支持开展出境加工业务试点。允许自贸试验区海关特殊监管区域内企业利用超过监管年限的生产设备开展委托加工业务，促进区域内外企业联动发展。

（六）创新企业管理制度

建立企业协调员制度，畅通海关与企业沟通联系渠道。实施与国际海关的“经认证的经营者”互认管理，便利企业境内外通关。实施企业注册登记改革，实行“一地注册全国申报”，取消自贸试验区报关企业行政许可。实行企业信用信息公开，开展企业自律管理试点。

（七）推进海关税收征管方式改革

试行企业自主报税、自助通关、自助审放、重点稽核的通关征管模式。创新担保方式，以企业为管理单元，探索建立与企业责、权、利和风险（或信用）等级相一致的征纳方式；依托关银信息互通，实现涉税担保信息化管理，逐步建立涵盖所有涉税担保业务、所有通关现场的税收总担保制度。优化海关行政裁定制度实施。试行预归类决定全国互认。

（八）试行企业“主动披露”制度

对企业主动报告海关未发现的违规情事，可依法视情从轻、减轻或不予行政处罚，引导企业守法诚信、规范经营，营造守法便利、违法惩戒的良好环境。

二、拓展海关特殊监管区域功能，促进自贸试验区稳增长调结构

（九）实施内销选择性征收关税政策

对自贸试验区海关特殊监管区域内企业生产、加工并内销的货物，实施选择性征收关税政策，鼓励加工贸易企业向海关特殊监管区域集中，促进区域内企业更好地开拓国内市场、扩大内销。

（十）加快海关特殊监管区域整合优化

支持自贸试验区内海关特殊监管区域转型为综合保税区。支持现有海关特殊监管区

域根据发展需要扩大面积。支持符合条件地区新设综合保税区和保税物流中心。完善海关特殊监管区域政策措施，推进功能拓展和改革创新，促进保税加工、保税物流和保税服务多元化发展。支持在海关特殊监管区域内开展保税货物质押融资业务。

（十一）推动区内外联动发展

推广保税货物区间结转监管模式，允许保税货物在跨关区海关特殊监管区域间流转时，实行分送集报和企业自行运输，支持海关特殊监管区域内外企业生产加工、物流和服务业深度融合。完善自贸试验区内海关协调配合机制，实现区内外政策衔接、监管联动、服务高效。

三、支持新兴贸易业态发展，促进自贸试验区改革创新

（十二）支持跨境电子商务发展

支持发展跨境电子商务，建立海关监管系统与跨境电子商务平台互联互通机制，加强信息共享。探索建立跨境电子商务平台运营主体、外贸综合服务企业、物流服务企业集中代理报关、纳税的机制。进一步完善跨境电子商务管理模式，优化通关流程，促进跨境电子商务健康快速发展。

（十三）支持开展研发设计、检测维修和再制造业务

支持在自贸试验区海关特殊监管区域内开展研发设计和境内外高技术、高附加值产品的维修等保税服务业务。支持自贸试验区开展境内外高技术、高附加值产品的维修业务试点，探索开展境外高技术、高附加值产品再制造业务试点，促进生产性服务业发展。

（十四）支持开展期货保税交割业务

支持国内期货交易所在自贸试验区海关特殊监管区域内开展期货保税交割业务，根据发展需要适时扩大期货保税交割品种，拓展仓单质押融资功能。

（十五）支持开展保税展示业务

支持在自贸试验区海关特殊监管区域内设立保税展示交易平台。允许符合条件的自贸试验区内企业在有效担保前提下，在京津冀地区开展保税展示交易。

（十六）支持融资租赁业务发展

支持在自贸试验区的海关特殊监管区域内设立中国天津租赁平台。对注册在自贸试验区海关特殊监管区域内的融资租赁企业进出口飞机、船舶和海洋工程结构物等大型设备，在执行现行相关税收政策前提下，根据物流实际需要，实行海关异地委托监管。

四、支持优势产业发展，促进自贸试验区发挥辐射带动作用

（十七）支持航空产业发展

支持自贸试验区探索开展适合航空产业特点的检测、维修和再制造等业务试点，支

持在自贸试验区海关特殊监管区域内探索开展飞机拆解业务试点，参照国际惯例和行业规则，创新相应的海关监管模式。支持租赁飞机在自贸试验区内各海关特殊监管区域之间实行联动监管。支持天津滨海国际机场增加国际客货运航班，建设航空物流中心。

（十八）支持拓展国际航运服务功能

推动海运集装箱和航空快件国际中转集拼业务发展。允许符合条件的船舶开展外贸集装箱在国内沿海港口和天津港之间的沿海捎带业务试点。支持自贸试验区设立国际邮轮旅游岸上配送中心，完善配套设施。探索利用班轮运输优势，在自贸试验区开展中韩海运快件业务试点。支持实施启运港退税试点政策。

（十九）支持产业转型升级

支持自贸试验区通过高端产业集聚，促进京津冀地区优化现代服务业、先进制造业和战略性新兴产业布局，依托海关特殊监管区域功能优势，鼓励先进制造业延伸价值链，与现代服务业融合发展。支持服务外包业务发展，建设文化服务贸易基地。鼓励跨国公司在自贸试验区内设立研发中心、销售中心、物流中心、结算中心和营运中心。

（二十）支持完善通关服务功能

支持外贸综合服务企业为从事国际采购的中小企业提供通关等服务。提升为超大超限货物通关服务能力。探索建立与国际大宗商品交易相适应的海关监管制度。

（二十一）支持对外贸易平衡发展

支持企业统筹开展国际国内贸易，开拓“两个市场”、利用“两种资源”，实现内外贸一体化发展，支持进口先进技术、关键设备及零部件和资源类商品。支持开展汽车平行进口试点。

（二十二）支持发挥口岸服务辐射功能

支持自贸试验区融入国家“一带一路”倡议，依托欧亚大陆桥连接功能，完善海关多式联运监管体系，增强自贸试验区对沿线国家及地区的转口贸易服务功能。支持京津机场通关联动。完善以天津港为出海口的保税物流网络。加强自贸试验区与内陆地区的通关协作，实现信息互换、监管互认、执法互助。

五、培育法治化营商环境，维护自贸试验区贸易秩序公平公正

（二十三）依法实施知识产权保护，维护企业创新成果

加大对自贸试验区内企业知识产权海关保护力度，助推企业提升创新能力和核心竞争力，支持自贸试验区国内外知识产权资源集聚，有效打击侵权违法行为。

（二十四）依法开展风险防控，维护国家意识形态安全

坚持社会主义先进文化前进方向。加强实际监管，有效防控风险，防止自贸试验区内渗入和滋生对中国政治、经济、文化、道德有害的印刷品、音像制品及其他信息载体。

（二十五）依法打击走私，维护自贸试验区健康发展环境

根据自贸试验区发展运行特点，加强执法统一性和规范性，营造法治化营商环境。认真研究可能出现的风险隐患，确保安全高效管住，精、准、狠地打击走私等违法犯罪活动，促进自贸试验区健康发展。

中国银监会关于金融租赁公司在境内保税地区设立项目公司开展融资租赁业务有关问题的通知

（银监发〔2010〕2号）

各银监局，中国外贸金融租赁公司：

为促进金融租赁公司融资租赁业务创新，加强监管和防范风险，根据《中华人民共和国银行业监督管理法》《中华人民共和国公司法》等法律法规和相关规定，现就金融租赁公司在境内保税地区设立项目公司开展融资租赁业务的有关问题通知如下：

一、本通知所称项目公司，是指金融租赁公司依照相关法律法规在境内保税地区为从事融资租赁业务而专门设立的租赁项目子公司。

二、金融租赁公司在境内保税地区设立的项目公司可开展融资租赁以及与融资租赁相关的进出口业务、接受承租人的租赁保证金、受让和转让应收租赁款、向金融机构借款、境外外汇借款、租赁物品残值变卖及处理、经济咨询等业务，以及经中国银监会批准的其他业务。

三、金融租赁公司在境内保税地区设立的项目公司可以购买的设备类型包括飞机（含备用发动机）、船舶、海洋工程结构物以及经中国银监会认可的其他设备资产。

四、金融租赁公司在境内保税地区设立的项目公司开展融资租赁业务，应遵守境内保税地区有关海关监管、税收、外汇管理等法律法规及相关规定。

五、金融租赁公司在境内保税地区设立项目公司开展融资租赁业务应经中国银监会批准取得业务资格。

六、金融租赁公司申请在境内保税地区设立项目公司开展融资租赁业务资格，应具备以下条件：

（一）资本充足率不低于8%；

（二）提足各项损失准备金后的净资产不低于10亿元人民币；

（三）具备健全的公司治理、内控制度和风险管理机制，且执行良好；

（四）具备开办业务所需要的有相关经验的专业人员、会计核算系统和信息管理

系统；

（五）制定了开办业务所需的业务操作流程、风险管理、内控制度和会计核算制度，并经董事会批准；

（六）最近三年内无重大违法违规经营记录；

（七）银监会规定的其他审慎性条件。

七、金融租赁公司申请在境内保税地区设立项目公司开展融资租赁业务资格，应向中国银监会报送以下材料（一式三份）：

（一）申请书；

（二）可行性分析报告；

（三）设立项目公司开展融资租赁的业务管理制度，必须包括对业务操作流程、风险管理、内部控制、会计核算、信息披露等内容的相关规定；

（四）经办业务的有关人员名单、拟承担工作职责及简历；

（五）金融租赁公司最近两年的年度审计报告；

（六）董事会同意在境内保税地区设立项目公司开展融资租赁业务的决议；

（七）公司对提交材料真实性及依法合规开展业务的承诺书；

（八）银监会要求提交的其他文件和资料。

八、金融租赁公司申请在境内保税地区设立项目公司开展融资租赁业务资格的审批程序按照《非银行金融机构行政许可事项实施办法》中申请开办新业务的有关规定执行。

九、取得业务资格的金融租赁公司在境内保税地区设立项目公司时，应在项目公司签订租赁合同后十五个工作日内向中国银监会或其派出机构报告，包括项目可行性分析报告、项目公司章程、负责该项目的人员情况、律师事务所对项目公司项下融资租赁项目或相关合同文本出具的法律意见书以及中国银监会或其派出机构要求提交的其他文件和材料。

十、每个项目公司对应一笔租赁合同；每个项目公司实行单独管理，单独核算。项目公司存续期间的各项收入和成本、开支应遵循租赁项目相关的合同约定。

十一、金融租赁公司应定期检查项目公司的经营情况，对项目公司项下设备资产的运营情况实施有效的风险监控。

十二、项目公司的会计核算应遵守《企业会计准则》的相关规定。

十三、金融租赁公司应在公司年度财务会计报告附注中单独说明在境内保税地区设立项目公司有关情况，并由外部审计事务所对金融租赁公司在境内保税地区设立项目公司开展融资租赁业务出具专项审计意见。

十四、金融租赁公司应将项目公司业务纳入中国银监会监管报表的统计范围，并根据中国银监会要求填报与项目公司相关的专项报表。

十五、金融租赁公司按季度以专项报告形式向中国银监会及其派出机构报送设立项目公司开展融资租赁业务的相关情况，包括报告期内新设、存续和关闭项目公司情况；租赁资产类型和规模；财务状况和经营成果；经营环境和风险分析；运行管理和风险控制措施。

十六、项目公司履行租赁合同完毕或发生重大事项，包括股权转让、资产出售、标的物损毁、灭失等重大损失及发生诉讼情况，金融租赁公司应在十个工作日内向中国银监会或其派出机构报告。

十七、项目公司项下与租赁业务有关的合同履行完毕后，金融租赁公司应及时解散项目公司。金融租赁公司负责组织清算组进行清算，并于清算工作结束后十五个工作日内向中国银监会报告。

十八、金融租赁公司设立的所有项目公司的资本金之和不能超过其公司净资产（合并报表口径）的50%。

十九、金融租赁公司违反本通知规定开展业务，或者因未采取有效风险管理措施致使相关业务出现重大风险和损失的，中国银监会依法暂停或取消其业务资格，并依据《中华人民共和国银行业监督管理法》《金融租赁公司管理办法》的有关规定进行处罚。

二十、本通知所称融资租赁同《金融租赁公司管理办法》的定义，根据《企业会计准则第21号——租赁》在会计上可分为融资性租赁和经营性租赁。

二十一、本通知所称境内保税地区，是指经国务院批准设立、实行封闭管理，货物出区进入国内销售按货物进口的有关规定办理报关手续，并按货物实际状态征税，国内货物入港视同出口，实行退税的保税港区、综合保税区等特殊海关监管地区。

天津北方国际航运中心核心功能区建设方案

加快推进天津滨海新区开发开放，是党中央、国务院从我国经济社会发展全局出发作出的重大战略部署。《国务院关于推进天津滨海新区开发开放有关问题的意见》（国发〔2006〕20号）明确提出，天津滨海新区作为全国综合配套改革试验区，要努力建设成为我国北方对外开放的门户、高水平的现代制造业和研发转化基地、北方国际航运中心和国际物流中心。根据党中央、国务院的部署，结合天津滨海新区实际，为切实加快北方国际航运中心建设，积极探索新时期以点带面、重点突破的开发开放新模式，制订《天津北方国际航运中心核心功能区建设方案》。

一、加快北方国际航运中心核心功能区建设的重大意义

“十一五”以来，天津市按照国家综合配套改革试验区建设要求，深入推进滨海新区

开发开放，航空航天、造船修船、石油化工等八大支柱产业基本形成，先进制造业快速发展，自主创新能力进一步提高，金融创新不断推进，滨海新区服务辐射作用明显增强，开发开放成果显著。在全球经济复苏缓慢，国际竞争日趋激烈，我国进一步深化改革开放，加快转变经济发展方式的新形势下，天津推进北方国际航运中心建设面临难得的发展机遇。

东疆保税港区是北方国际航运中心的核心功能区，具有区港一体化的政策优势和功能优势，是综合配套改革的创新平台。根据国务院批准的《天津滨海新区综合配套改革试验总体方案》，要以建设东疆保税港区为重点，加快建设北方国际航运中心和国际物流中心，推进国际化市场体系建设，条件成熟时进行建立自由贸易港区的改革探索。以东疆保税港区为核心载体，推进北方国际航运中心核心功能区建设，创新国际船舶登记制度，开展航运金融业务和租赁业务试点，有利于加快天津国际航运业中游和上游产业发展，缩小与世界上主要国际航运中心的差距；有利于发挥天津滨海新区的先进制造业优势，加快发展现代高端服务业，促进产业结构优化升级；有利于积极开展建设中国特色自由贸易港区的改革探索，在体制机制创新方面先行先试，探索新时期开发开放的新模式。

二、加快北方国际航运中心核心功能区建设的指导思想和发展目标

（一）指导思想

以邓小平理论和“三个代表”重要思想为指导，全面贯彻落实科学发展观，依托天津滨海新区开发开放，深化综合配套改革，在天津东疆保税港区推进船舶登记制度、国际航运税收、离岸金融业务和租赁业务试点，积极开展建设中国特色自由贸易港区的改革探索，增强自主创新能力，提高对外开放水平，转变经济发展方式，加快建设北方国际航运中心和国际物流中心。

（二）基本原则

坚持因地制宜、因势利导，充分发挥比较优势，利用产业基础雄厚的有利条件，推进产业结构优化升级；坚持市场化取向，优化资源配置，减少行政干预，推动体制机制创新，创造有利的政策环境；坚持先行先试，深化综合配套改革，以点带面，重点突破，探索开发开放新模式；坚持合作共赢、共同发展，加强与周边区域优势互补和战略合作，增强辐射带动作用。

（三）发展目标

用5～10年的时间，基本完善国际中转、国际配送、国际采购、国际贸易、航运融资、航运交易、航运租赁、离岸金融服务等功能，把天津东疆保税港区建设成为各类航运要素聚集、服务辐射效应显著、参与全球资源配置的北方国际航运中心和国际物流中心核心功能区，综合功能完善的国际航运融资中心。

三、加快北方国际航运中心核心功能区建设的主要任务和配套措施

（一）加快天津东疆保税港区国际船舶登记制度试点

积极支持东疆保税港区推进船舶登记制度创新试点，在保障安全的前提下，有选择地放宽船公司股权结构比例、船龄限制、船级社等准入条件。天津市要抓紧研究制订国际船舶登记制度创新试点方案，报国家交通运输主管部门批准后实施。允许境外邮轮公司在东疆保税港区注册设立经营性机构，开展经批准的国际航线邮轮服务业务。鼓励境外大型邮轮公司挂靠东疆港区，逐步将东疆港区发展成为邮轮母港。经国家交通运输主管部门批准后，外国邮轮可以从事国内港口多点挂靠业务，游客在国内港口下船观光后返船继续旅行。

（二）推动天津东疆保税港区国际航运税收政策试点

加快发展现代航运物流业，不断完善国际中转和国际贸易等功能。对注册在东疆保税港区内的航运企业从事海上国际航运业务取得的收入，免征营业税；对注册在东疆保税港区内的仓储、物流等服务企业从事货物运输、仓储、装卸搬运业务取得的收入，免征营业税；对注册在天津的保险企业从事国际航运保险业务取得的收入，免征营业税。上述三项政策实施参照《财政部　国家税务总局关于上海建设国际金融中心和国际航运中心营业税政策的通知》（财税〔2009〕91 号）执行。对东疆保税港区的汽车转口贸易，适用进区保税的政策。在完善相关监管制度和有效防止骗退税措施前提下，对东疆保税港区实施启运港退税政策，促进中转业务的发展。

（三）推进天津东疆保税港区航运金融试点

在严格控制风险、遵守相关监管要求的前提下，允许已经开展离岸银行业务的商业银行在东疆保税港区设立机构，积极开展离岸银行业务，为在区内注册的企业提供服务，但其业务范围不得超出其总行已经开展的业务。允许在东疆保税港区注册、有离岸业务需求的企业开设离岸账户，简化离岸账户审批流程，进一步推进外汇管理便利化措施试点。为促进国际经贸合作，支持商业银行对具有真实贸易背景的融资筹资需求，在商业原则基础上提供人民币融资便利。在控制风险和稳健推进的前提下，推进人民币市场的发展和对外开放，拓宽人民币流入和流出渠道。

（四）探索天津东疆保税港区租赁业务创新试点

鼓励天津东疆港区推进租赁业务先行先试。准予金融租赁公司在东疆保税港区设立项目子公司（如单机公司、单船公司等），按照风险可控、促进发展的原则，继续完善项目子公司的管控模式。鼓励租赁企业在东疆保税港区开展飞机租赁业务创新，根据飞机租赁业务发展需要，统筹安排飞机引进指标，按规定纳入国家批量采购计划，优先安排利用外债指标规模。对国内租赁公司或租赁公司设立的项目子公司，经国家有关部门批准从境外购买空载重量在 25 吨以上并租赁给国内航空公司使用的飞机，减按 4% 征收进口环节增值税，该政策在天津东疆保税港区先行试点。对在天津东疆港区注册的融资

租赁企业，或金融租赁公司在东疆保税港区设立的项目子公司满足条件的融资租赁出口货物，实行出口退税政策。上述融资租赁出口货物包括通过天津境内口岸报关出口的融资租赁货物，以及融资租赁的海洋工程结构物等视同出口货物。鉴于租赁业务创新的复杂性和综合性，在总结试点经验后，要适时加快推广实施。

四、扎实做好北方国际航运中心核心功能区建设方案的组织实施

天津市人民政府要充分认识天津北方国际航运中心建设的长期性和艰巨性，切实加强组织领导，完善工作机制，落实工作责任，按照本方案明确的发展定位和重点任务，抓紧推进方案实施。成立由天津市主要领导同志任组长，滨海新区、天津市有关部门负责人为成员的北方国际航运中心核心功能区建设领导小组，统筹推进北方国际航运中心核心功能区建设。国务院有关部门要按照职能分工，加强对方案实施的协调和指导，进一步细化相关政策措施并推动贯彻实施，在政策落实、体制机制创新等方面给予积极支持。国家发展改革委要加强对方案实施情况的跟踪分析，做好督促检查和评估工作，要注意研究新情况、总结新经验、解决新问题，重大问题及时向国务院报告。加快建设北方国际航运中心，有利于推动天津经济社会又好又快发展，有利于实现京津冀和环渤海地区经济振兴，有利于促进东中西部地区互动和全国区域协调发展，意义十分重大。各有关方面要进一步统一思想，开拓创新，密切配合，扎实工作，共同推动《方案》实施，确保各项政策措施落到实处。

关于促进我市租赁业发展的意见

（津政发〔2010〕39号）

各区、县人民政府，各委、局，各直属单位：

为推进综合配套改革和金融改革创新，促进租赁业发展并成为我市重要的金融主导产业，现提出以下意见：

一、支持租赁公司设立发展

（一）支持设立金融租赁公司

对出资人为符合资质要求的法人、所提申请符合相关法律法规和规定、申报材料资料齐全并具有时效的，天津银监局要及时受理申请人的申请，并帮助申请人争取国家主管部门批准筹备、设立金融租赁公司。

（二）支持设立外商投资融资租赁公司

支持外国投资者申请设立外商投资融资租赁公司。对出资人为符合资质要求的法人、所提申请符合相关法律法规和规定、申报材料资料齐全并具有时效的，市商务委要及时受理申请人的申请，并按照国家有关规定予以批准或审核上报并争取国家有关部门批准。

（三）搞好内资融资租赁公司试点

支持企业申请设立内资融资租赁公司。对出资人为符合资质要求的法人、所提申请符合相关法律法规和规定、申报材料资料齐全并具有时效的，市商务委要及时受理申请人的申请，并帮助申请人争取国家主管部门批准开展融资租赁试点。

（四）支持设立经营租赁公司

支持各类投资主体设立经营租赁公司。对出资人为符合资质要求的法人、所提交申请材料齐全、符合法定形式的申请，工商行政管理部门应在接到申请书之日起的5个工作日内办理工商注册登记手续。

二、明晰权属和办理权证

（五）依法明晰权属并办理权证

有关企业、行政机关、事业单位和租赁公司、承租人等法人要提高资产率，保证资产有效化，建立资本权属清晰、财务关系明确、资产负债合理、依法合规核算的财务管理体制和财务管理制度，保证资金合规使用，资产安全完整，权属清晰可靠，权益及时有效。要明晰产权、股权、物权、债权、知识产权、商标权、域名权、排放权、勘探权、开采权、所有权、使用权和他项权等各种权属，并及时办理相关的权证，依法维护自身权益。

（六）依法办理租赁物的权属权证

租赁公司与承租人签署租赁合同、开展租赁业务，应就租赁物的权属变更、权属转移、权属转让等提出申请。各有关部门要及时受理申请，办理登记、公示、确认等有关手续并发证。

（七）办理融资租赁合同项下融资租赁物权属状态的登记公示

从事融资租赁交易的当事人应在中国人民银行征信中心（以下简称征信中心）的融资租赁登记公示系统（以下简称融资租赁系统）办理融资租赁合同登记，按照《中国人民银行征信中心融资租赁登记规则》的规定，填写登记内容，将融资租赁合同中载明的融资租赁物权属状态予以公示。

（八）各金融机构及其他权利人办理相关资产抵押、质押等业务，有义务登录征信中心融资租赁系统，就有关标的物权属的登记公示状况进行查询

该查询是办理资产抵押、质押业务的必要程序。

（九）办理登记公示的租赁物权属认定

承租人未经出租人同意，不得将已经在征信中心登记公示的租赁物进行抵押、质押、转让、转租、投资入股以及其他处置。依照融资租赁公司与承租人的约定，承租人将租赁物抵押给融资租赁公司，并已办理了租赁物权属状态登记公示后，不得转让给第三人。

（十）支持融资租赁公司全面拓展业务范围

本市范围内凡依法取得融资租赁资格的融资租赁公司，可以在与符合法定条件并经相关行政管理部门审查同意购买有关专营设备的承租人签订融资租赁合同后，购置有关专营设备。

（十一）国有资产售后回租回购定价和权属转让程序

国有企业、行政机关和事业单位办理国有资产售后回租回购业务，原则要按照评估价格确定资产售价、回租价或回购价。非国有企业可以参照国有资产售后回租回购定价确定价格。国有企业、行政机关和事业单位办理国有资产售后回租回购业务，按照国家相关规定办理报批手续后，到产权交易部门挂牌交易，再办理权属转移手续，免缴挂牌费、鉴证费等相关费用。

三、支持租赁市场发展

（十二）支持租赁公司多渠道融资

支持金融租赁公司进入银行间同业拆借市场，调剂资金头寸和临时性资金余缺；发行金融债券，增加资本金，降低负债率，增强流动性，扩大资产业务规模。支持租赁公司通过上市和发行企业债券、公司债券、短期融资券、中期票据等方式，拓宽直接融资渠道，扩大直接融资规模；通过信托方式融资、转让租赁资产。支持保险企业用债权、股权或债权转股权等方式投资租赁业。支持租赁公司通过短期外债融通外汇资金，利用中长期外债拓展融资渠道。各有关部门和监管机构要在外债指标、资金使用、风险管理、统计监测等方面给予支持。

（十三）支持租赁公司开发新产品

支持租赁公司与银行、信托、保险、担保等机构搭建交流合作平台，开发长租短贷、租赁保理、供应商租赁、租赁信托、租赁保险、租赁担保和房地产信托投资基金（REITs）等创新型产品，增强租赁业的金融服务功能，为客户提供多样化综合性服务。

（十四）发展基础设施租赁业务

政府主管部门和特定目的公司要研究新建供水、供气、供热、污水处理等设施及其所需机器设备的融资方式，积极采用租赁方式融资，降低项目总投资及所需资本金。已建成并特许经营的基础设施项目要进行经营权售后回租回购，进一步盘活存量资产和沉淀资金。要组织负债率高的特定目的公司通过售后回租回购方式减少负债，实现资产轻量化经营，改善生产经营状况。

（十五）支持发展风险租赁业务

鼓励租赁公司探索开展融资租赁与风险投资相结合、租赁债权与投资股权相结合的风险租赁业务，支持租赁公司以租金、租赁物残值、承租企业股权作为主要收益，为创业期和成长期企业提供融资、管理、技术、财务、法律等综合型服务，依托大型仪器设备等协作共用网络，不断拓宽服务领域，扩大服务范围。

（十六）推行资产轻量化生产经营方式

政府经济管理部门、企业集团公司和企业要更新观念，制定和实施“轻资产”发展战略，鼓励企业使用租赁公司产品，发展资产轻量化生产经营方式。要组织负债率高的企业通过售后回租回购方式减少负债。实现资产轻量化经营，改善生产经营状况。

（十七）设立租赁公司整合资产资本

国有大型企业集团公司要积极调整资产管理和资本运营思路，通过设立租赁公司整合资产和资本，将分散使用、利用率低的专用设备、通用设备集中起来，通过租赁经营提高利用率和收益率。

（十八）租赁公司要发展成熟适用的租赁融资模式

要根据经济社会发展的需要，与相关产业建立紧密合作关系，不断开发新产品，发展成熟适用的租赁融资模式，满足大众化和个性化市场需求，使租赁业发展成为重要的金融产业。

（十九）支持租赁公司发展客户和合作伙伴

支持租赁公司与船舶、飞机、轨道交通和大型设备等生产商、经销商、运营商以及相关基金管理企业、中介机构加强联系和合作，学习借鉴国际惯例，开发符合我国国情的租赁业务发展模式，建立成熟完善的租赁业市场。

四、支持租赁业务和租赁融资发展的财税政策

（二十）船舶出口121退税政策试点

贯彻落实《财政部　海关总署　国家税务总局关于在天津市开展融资租赁船舶出口121退税试点的通知》（财税〔2010〕24号）精神，对在我市登记注册并属于中国银监会批准设立的金融租赁公司、商务部门批准设立的外商投资融资租赁公司、商务部和国家税务总局共同批准开展融资业务试点的内资融资租赁企业经营的所有权转移给境外企业的融资租赁船舶出口，实行增值税免税、退税办法，即该出口租赁船舶的出口销项免征增值税，其购进的进项税款予以退税。涉及消费税的应税消费品，已征税款予以退还。市财政局、市国税局等要研究制定具体操作办法，加强协调沟通，做好税收征管和退税工作。

（二十一）政府补助

对2012年12月31日前，经国家有关部门批准，在我市新设或迁入的金融租赁公司和融资租赁公司法人机构，由税务登记地财政部门给予一次性资金补助。其中注册资本10亿元以上（含本数，下同）的，补助2000万元；注册资本10亿元以下，5亿元以上的，补助1500万元；注册资本5亿元以下、1亿元以上的，补助1000万元。以上补助在注册资本到位后拨付。

对2012年12月31日前，经国家有关部门批准，在我市新设或迁入的金融租赁公司和融资租赁公司法人机构，在本市规划的金融区内新购建的自用办公房，由税务登记地财政部门按每平方米1000元的标准给予一次性补助，补助金额最高不超过1000万元。对租用的办公房每年按房屋租金的30%给予补贴，连续补贴三年。若实际租价高于房屋租金市场指导价的，按市场指导价计算租房补贴。

对2012年12月31日前，经国家有关部门批准，在我市新设或迁入的金融租赁公司和融资租赁公司法人机构，自开业年度起，由税务登记地财政部门前两年按其缴纳营业税的100%标准给予补助，后三年按其缴纳营业税的50%标准给予补助；自获利年度起，由税务登记地财政部门前两年按其缴纳企业所得税地方分享部分的100%标准给予补助，后三年按其缴纳企业所得税地方分享部分的50%标准给予补助。

对2012年12月31日前，经国家有关部门批准，在我市新设或迁入的金融租赁公司和融资租赁公司法人机构新购建的自用办公房产，按其缴纳契税的100%标准给予补助；前三年按其缴纳房产税的100%标准给予补助。

（二十二）税收政策

1. 税收抵免。经国家有关部门批准，在我市新设或迁入的金融租赁公司和融资租赁公司法人机构，购置在环境保护专用设备企业所得税优惠名录、节能节水专用设备企业所得税优惠名录和安全生产专用设备企业所得税优惠名录范围内的环境保护、节能节水、安全生产等专用设备，由承租方实际使用，符合融资租赁条件的，该设备投资额的10%可以从承租方企业当年的应纳税额中抵免；当年不足抵免的，可以在以后5个纳税年度结转抵免。如租赁期间发生变化，上述专用设备所有权未转移到承租方的，承租方应当停止享受企业所得税优惠，并补缴已经抵免的企业所得税税款。

2. 印花税。对融资租赁合同可根据合同所载租金总额按借款合同计税贴花，即按借款金额万分之零点五贴花；对分别签订购销合同和融资租赁合同的，应按规定分别贴花。

3. 售后回租业务税收。融资性售后回租业务中承租方出售资产的行为，不属于增值税和营业税征收范围，不征收增值税和营业税。承租人出售资产的行为，不确认为销售收入；对融资性租赁的资产，仍按承租人出售前原账面价值作为计税基础计提折旧。租赁期间，承租人支付的属于融资利息的部分，作为企业财务费用在税前扣除。对政府物业和商业物业售后回租业务，在租赁公司购买环节和原业主回购环节发生的契税，实行先征后返。如因情况发生变化，售后回租业务未能实施，物业所有权未转移到原业主的，租赁公司和原业主应补缴已经返还的契税。

（二十三）引进人才政策

对2012年12月31日前，经国家有关部门批准，在我市新设或迁入的金融租赁公司和融资租赁公司法人机构连续聘用两年以上的高级管理人员，在本市行政辖区内第一次购买商品房、汽车或参加专业培训的。由税务登记地财政部门按其缴纳的个人工薪收入所得税地方分享部分的100%标准给予奖励，累计最高奖励限额为购买商品房、汽车或参加专业培训实际支付的金额，奖励期限不超过5年。不在本市行政辖区内购买商品房、汽车或参加专业培训的，由税务登记地财政部门按其缴纳的个人工薪收入所得税地方分享部分的50%标准给予奖励，奖励期限不超过三年。

（二十四）政府补助资金落实

各项政府补助资金，按照财政体制规定，由市财政和区县财政分别负担。

（二十五）政府采购

财政部门可在预算中安排基本建设和政府采购等专项资金，用租赁方式增加公共服务部门的设施设备装备。支持租赁公司参与基本建设和政府采购。

（二十六）折旧

租赁公司租赁机器设备符合由于技术进步使产品更新换代较快的，常年处于强震动或高腐蚀状态的固定资产等规定条件，并确需加速折旧的，可采用缩短折旧年限方法计算，但最短折旧年限不得低于规定的60%；也可采用双倍余额递减法或年数总和法计算。

（二十七）风险准备金

金融租赁公司应按年度净利润的1%提取一般风险准备金。其他租赁公司应根据承租人财务、经营管理和租金逾期期限等因素，分析应收租赁款的风险程度和回收可能性，合理计提风险准备金。租赁公司发生的损失，可按照企业所得税法有关规定在税前据实扣除。

促进租赁业发展成为重要的金融主导产业，是搞好综合配套改革试验和金融改革创新的重要任务。市商务委、市金融办、市工商局、市财政局（市地税局）、市国税局、人民银行天津分行、天津银监局等有关部门，要加强组织协调，搞好调查研究，做到全程服务，研究制定有针对性的政策制度措施，集中力量解决影响租赁业发展的突出问题，创造良好的商务环境，形成强大的发展合力，促进我市租赁业改革创新发展。

天津市人民政府
2010年10月21日

天津市促进现代服务业发展财税优惠政策

为促进产业结构调整，支持现代服务业发展，特制定如下财税优惠政策。

一、总部经济

（一）对在本市新设立的总部或地区总部，给予一次性资金补助。其中，注册资本10亿元（含本数，人民币，下同）以上的，补助2000万元；注册资本10亿元以下、5亿元以上的，补助1500万元；注册资本5亿元以下、1亿元以上的，补助1000万元。补助资金分三年支付，第一年支付40%，第二年、第三年分别支付30%。

（二）对在本市已设立的总部或地区总部，在2013年1月1日后增资的，给予一次性资金补助（不含对增资已给予补助的总部或地区总部）。其中，增资10亿元以上的，补助1000万元；增资10亿元以下、5亿元以上的，补助500万元；增资5亿元以下、1亿元以上的，补助200万元。

（三）对在本市新设立的总部或地区总部，新购建的自用办公用房，按每平方米1000元的标准给予一次性资金补助，最高补助金额不超过1000万元；租赁的自用办公用房，三年内每年按房屋租金的30%给予补贴。若实际租赁价格高于房屋租金市场指导价的，则按市场指导价计算租房补贴。

（四）对在本市新设立的总部或地区总部，自开业年度起，前两年按其缴纳营业税（“营改增”试点行业缴纳的增值税，下同）的100%标准给予补助，后三年按其缴纳营业税的50%标准给予补助；自获利年度起，前两年按其缴纳企业所得税地方分享部分的100%标准给予补助，后三年按其缴纳企业所得税地方分享部分的50%标准给予补助。对新购建的自用办公用房，按其缴纳契税的100%标准给予补助，并在三年内按其缴纳房产税的100%标准给予补助。

（五）对在本市新设立的总部或地区总部，从外省市引进且连续聘任两年以上的总部副职级以上高级管理人员，以及聘任的外籍及港澳台地区部门副职级以上高级管理人员，在本市行政辖区内第一次购买商品房、汽车或参加专业培训的，五年内按其缴纳个人工薪收入所得税地方分享部分予以奖励，累计最高奖励限额为购买商品房、汽车或参加专业培训实际支付的金额；不在本市行政辖区内购买商品房、汽车或参加专业培训的，三年内按其缴纳个人工薪收入所得税地方分享部分的50%给予奖励。

上述总部或地区总部必须同时符合以下条件：

1. 具有独立法人资格，工商注册经营期限在10年以上；

2. 注册资本1亿元以上；

3. 辖区以外投资者占企业注册资本的比例不低于50%，并且辖区以外主要投资者总资产不低于20亿元或净资产不低于6亿元；

4. 在辖区以外有3个以上投资控股企业。

二、金融业

（一）对在本市新设立的金融企业总部核心业务部，给予一次性资金补助。其中，属于全国性或国际性的，补助500万元；跨省市的，补助200万元。

金融企业总部核心业务部，是指金融企业总部授权在本市新组建运营并缴纳企业所得税的部门。

（二）对在本市新设立的金融服务外包机构，给予一次性资金补助。其中，实际投资额在2亿元以上的，补助500万元；实际投资额在2亿元以下、1亿元以上的，补助300万元；实际投资额在1亿元以下、5000万元以上的，补助100万元。

金融服务外包机构，包括在本市运营的区域性资金营运中心、信用卡中心、票据中心、客户服务中心、研发中心、结算中心、灾备中心、信息技术和数据处理中心等。

（三）对在本市新设立的金融法人机构，在本市规划的金融区内新购建的自用办公用房，按每平方米1000元的标准给予一次性补助，最高补助金额不超过1000万元；租赁的自用办公用房，三年内每年按房屋租金的30%给予补贴。若实际租赁价格高于房屋租金市场指导价的，则按市场指导价计算租房补贴。

（四）对在本市新设立的金融企业总部核心业务部、金融服务外包机构和金融法人机构，自开业年度起，前两年按其缴纳营业税的100%标准给予补助，后三年按其缴纳营业税的50%标准给予补助；自获利年度起，前两年按其缴纳企业所得税地方分享部分的100%标准给予补助，后三年按其缴纳企业所得税地方分享部分的50%标准给予补助。对新购建的自用办公用房，按其缴纳契税的100%标准给予补助，并在三年内按其缴纳房产税的100%标准给予补助。

（五）对在本市新设立的金融企业总部核心业务部、金融服务外包机构和金融法人机构，从外省市引进且连续聘任两年以上的机构副职级以上高级管理人员，在本市行政辖区内第一次购买商品房、汽车或参加专业培训的，五年内按其缴纳个人工薪收入所得税地方分享部分予以奖励，累计最高奖励限额为购买商品房、汽车或参加专业培训实际支付的金额；不在本市行政辖区内购买商品房、汽车或参加专业培训的，三年内按其缴纳个人工薪收入所得税地方分享部分的50%给予奖励。

三、物流业

（一）对在本市新设立的注册资本 1 亿元以上的大型分拨、配送、采购、包装类物流企业及期货交割库，自开业年度起，前两年按其缴纳营业税的 100% 标准给予补助，后三年按其缴纳营业税的 50% 标准给予补助；自获利年度起，前两年按其缴纳企业所得税地方分享部分的 100% 标准给予补助，后三年按其缴纳企业所得税地方分享部分的 50% 标准给予补助。

（二）对在本市新设立的注册资本 1 亿元以上大型仓储类、运输类企业，自开业年度起，第一年按其缴纳营业税的 100% 标准给予补助，后两年按其缴纳营业税的 50% 标准给予补助；自获利年度起，第一年按其缴纳企业所得税地方分享部分的 100% 标准给予补助，后两年按其缴纳企业所得税地方分享部分的 50% 标准给予补助。

四、中介服务业

（一）对在本市新设立的国际、国内知名律师事务所、会计师事务所、咨询公司、人才中介机构等专业服务机构，新购建的自用办公用房，按每平方米 1000 元的标准给予一次性资金补助，最高补助金额不超过 1000 万元；租赁的自用办公用房，三年内每年按房屋租金 10% 给予补贴。若实际租赁价格高于房屋租金市场指导价的，则按市场指导价计算租房补贴。

（二）对在本市新设立的国际、国内知名律师事务所、会计师事务所、资信管理公司、咨询公司、人才中介机构、专业培训机构以及经认定从事专业信息服务的企业等专业服务机构，自开业年度起，前两年按其缴纳营业税的 100% 标准给予补助，后三年按其缴纳营业税的 50% 标准给予补助；自获利年度起，前两年按其缴纳企业所得税地方分享部分的 100% 标准给予补助，后三年按其缴纳企业所得税地方分享部分的 50% 标准给予补助。

上述国际、国内知名律师事务所、会计师事务所（包括资产评估事务所）、资信管理公司、咨询公司、人才中介机构必须符合以下条件：

1. 具有独立法人资格，工商注册经营期限在 10 年以上；

2. 经国际或国内行业协会认定，在同行业中具有广泛知名度，近三年行业协会综合评价排名在全国前 30 位；

3. 会计师事务所须具有证券、期货相关业务资格；

4. 资产评估事务所须具有证券业务资格；

5. 资信管理公司注册资本须在 5000 万元以上；

6. 咨询公司、人才中介机构等专业服务机构，是指注册资本 1000 万元以上的公司或机构。

五、租赁业

（一）对经国家有关部门批准，在本市新设立的金融租赁公司和融资租赁公司法人机构，给予一次性资金补助。其中，注册资本10亿元（含本数，人民币，下同）以上的，补助2000万元；注册资本10亿元以下、5亿元以上的，补助1500万元；注册资本5亿元以下、1亿元以上的，补助1000万元。补助资金分三年支付，第一年支付40%，第二年、第三年分别支付30%。

（二）对经国家有关部门批准，在本市新设立的金融租赁公司和融资租赁公司法人机构，在本市规划的金融区内新购建的自用办公用房，按每平方米1000元的标准给予一次性补助，最高补助金额不超过1000万元。租赁的自用办公用房，三年内每年按房屋租金的30%给予补贴，连续补贴三年。若实际租价高于房屋租金市场指导价的，则按市场指导价计算租房补贴。

（三）对经国家有关部门批准，在本市新设立的金融租赁公司和融资租赁公司法人机构，自开业年度起，前两年按其缴纳营业税的100%标准给予补助，后三年按其缴纳营业税的50%标准给予补助；自获利年度起，前两年按其缴纳企业所得税地方分享部分的100%标准给予补助，后三年按其缴纳企业所得税地方分享部分的50%标准给予补助。新购建的自用办公用房，按其缴纳契税的100%标准给予补助，并在三年内按其缴纳房产税的100%标准给予补助。

（四）对经国家有关部门批准，在本市新设立的金融租赁公司和融资租赁公司法人机构，从外省市引进且连续聘任两年以上的公司副职级以上高级管理人员，在本市行政辖区内第一次购买商品房、汽车或参加专业培训的，五年内按其缴纳个人工薪收入所得税地方分享部分予以奖励，累计最高奖励限额为购买商品房、汽车或参加专业培训实际支付的金额；不在本市行政辖区内购买商品房、汽车或参加专业培训的，三年内按其缴纳个人工薪收入所得税地方分享部分的50%给予奖励。

六、基金业

（一）对在本市新设立并依照规定备案的基金管理机构，在本市区域内新购建的自用办公用房，按每平方米1000元的标准给予一次性补助，最高补助金额为500万元；租赁的自用办公用房，三年内每年按房屋租金的30%给予补贴。若实际租赁价格高于房屋租金市场指导价，则按市场指导价计算租房补贴，补贴总额不超过100万元。

（二）对在本市新设立并按规定备案的基金管理机构，自开业年度起，前两年按其缴纳营业税的100%标准给予补助，后三年按其缴纳营业税的50%标准给予补助。自获利年度起，前两年按其缴纳企业所得税地方分享部分的100%标准给予补助，后三年按其缴纳企业所得税地方分享部分的50%标准给予补助。新购建的自用办公用房，按其缴纳契税的100%标准给予补助，并在三年内按其缴纳房产税的100%标准给予补助。

（三）对在本市新设立并按规定备案的基金管理机构，从外省市引进且连续聘任两年以上的机构副职级以上高级管理人员，在本市行政辖区内第一次购买商品房、汽车或参加专业培训的，五年内按其缴纳个人工薪收入所得税地方分享部分予以奖励，累计最高奖励限额为购买商品房、汽车或参加专业培训实际支付的金额；不在本市行政辖区内购买商品房、汽车或参加专业培训的，三年内按其缴纳个人工薪收入所得税地方分享部分的50%给予奖励。

（四）股权投资基金投资于本市企业或项目的，按项目退出或获得收益后形成的所得税地方分享部分的80%标准给予奖励。

七、附则

（一）本文所述各项财政补助资金，按现行财政体制规定，由市财政和区县财政分别负担。

（二）已享受本市相关促进现代服务业发展财税优惠政策的企业，不再享受本文规定的财政补助政策。

（三）享受本文规定的财政补助政策的企业，若在本市经营期限未达到十年的，应退回财政补助资金。

（四）本办法自2013年1月1日起执行，至2017年12月31日止。

（五）本办法由天津市财政局负责解释。

天津市高级人民法院关于审理融资租赁物权属争议案件的指导意见（试行）的通知

为了维护融资租赁交易安全，平等保护当事人的合法权益，推进我市金融信用体系建设，在审理融资租赁物权属争议案件中，统一法律适用原则，正确处理案件。根据《中华人民共和国合同法》《中华人民共和国物权法》和《中华人民共和国商业银行法》，结合天津市人民政府金融服务办公室，中国人民银行天津分行，天津市商务委员会，中国银行业监督管理委员会天津监管局联合下发的津金融办〔2011〕87号《关于做好融资租赁登记和查询工作的通知》（以下简称《通知》）并审判实际，制定本指导意见。

第一条 从事融资租赁交易的出租人，应当依照《通知》的规定，在“中国人民银行征信中心融资租赁登记公示系统”将融资租赁合同中载明的融资租赁物权属状况，予以登记公示。

未依照前款规定办理登记公示的，出租人对租赁物的所有权不得对抗《通知》中所列机构范围内的善意第三人。

第二条　《通知》中所列各机构在办理动产抵押、质押、受让等业务时应当依照《通知》中所规定的必要程序，登录“中国人民银行征信中心融资租赁登记公示系统”对所涉标的物的权属状况进行查询。

未依照前款规定查询的，在该标的物的出租人主张权利时，《通知》中所列各机构作为第三人以未查询、不知标的物为租赁物为由抗辩，应当推定该第三人在受让该租赁物或以该租赁物设定抵押权、质权等权利时，未尽到审慎注意义务，因而不构成善意。

第三条　本意见在天津市辖区范围内试行。

本意见施行前已经审理终结的案件不得依据本意见提起再审。

本意见施行后，出现新的法律、行政法规和司法解释与本意见不一致时，按照法律、行政法规和司法解释执行。

本意见自下发之日起施行。

天津市高级人民法院办公室
2011 年 11 月 11 日

参考文献

［1］宋国军. 美日融资租赁业发展对我国的借鉴［J］. 北方金融，2014（11）.

［2］吕振艳，杜国臣. 国际融资租赁市场的新发展与启示［J］. 经济纵横，2013（8）.

［3］冯日欣，刘砚平. 我国融资租赁业发展现状及策略研究［J］. 东岳论丛，2016（3）.

［4］中国贸促会驻日本代表处. 日本融资租赁业发展与现状概览［N］. 中国贸易报，2005－09.

［5］宾幕容，刘志成. 发达国家的融资租赁税收制度与启示——兼论对中国的启示［J］. 求索，2011（5）.

［6］王晓东，赵勍升. 广州航空金融发展现状及对策建议［J］. 时代金融，2017（5）.

［7］李蕾. 基于“四大支柱”角度对我国融资租赁业发展研究分析［J］. 经营管理者，2016（4）.

［8］李喆. 中国融资租赁观［M］. 北京：中国发展出版社，2017.

［9］李光荣，王力. 融资租赁蓝皮书：中国融资租赁业发展报告（2015—2016）［M］. 北京：社会科学文献出版社，2016.

［10］中国融资租赁三十人论坛，零壹融资租赁研究中心. 中国融资租赁行业2016年度报告［M］. 北京：中国经济出版社，2017.

［11］姜仲勤. 融资租赁在中国（第四版）［M］. 北京：当代中国出版社，2015.

［12］韦慧. 天津租赁业驶进快车道［J］. 金融世界，2016（8）.

［13］赵建中，刘菲菲. 天津：乘“一带一路”风　打融资租赁牌［N］. 中国经济时报，2016－07.

［14］张丽恒. 天津东疆保税港区［J］. 天津经济，2016（10）.

［15］岳付玉. 租赁业成金融创新重头戏［N］. 天津日报，2016－07.

［16］赵贤钰. 本市融资租赁业总资产超9000亿元［N］. 滨海时报，2017－02.

［17］范宁，杜倩. 国内租赁资产证券化的发展历程与前景［J］. 河北金融，2017（4）.

[18] 甘爱平．国外融资租赁成熟模式［J］．中国船检，2013（11）．

[19] 郭文玲．国外融资租赁业务发展比较研究［J］．现代商业，2010（15）．

[20] 高雅洁．我国融资租赁业发展现状、问题及对策研究［J］．中国统计，2015.

[21] 刘铮．融资租赁美国鉴：经营与筹资的多元创新［N］．第一财经日报，2012－07－06（A16）．

[22] 闵绥艳．金融租赁公司的资金来源：国际经验对中国的启示［J］．生产力研究，2007（5）．

[23] 倪仕水．中国融资租赁企业资金瓶颈问题及对策浅析［J］．建设机械技术与管理，2010.

[24] 聂志鹏．日本企业融资结构分析［D］．吉林：吉林大学论文，2015.

[25] 王寿群，杨朋霖．全口径跨境融资再优化［J］．中国外汇，2017.

[26] 王萃彦．我国融资租赁监管法律制度存在问题及完善路径［J］．商业经济研究，2015.

[27] 徐诚直．国外优秀租赁公司的经验借鉴［J］．农村金融研究，2015（12）．

[28] 郑琳．论飞机融资租赁业务的中外比较［D］．山西：山西财经大学论文，2014.

[29] 杨津琪，廉欢，童志胜．融资租赁税务与会计［M］．北京：中国市场出版社，2016：143－159.

[30] 魏强．融资租赁财税政策及其税收筹划——基于“营业税改征增值税”背景下的探讨［D］．天津：天津财经大学论文，2012：26－28.

[31] 王欢．我国融资租赁业的发展现状及建议［D］．北京：财政部财政科学研究所论文，2010：23－26.

[32] 孙雪梅．以案说法：“营改增”对融资租赁业的影响分析［J］．税收与税务，2014（12）：57－60.

[33] 尹领玉．促进融资租赁业发展的税收政策研究［D］．上海：上海海关学院论文，2016：10－16.

[34] 沈彤．我国融资租赁行业的建立及其流转税政策的发展［N］．中国税务报，2006.

[35] 孙其彬．融资租赁区域性促进政策研究［D］．天津：天津师范大学论文，2014：9－18.

[36] 左晓敏．“营改增”后有形动产融资租赁出租方的涉税会计处理［J］．国际商务财会，2014（4）：1－2.

[37] 占俊华．我国企业融资租赁影响因素及其税收政策的实证研究［D］．浙江：浙江大学论文，2003：5－9.

[38] 张立群. 融资租赁在我国企业的运用研究 [D]. 大连：大连交通大学论文，2008：8－12.

[39] 宋晓箐. 论我国融资租赁的风险管理 [J]. 经营管理者，2014 (26)：48.

[40] 彭康. 融资租赁风险管理概述 [J]. 时代金融，2014 (516).

[41] 陈彦蓉. 加强租赁风险防范促行业稳步发展 [N]. 金融时报，2017－01－21 (006).

[42] 阮国琳. 天津自贸区融资租赁业发展机遇与风险研究 [D]. 天津：天津商业大学硕士专业学位论文，2016.

[43] 边维刚. 金融业反洗钱监管有效性研究 [M]. 北京：中国金融出版社，2010.

[44] 金融机构大额交易和可疑交易报告管理办法（中国人民银行令〔2016〕第3号）.

[45] 中国人民银行关于印发《金融机构洗钱和恐怖融资风险评估及客户分类管理指引》的通知（银发〔2013〕2号）.

[46] 商务部流通业发展司. 中国融资租赁业发展报告（2016—2017）[EB/OL]. 商务部官网，2017－08－04.

[47] 驻日本使馆经商处. 日本融资租赁业发展历程与现状 [EB/OL]. 商务部官网，2005－08－03.

[48] 丛林. 从爱尔兰经验看国内飞机租赁业的发展 [J]. 中国金融，2015 (3).

[49] 黄祖欢. 飞机融资租赁的若干影响因素——爱尔兰飞机融资租赁的发展 [J]. 民航财务，2014 (4).

[50] 靳博. 租个设备好升级 [N]. 人民日报，2017－01－03（经济016）.

[51] 凤凰网财经. 美国租赁业发展基本情况 [EB/OL]. http://finance.ifeng.com/a/20140905/13073652_0.shtml.

[52] Geraldine kilkelly, Simon Goldie. 世界租赁年报丨英国融资租赁发展概况 [J/OL]. 中国融资租赁网，2017－05－02.

[53] 庄文. 国外融资租赁发展经验及对我国的启示 [J]. 经营管理者，2016 (5).

[54] 吕东发. 美日融资租赁业的比较及对我国的启示 [D]. 吉林：吉林财经大学硕士论文，2016.

[55] 颜骥. 我国融资租赁产业发展研究——以津、沪为例 [D]. 天津：天津财经大学硕士论文，2016.

[56] 裴昱. 强化2万亿元市场监管　融资租赁或由商务部划转银监会管理 [N]. 中国经营报，2017－09－04 (A03).

[57] 潘菲．中国融资租赁行业监管模式问题研究［D］．天津：天津财经大学硕士论文，2016.

[58] 王兆星．机构监管与功能监管的变革——银行监管改革探索之七［J］．中国金融，2015（3）.

[59] 杨霞．从微观审慎到宏观审慎的监管变迁研究［D］．武汉：武汉大学硕士论文，2012.

[60] 罗玉冰．宏观审慎管理理论及其中国化问题研究［D］．成都：西南财经大学硕士论文，2012.

[61] 范小云，王道平．《巴塞尔协议Ⅲ》在监管理论与框架上的改进：微观与宏观审慎有机结合［J］．国际金融研究，2012（1）.

[62] 雷霆华．天津自贸区融资租赁业发展研究［D］．天津：天津师范大学硕士论文，2015.

[63] 牛静．中国飞机融资租赁业发展对策研究［D］．天津：天津财经大学硕士论文，2015.

[64] 李佳妮．融资租赁在促进科技企业发展中的应用研究［D］．北京：外交学院硕士论文，2016.

[65] 高骞．我国融资租赁业发展现状及存在问题分析［J］．现代商业，2017（11）.

[66] 蔡亮．飞机金融租赁盈利模式及未来发展趋势［J］．时代金融，2017（3）.

[67] 赵靓．我国融资租赁业务发展前景研究［J］．中国市场，2017（1）：78.

[68] 李亚玲．融资租赁创新发展与风险防范的探讨——以东疆融资租赁业务为例［J］．华北金融，2017（5）.

[69] 史燕平．融资租赁及其宏观经济效应［M］．北京：对外经济贸易大学出版社，2004.

[70] 丁波，何雅婷．我国融资租赁业的发展路径探索——基于跨国面板数据的实证分析［J］．农村金融研究，2015（12）.

[71] 吕振艳，杜国臣．国际融资租赁市场的新发展与启示［J］．经济纵横，2013（8）.

[72] 欧阳卫民．中国金融租赁业的现状和出路［M］．北京：中国金融出版社，2000.

[73] 邹晓梅，张明，高蓓．美国资产证券化的实践：起因、类型、问题与启示［J］．国际金融研究，2014（12）.

[74] 钱鎔．探析我国租赁公司租赁资产证券化模式创新的相关对策［J］．财经界（学术版），2015（6）.

[75] 田云．租赁资产证券化发展现状及面临的主要问题［J］．债券，2015（7）．

[76] 邹晓梅，张明．日本资产证券化：现状、特点与启示［J］．南方金融，2015（10）．

[77] 幽兰．"互联网+"时代的融资租赁新模式［J］．中关村，2015（11）．

[78] 刘丽洁．我国住房抵押贷款证券化风险控制探析［J］．新经济，2015（32）．

[79] 翁亮，熊畅，翁鹏程．我国租赁资产证券化案例分析研究［J］．当代经济，2014（21）．

[80] 余正宏．融资租赁公司之创新融资渠道——租赁资产证券化［J］．中国总会计师，2013（2）．

[81] 胡威．资产证券化的运行机理及其经济效应［J］．浙江金融，2012（1）．

[82] 孙健虎，杨小渊．天津滨海新区飞机租赁资产证券化的初探［J］．天津经济，2012（12）．

[83] 盛长琳．金融资产交易所试水创新金融［N］．新金融观察，2012-03-05（027）．

[84] 何秀芳，吴文斌．创新发展 打造中国最大的融资租赁资产交易平台［N］．中国贸易报，2015-01-22（X04）．

[85] 柏亮，刘铮．融资租赁资产交易市场亟待建立［N］．第一财经日报，2012-05-25（A16）．

后　　记

本书立足天津、放眼全国，不仅通过大量的数据和例证全面回顾、展现了天津融资租赁业的发展历程和主要成果，更在丰沛的精华实践素材基础上，借助逻辑推演和理论构建，客观深入地剖析了阻碍天津融资租赁业持续、健康、快速发展的多个瓶颈性问题，并有针对性地提出建设性解决方案，同时，本书还面向未来，探索提出天津融资租赁业发展的定位、愿景和实现路径，具有较强的实践性，并兼顾一定的理论性，是中国人民银行天津分行和东疆保税港区管委会对融资租赁产业深度研究的重要成果，对掌握行业发展规律、积累支持政策储备、加强行业发展后劲均有重要意义。

作为联合课题组的集体智慧结晶，本书历时近一年而成，在编写过程中，得到中国人民银行天津分行和东疆保税港区管委会双方领导的大力支持。中国人民银行天津分行周振海行长、刘通午副行长和东疆保税港区管委会沈蕾主任基于高站位和宽视野对本书的定位和研究方向提出了总体要求。中国人民银行天津分行营管部陈志强主任、马彦平副主任、张利勇副主任、东疆政研室钟晓勇主任在工作组织、书籍撰写等方面给予了充分、细致的布置和指导。共23位同志对全书及各子课题的编纂工作作出了重要贡献，他们分别是天津财经大学教授李向前、黄树青，中国人民银行及营管部和东疆管委会政研室的处级、科级领导干部张晓宇、李璐、王云、汤娟、王凯霞、张平、张立军、张薇、马增云、王伟亮、张景政、刘庆良、李建伟、马金辉、孔蕊、徐力、崔建红、李万里、张洪伟、阴宝荣、寇霭婷。共19位同志参与了本书撰稿，他们分别是于胜娜、马文杰、马晋芳、元喆涛、刘禹晨、刘萌萌、刘斌、苏昱冰、李亚玲、李政、杨广、杨峙林、杨敏、张迈、林琳、金海平、周凤、耿宾遥、殷新。

本书的撰写和出版还要感谢中国特色社会主义经济建设协同创新中心、中国滨海协同创新中心、天津金融资产交易所、中国金融出版社、工银金融租赁有限公司、兴业金融租赁有限责任公司、民生金融租赁股份有限公司、中国金融租赁有限公司、邦银金融租赁股份有限公司、中信金融租赁有限公司、华运金融租赁有限公司、中铁建金融租赁有限公司、天银金融租赁有限公司、天津国泰金融租赁有限责任公司、中飞租融资租赁有限公司、天津渤海租赁有限公司、平安国际租赁（天津）有限公司、远东宏信（天津）融资租赁有限公司等有关单位领导和工作人员给予的热情帮助和悉心指导。在此对各方给予的支持和帮助表示衷心感谢。

中国人民银行天津分行、东疆保税港区管委会联合课题组
2017 年 12 月